生态旅游与市场化
生态补偿研究

■冯 凌 甘绵玉 王 烁 著

北京·旅游教育出版社

责任编辑：刘彦会

图书在版编目（CIP）数据

生态旅游与市场化生态补偿研究 / 冯凌，甘绵玉
王烁著. -- 北京 : 旅游教育出版社，2019.6
ISBN 978-7-5637-3975-2

Ⅰ. ①生… Ⅱ. ①冯… ②甘… ③王… Ⅲ. ①生态旅游一补偿机制一研究 Ⅳ. ①F590.75

中国版本图书馆CIP数据核字(2019)第118573号

生态旅游与市场化生态补偿研究

冯 凌 甘绵玉 王 烁 著

出版单位	旅游教育出版社
地　　址	北京市朝阳区定福庄南里 1 号
邮　　编	100024
发行电话	（010）65778403　65728372　65767462（传真）
本社网址	www.tepcb.com
E - mail	tepfx@163.com
排版单位	北京旅教文化传播有限公司
印刷单位	北京虎彩文化传播有限公司
经销单位	新华书店
开　　本	787毫米 × 1092毫米　1/16
印　　张	16.5
字　　数	245 千字
版　　次	2019 年 6 月第 1 版
印　　次	2019 年 6 月第 1 次印刷
定　　价	59.00 元

（图书如有装订差错请与发行部联系）

前言

受作者承担的国家社会科学基金等课题资助，由作者和指导的研究生为主组成课题组，开启了长达六年对“生态旅游与市场化生态补偿”这一方向的研究探索。这一课题提出的主要考虑和缘由是：由于旅游的产业规模日益壮大和消费水平不断提高，旅游活动和消费对生态资源的占用已经引起广泛关注。除了负面的环境影响之外，应如何认识旅游的生态保护和促进效应？目前国内的生态补偿主要是政府启动的三北防护林、退耕还林、退牧还草等生态建设和恢复工程。除了政府主导进行之外，市场这只“看不见的手”如何在生态环境保育中发挥作用？

五年来，针对以上课题，通过文献综述和实践总结，以京郊和青海湖为案例的实证探究和相关制度性研究，形成了这部著作文稿。全书共分为四部分七章内容。第一部分（第一章、第二章）是理论与实践进展，综述了生态补偿、生态旅游、旅游环境影响、旅游生态补偿等领域的国内外文献，对国外生态旅游和生态补偿进行分析总结，着重分门别类对国内生态旅游区发展进行系统统计分析，对各类自然保护区、国家生态建设工程的生态补偿进行了较为全面的回顾。第二部分（第三章、第四章）是京郊旅游生态补偿案例研究，此部分基于实地问卷调查和访谈，对京郊案例区生态旅游发展的游客认知、游客生态补偿意愿、对居民的市场化生态补偿效应等进行了统计分析，基于游客支付意愿进行了生态补偿标准计算，分析了居民和游客在旅游生态补偿中的博弈关系。第三部分（第五章、第六章）是青海湖旅游生态补偿案例研究，此部分也是基于实地问卷调查和访谈，对青海湖案例区生态旅游发展对当地居民生计的影响、居民对旅游生态补偿的认知、游客生态补偿意愿、旅游发展中社区居民增权结果及其影响因素等进行了研究分析，系统提出青海湖地区旅游发展中社区居民的路径。第四部分（第七章）尝试构建市场化的生态补偿制度框架，此部分在以上典型案例研究基础上，基于“交易费用”理论，对不同类型生态区的市场化生态补偿机制进行理论分析，总结了国外市场化生态补偿方式及其借鉴价值，提出了我国生态补偿市场化的制度改进机制、法律保障机制和监督反馈机制，共同组建成生态补偿市场化机制。

在具体的研究开展和本书撰写中，作者指导的研究生们做出了大量的努力。具体分工如下：冯凌提出研究方向、研究思路，拟定撰写大纲并修改统稿；冯凌、甘绵玉负责撰写第一章，冯凌、甘绵玉负责撰写第二章，甘绵玉、冯凌负责撰写第三章，谢晓曼、冯凌负责撰写第四章，王烁、冯凌负责撰写第五章，梁晶、冯凌负责撰写第六章，冯凌负责撰写第七章。作者指导的 2018 届入学研究生郭嘉欣为全书的组稿、校对、修订和出版付出了大量心血。

感谢北京市社会科学基金（14JGB025）、原国家旅游局 2015 年“旅游业青年专家”培养项目等课题对本研究和本书出版的资助，感谢北京第二外国语学院旅游科学学院团队、校科研处等相关管理机构对研究开展的大力支持和帮助。在编撰过程中，参考和征引了许多专家、学者的相关著作和研究成果，在此表示衷心的感谢。旅游教育出版社的刘彦会老师为本书出版付出了大量心血，在此也表示衷心的感谢。由于作者水平有限，书中不足之处在所难免，敬请各位专家和广大读者予以批评指正。

冯　凌

2019 年 3 月

于北京第二外国语学院

目 录

CONTENTS

第三部分　青海湖旅游生态补偿案例研究

第四部分　制度建设研究

绪　论

文献综述表明，国内外对生态旅游和旅游的环境影响已有较多研究，但对旅游的生态补偿效应和补偿机制关注较少，尤其国内鲜有以案例调查为基础的实证研究在生态补偿领域，基于对生态补偿等资源环境领域“公共品”和“外部性”的传统认识，相比国际上对市场化交易的补偿模式、利益相关者参与的补偿方式等方面的研究和实践，国内实践尚处于政府主导的生态工程建设阶段，着眼于市场化机制的研究较少。如何理解由生态旅游所产生的市场化生态补偿过程和机制？如何根据生态旅游等案例的启示，在生态补偿中采用市场化方式或在补偿的过程链中更多引入市场化手段，将是推进我国生态补偿的重要方向，这也是本课题研究的出发点和目标。

从理论价值上，考察旅游业发展中游客的生态服务消费以及由此产生的生态补偿效应，分析其中利益相关者的态度和意愿，对于理解因旅游发展引起的这一生态经济过程和机制，全面认识旅游业的生态环境影响具有重要的理论价值。在实践上，根据不同生态旅游资源的交易属性和利益主体的博弈能力，建立以旅游消费补偿等市场化方式为主体的生态补偿制度，对于促进生态服务生产和消费平衡，进而实现可持续的旅游发展和生态环境管理具有重要实践意义。

通过六年来在生态旅游和生态补偿领域的研究探索，初步得出以下结论。

（一）我国快速工业化城镇化进程中自然资源消耗和生态环境恶化加快，以政府主导的生态建设和生态修复工程成效显著，但也面临诸多问题

改革开放以后，尤其是近20年来，随着我国经济持续快速发展，发达国家上百年的工业化城镇化进程中分阶段出现的环境问题在我国集中爆发，环境与发展的矛盾日益突出。为追求经济的高速增长，不少地区不惜以牺牲环境为代价，在这样的发展模式下，我国整体生态环境出现急剧恶化，水土流失和土壤沙化、森林资源减少、海洋资源破坏、自然灾害频繁。尤其是1998年长江、松花江、嫩江等多个流域的特大洪水以及2001年北京的数次沙尘暴，让全社会认识到生态破坏的严重性和生态环境保护的重要性，加速了我国生态补偿实践的进程，政府全面启动了包括退耕还林（1999）、退牧还草（2003）等六大生态建设、修复和补偿工程，累计投入资金超万亿元，生态保护和环境改善取得一定成效。

然而，政府主导的财政转移支付在生态补偿实践中存在着诸多问题，如补偿资金来源单一、资源无法准确定价、补偿力度欠缺公平、权责利不对等，有违“谁受益、谁补偿”原则。现实中，也出现较多不尊重自然生态规律、引起社会广泛诟病的生态建设和补偿问题，亟须建设形成高效、完善的生态补偿制度体系。

（二）旅游业尤其我国旅游业近年来高速增长，其负面生态环境影响已得到较多关注，但旅游发展的生态保育激励和市场化生态补偿效应尚未引起重视

旅游业已经成为世界第一大经济产业，2018 年全球国际旅游人数达到 14 亿人次；我国旅游业也已经形成每年 55.4 亿人次的国内和出境旅游市场规模。而且，旅游也是一种生态消耗很大的生活方式，旅游者在旅游过程中产生的生态占用既高于客源地居民人均日常生活消费，也高于目的地居民人均日常生活消费。正是由于旅游的产业规模日益壮大和消费水平不断提高，旅游活动和消费对生态服务的占用已经引起关注。

旅游业发展不仅对目的地生态环境产生压力和负面影响，而且对生态系统再生产产生了激励和补偿。尤其是，近年来我国生态旅游市场规模日趋扩大，生态旅游产业体系逐步完善，生态旅游环境保护得到加强，初步形成了以自然保护区、森林公园、风景名胜区、湿地公园、地质公园、水利风景区以及试点中的国家公园等多类型的生态旅游目的地体系。生态旅游形式呈现了多样化的格局，从单一的游览发展到游览、观赏、科考、探险、狩猎、垂钓、田园采摘及生态农业主体活动等，旅游对象包括原野、冰川、自然保护区、农村田园景观等。现实中，已经观察到许多利用生态环境资源和自然景观优势，通过发展生态旅游实现了居民脱贫致富、生态质量提升、景观环境美化，将绿水青山、冰天雪地转换为金山银山的案例，实现了生态效益、经济效益、社会效益的和谐统一，以及区域自然经济社会系统更可持续发展。

相比政府主导的生态建设和生态补偿，以生态旅游为代表的市场化生态补偿模式，具有低成本高效率、激发保护者积极性、有利于生态资源合理配置、“造血式”可持续等优势，对于生态压力的转移、生态建设的补偿和农村发展、人与自然的和谐共处等都具有重要的现实意义，是生态文明建设的重要组成和典型模式。而且，通过对生态旅游中生态补偿机制的研究，有助于构建多层次、多方式、以市场化机制为主体的生态补偿制度体系。

（三）通过对大城市郊区的京郊延庆、怀柔和西北脆弱生态区的青海湖两个典型案例研究，初步揭示了生态旅游的市场化生态补偿机制

第一，生态旅游发展具有较显著的生态补偿效应。京郊案例研究表明，通过生态旅游的市场化生态补偿，能够产生缓解贫困、促进就业等经济效应和提高居民生态意识等社会效应，并能提升当地的环境质量。青海湖案例研究表明，区域生态旅游发展后，当地居民的生计资本总指数增加，其中居民的物质资本、金融资本、社会资本均显著增加。而且，生态旅游发展对资源消耗高、环境破坏大的传统产业具有挤出和替代效应。

第二，生态旅游生态补偿的主客体是游客和居民，其市场化生态补偿机制实现的核心是基于生态服务交易形成的互动激励。依据旅游业的市场化规律，参照“谁破坏、谁恢复，谁受益、谁补偿”和“受益者付费，保护者得到补偿”的原则，总结出京郊、青海湖案例区旅游生态补偿的主客体分别是案例区的游客和居民。其市场化生态补偿过程的核心机制是游客为生态旅游服务付费，当地居民提供生态旅游服务供给，并通过交易形成良性的互动循环激励。这一正向激励机制能够促进居民在原来的基本服务基础上，提供更生态环保的旅游产品和服务；游客为有意愿为更生态环保的产品和服务买单进行补偿；从而实现了当地自然生态资源的生态价值和居民的劳动服务价值。

第三，生态旅游市场化补偿机制的实现受游客支付意愿、居民受尝意愿、主客博弈关系以及当地居民增权状况等因素影响。生态旅游市场化补偿实现的影响因素包括生态补偿主体（即游客）、生态补偿对象（即居民）以及主客体在交易过程中的利益博弈关系。其中游客因素包括游客对生态补偿的认知、在市场化交易过程中对生态补偿的意愿程度，生态旅游过程中的消费结构以及补偿能力等；居民因素包括居民对生态补偿的认知，在市场化交易过程中对生态受偿的意愿程度，以及对市场化生态补偿产生的感知效应等；游客和居民在交易过程中因为各自效益需求而产生博弈，只有在游客的补偿值低于生态补偿意愿额度值，且居民的受偿值高于生态受偿意愿额度值，市场化生态补偿才能循环持续。生态旅游市场化生态补偿实现还受当地居民在旅游发展中的增权状况影响，居民在经济、心理、社会、政治等方面的增权结果，直接影响居民对地方旅游发展的支持、对生态环境的保护意识等可持续旅游发展的支持度。

（四）研究提出了促进案例区旅游生态补偿的对策建议，初步构建了市场化生态补偿的理论和制度框架

第一，提出了促进案例区市场化生态补偿的相关建议。包括：扩展旅游消费链条，激发游客消费潜力；促进生态环境保护，实现绿色旅游经营；丰富旅游活动内容，延长游客停留时间；规范当地旅游接待，提升旅游服务质量；培育多种旅游业态，形成持续旅游吸引力。并应从经济增权、社会增权、心理增权、政治增权等方面为当地居民充分赋权。

第二，分析明确了不同类型自然生态系统的服务功能，并提出了相应的市场化生态补偿方式。根据界定产权的信息、执行和交易费用的高低，将生态系统及其服务功能划分为三种类型：自然保护区、遗产地、限制和禁止发展生态功能区等主要非物质性服务的生态系统，耕地、经济林地、畜牧用草地、渔业生产水域等主要提供物产服务的农业生态系统，提供具有高效用价值服务的特殊生态系统。借鉴国外已经形成的多种市场化生态补偿形式，提出三类生态服务功能的市场补偿方式：对于生态系统的物产服务功能，大力发展现有产品市场并全面取消交易管制，从而实现其产出价值；对于同时具有产品产出功能和非物质性服务功能的生态服务，尽可能以实物产品形式捆绑补偿其无形价值；而对于主要提供非物质性服务的生态系统，则在补偿资金来源上以募捐、权证、彩票和基金等形式实现多元化，在支出上引进企业进行市场化运作并组织社会监督。

第三，初步构建了市场化生态补偿市场的制度框架。分析了我国现行的资源环境产权制度、相关法律法规对市场化生态补偿实施的约束，提出应基于不同自然生态资源的种类和特点来对其产权加以明确界定，加快制定《生态补偿法》、完善生态补偿的相关法律法规，充分调动公众积极性参与对生态补偿实施的监督，从而逐步构建完善的生态补偿制度体系。

综上，通过课题研究验证了立项时提出的以下论断：一是旅游发展不仅对目的地生态环境产生压力和负面影响，同时通过对当地生态产品和服务的购买，也产生了对生态保护和环境建设的激励，对生态系统再生产进行了补偿；二是随着交通通信的发展、生态消费理念的兴起和社会支付意愿的增强，生态旅游等市场化生态服务消费和补偿方式日趋增多，生态服务市场价值实现的交易成本逐渐降低；三是生态补偿应以生态服务市场化难易的“交易费用”高低为依据，从政府主导行为向关注市场化方式转变，在更多环节引入市场手段，建立市场化机制为主体的制度体系。当然，由于多种因素限制，研究还存在诸多欠缺，下一步可从多种类型案例的搜集分析、案例地生态旅游发展与社区参与的跟踪、自然资源和土地管理等相关法律法规的深入分析、不同生态区市场化生态补偿手段的具体应用研究等方面持续深化。

第一部分

理论与实践进展

第一章　理论进展

一、生态旅游与生态补偿

（一）生态旅游的内涵

20 世纪 80 年代，工业化和城市化带来的环境污染、人口压力问题愈演愈烈，“回归自然”成为一种潮流，生态旅游应运而生。生态旅游作为一种新型的旅游方式，受到旅游者的认可和喜爱，很快成为旅游发展的趋势之一，直至现在依然在世界各国流行。1983 年，国际自然保护联盟（IUCN）特别顾问墨西哥专家谢贝洛斯·拉斯喀瑞（Ceballos Lascurain）正式提出“生态旅游”的概念，认为生态旅游的旅游对象是自然生态环境，旅游方式是不对自然生态环境造成破坏。1988 年，他进一步给出了生态旅游的定义：“生态旅游作为常规旅游的一种特殊形式，旅游者在欣赏和游览古今文化遗产的同时，置身于相对古朴、原始的自然区域，尽情研究野生动植物和享受旖旎的风光。”[1]“生态旅游”的影响不断扩大，引起了学术界的普遍关注，许多学者专家从不同的学科角度出发，如环境学、生态学、旅游学，深度研究生态旅游概念，不断丰富其内涵。生态旅游理论研究的热潮也推动了实践的发展与进步，越来越多的旅游组织以及国家政府参与到生态旅游实践中，促进其迅速发展。

如今，生态旅游已经经过了 40 年的发展历程，在全球各地引发关注，尤其是一些发展中国家。非洲的肯尼亚、厄瓜多尔等国家，亚洲的蒙古、印度尼西亚以及中南美洲的国家都已将自身作为生态旅游目的地，并且加以大力推广。20 世纪 90 年代初，生态旅游逐渐引起国内学者的关注，以 1993 年北京召开的第一届东亚地区国家公园与保护会议为标志，会议上通过了“东亚保护行动计划概要”，生态旅游的定义首次出现在文件中。经过多年的实践发展，目前我国生态旅游发展呈现出多样化的格局，生态旅游形式多种多样，由最初的原始自然景观发展为半人工生态景观，如生态农业、科普教育、户外探险等，包括森林、自然保护区、湿地、农村田园等多种旅游对象。

虽然生态旅游的概念、标准、理论和规范等还有待深入研究，对它的社会功能的认识可能也有所夸大，但是从我国现阶段的现实情况来看，由于部分发达地区社会经济发展已经超出了自然生态环境可承载的范围，而自然环境优越、生态资源富集的欠发达地区和农村地区又缺少发展的路径，因此，在生态文明战略时代背景下，发展生态旅游既是生态文明建设的重要组成和典型模式，也是转移生态压力、建设生态补偿的重要途径，对农村发展、环境保护、人与自然和谐共处等都具很重要的现实意义。

（二）生态补偿的内涵

生态补偿机制是调整损害与保护生态环境主体间利益关系的一种制度安排，它是保护生态环境的有效激励机制。根据李文华的定义[2]：生态补偿是一种用经济的手段达到激励人们对生态系统服务功能进行维护和保育，解决由于市场机制失灵造成的生态效益外部性并保持社会发展的公平性，达到保护生态与环境效益的目标。

综合众多文献，生态补偿可以分为以下三个层次：从广义的资源环境经济学角度[3-5]出发，生态补偿包括对损害资源环境的行为进行收费或对保护资源环境的行为进行补偿；从生态学角度出发，生态补偿指生态系统对自身功能的补偿[6]：“生物有机体、种群、群落或生态系统受到干扰时，所表现出来的缓和干扰、调节自身状态使生存得以维持的能力，或者可以看作生态负荷的还原能力”；从最狭义的生态经济学和经济学角度出发，生态补偿仅指通过制度手段解决好生态投资者的合理回报，激励人们保育生态系统服务功能从而为社会提供生态效益[2][7]。广义的环境经济学出发的生态补偿早已得到普遍的实践，世界各国实行的资源环境税即是体现；而生态学意义的生态补偿其实质是生态系统对外界干扰的自适应过程。本研究所指的生态补偿仅为最后一种。

我国大规模的生态补偿起因于20世纪末生态灾难频发。1998年长江、松花江、嫩江等多个流域的特大洪水以及2001年北京的数次沙尘暴，让全社会认识到生态破坏的严重性和生态环境保护的重要性，加速了我国生态补偿实践的进程，政府全面启动了包括退耕、退牧还林（草）在内的六大生态建设和恢复工程。从发展过程看，我国开展生态补偿实践大致可以分为1990年前、1990—2000年以及2000年之后三个阶段。1990年前仅有少数针对矿山生态破坏和环境整治的地方性法令颁布，如1983年云南省对昆阳磷矿征收每吨0.13元的生态税，用于采矿区植被恢复及其他生态破坏的恢复治理，1989 年、1990 年江苏、福建等省份规定对集体矿山和个体采矿业开始征收“生态环境保护、整治费”[8-9]。1990 年尤其是 1992 年后生态补偿逐渐进入全面实践阶段，在此期间颁布了《森林生态效益补偿基金征收管理暂行办法》(1995)，1998 年颁布了《森林法》并将生态效益补偿基金正式列入，为开展森林生态补偿奠定了法律基础。20 世纪末的特大洪水、沙尘暴等全国性生态灾难后，退耕还林（1999）、退牧还草（2003）等大范围、高投入的生态补偿工程迅速实施。但由于补偿资金来源不足、转移支付链条较长、补偿标准和形式单一、权责利不对等等问题，由政府主导的生态补偿效率较低。在生态补偿发展实践中，如何从政府主导行为向关注市场化方式转变，在更多环节引入市场手段，建立市场化机制为主体的制度体系，不仅具有理论价值，而且具有重要的实践意义。

（三）生态旅游：一种市场化的生态补偿方式

进入 21 世纪，旅游业已经成为全球第一大产业，并且保持着持续高速发展。毫无疑问，旅游业在发展的过程中给人们带来了可观的经济效益，但同时也让人们深受环境问题的困扰。人们越来越意识到，旅游业并不完全是“无烟工业”，旅游会对目的地的生态环境系统造成一定的影响。越来越多的旅游目的地面临着环境污染、生物多样性锐减、林地紧张等生态问题。而且，旅游是一种生态资源消耗很大的生活方式，旅游者在旅游过程中产生的生态占用既高于客源地居民人均日常生活消费，也高于目的地居民人均日常生活消费[10]。正是由于旅游的产业规模日益壮大和消费水平不断提高，旅游活动和消费对生态服务的占用已经引起关注[11-13]。

旅游业发展不仅对目的地生态环境产生压力和负面影响，也通过对当地生态产品和服务的购买，产生了对生态环境保护和建设的激励，对生态系统再生产进行了补偿。现实中，我们已经观察到许多利用生态环境和自然景观优势，通过发展生态旅游实现了居民脱贫致富、生态质量提升、景观环境美化，将绿水青山、冰天雪地转换为金山银山的案例，实现了生态效益、经济效益、社会效益的和谐统一，以及区域经济社会自然系统更可持续发展。因此，综合考察旅游业发展中游客的生态服务消费以及由此产生的生态补偿效应，理解因旅游发展引起的这一生态经济过程，分析其中利益相关者的行为决策，对于全面认识旅游的生态环境影响、促进生态服务生产和旅游消费的供需平衡，进而实现可持续的旅游发展具有重要理论和现实意义。对生态旅游中生态补偿机制进行研究，有助于构建多层次、多方式、以市场化机制为主体的生态补偿体系，这对于推进国内当前这一领域的实践和研究具有重要借鉴意义。

二、国内外研究综述

（一）生态补偿研究

1. 生态补偿

生态补偿是一种使外部成本内部化的环境经济手段[14]，是调整损害与保护生态环境主体间利益关系的一种制度安排[2]。国际上比较接近的概念是生态 / 环境服务付费（PES）[15-16]，已形成体系性成果[17]，尤其被森林生态保护、扶持贫困等的研究广为引用[18-20]。从国外生态补偿实践来看，众多案例都是以森林生态系统为切入点来研究生态服务的，因此，许多国外研究文献都是以森林生态补偿为视角，分析补偿的类型、机制和效果等问题。2002 年出版的“Silver Bullet or Fools Gold”就对当时 280 多例森林生态服务交易进行了系统研究。

从国内的相关文献来看，国内研究内容主要有：概念与原则[21-22]，包括补偿主客体、标准、途径等的补偿机制[23-24]，补偿政策[25-26]，制度与立法[27-29]，以及对流域、保护区和脆弱生态区的案例性研究[30-32]。研究对象主要集中在森林、水源涵养、自然保护区、矿产资源和海洋的生态补偿等方面[33-52]（见表 1-1）。

表1-1　生态补偿理论研究范围

对象	研究内容	研究代表
森林	森林生态补偿的必要性和可行性、补偿实质、补偿的主体与客体、补偿标准、补偿支付途径	侯元兆（1995）、郎奎建（2000）、李丽娟（2012）、樊淑娟（2014）
水源涵养	流域补偿主体、补偿途径、补偿标准、补偿方式、补偿政策手段	张志等（2002）、张陆彪等（2004）、李小云等（2007）、徐大伟（2013）
自然保护区	社区共管式自然保护区管理模式、保护区生态补偿机制问题、热带雨林保护中的生态补偿机制、生物多样性保护	张金良（2000）、吴晓青等（2002）、欧阳志云（2003）、邓睿（2005）、甄霖等（2006）
矿产资源	法律制度探究、补偿机制研究	曹明德（2007）、孔凡斌（2010）
海洋	技术体系初步构建、补偿标准研究、法律问题探析	唐俐（2010）、张继伟（2010）、郑伟（2011）

2. 生态补偿市场化

生态补偿市场化是生态补偿相关领域重要的研究内容。由于国外生态补偿市场化发展比较成熟，国外学者关于生态补偿市场化的研究成果很多，相关研究涉及生态补偿市场化机制的必要性、生态服务功能的评价、生态补偿相关各方的支付意愿和受偿意愿、市场化补偿的条件及其影响因素以及市场交易等多方面。在构建生态补偿市场化机制的必要性方面，Wunder 等认为最理想的生态补偿是将生态服务完全和市场相融合[16]。在生态服务功能的评价研究方面，Brown 等评价了肯尼亚野生大象的生态旅游价值，Peter 等对亚马孙热带雨林生态系统的经济价值进行了有效评价[52]。关于市场化补偿实现的条件及其影响因素，Rosales 认为森林生态补偿市场化的实现需要满足以下条件：第一权属要求明确，第二能够计算生态价值，第三交易成本低，如果不能满足上述条件，则市场补偿方式很难实现[53]。在生态补偿支付意愿研究方面，Bienabe 和 Hearne 通过建立多项式逻辑斯蒂回归模型，调查分析了哥斯达黎加的居民和国外游客的生态补偿意愿[54]。Moran 等对苏格兰地区的居民进行了生态补偿支付意愿调查，结果表明，当地居民愿意通过收入税的模式参与生态付费[55]。在市场交易研究方面，国外在森林领域的生态补偿研究成果比较突出，如 Landell-Mills 和 Porras 通过研究指出“截至 2002 年，全球已有 280 多个实际存在或计划进行的森林环境服务交易的案例”[52]；Francisco 对亚洲地区的森林生态服务市场进行了分析和总结[56]；Daniel 等系统地总结了世界各地的森林水文服务市场交易案例[57]。

我国在 20 世纪 70 年代开始生态补偿的实践，以政府主导实施，市场化程度较低，所以国内学者对于生态补偿市场化相关问题的研究比较少，研究主要集中在政府补偿与市场补偿的对比分析、生态补偿市场化机制实施的必要性、国外市场化的生态补偿实践总结，以及生态补偿市场化机制构建的实证研究等方面。对于政府补偿和市场补偿的对比研究，葛颜祥分析认为政府补偿具有交易成本低、制度运行成本高的特点[58]，市场补偿具有交易成本高、制度运行成本低的特点。关于生态补偿市场化机制实施的必要性，李环通过分析政府为主导的生态补偿机制，认为政府补偿存在诸多弊端，已不能适应我国生态保护的现实，必须引入市场机制[59]。王清军、蔡守秋等认为市场主导的生态补偿体现了环境法中“受益者补偿”的原则，在市场经济下，作为受益人，政府、地区、单位以及个人都应当为环境服务“埋单”[60]。关于国外市场化的生态补偿实践总结研究，张巍巍通过分析总结美国的保护性退耕计划，说明我国在生态补偿的操作层面上应利用竞争和市场机制，通过合同投标方式在政府与土地业主之间构建一个高效互动的准市场[61]。在生态补偿市场化的实证研究方面，王双通过对京津冀蒙地区跨区域生态补偿机制市场化运作的探讨，认为发挥市场在资源配置中的决定性作用，对于推动京津冀蒙四地之间的资源合理利用、联动治理环境污染、保护水源地跨区域及建设生态屏障一体化等极具现实意义[62]。刘学通过分析黑龙江省森林生态补偿运行机制存在的不足，试图在受益者补偿、破坏者赔偿、补偿方式多样化等原则的指导下构建黑龙江省森林生态补偿市场化运行机制[63]。何勇对岷江上游的当地居民进行了受偿意愿调查，在此基础上构建了岷江上游森林生态服务补偿的市场化运作机制[52]。

3. 生态补偿意愿

生态补偿意愿也是国内外生态补偿的一个重点研究内容，国内涉及生态补偿意愿的研究较晚。早期较系统较全面的研究始于 2002 年钟全林对生态公益林价值补偿意愿的调查研究，后期学者也就陆续开始了对生态补偿意愿的研究，研究内容主要集中在生态补偿意愿的影响因素、游客意愿的具体补偿额度值、居民能接受的生态受偿意愿值以及关于补偿意愿的方法研究等方面[40][64–85]（见表 1–2）。

表1–2　国内外生态补偿意愿研究

范围	研究内容	研究代表
国外	支付意愿（WTP）和受偿意愿（WTA）不一致研究	Gregory，1999；DelSalazar，2009；Kling，2013
	生态补偿意愿动机研究（财政补偿力度、道德和社会心理、生态知识、环保心理）	Boon，2010；Spash，2009；Veronesi，2014；Abdul，2007
	生态补偿意愿实例研究	Lee，2013；Lindhjem，2012；Sauer，2010
	生态补偿意愿研究方法研究	Park，1991；Hoevenagel，1993
国内	生态补偿意愿影响因素研究	李芬，2010；苏芳，2011；李超显，2012
	流域、草原、农业、海洋和煤炭等生态区案例性研究	巩芳，2011；韩鹏，2012
	居民生态补偿支付意愿和受偿意愿具体额度研究	蔡银莺，2011
	游客支付意愿具体额度研究	范芳玉，2013
	生态补偿意愿方法研究	张翼飞，2007；徐大伟，2012；马爱慧，2013；施翠仙，2014

综上可以看出，关于生态补偿的研究大体集中在定义层面的概念及原则研究、机制层面的立法与政策研究、实践层面的案例性研究以及参与主体方面的意愿研究。国内研究的出发点和落脚点多为政府补偿的生态补偿模式，关于市场化的生态补偿方式研究较少，这将是生态补偿研究未来需要丰富和完善的研究领域。

（二）生态旅游研究

由于国外生态旅游实践较早，关于生态旅游的理论研究内容也较全面，主要内容包括生态旅游本质研究、生态旅游产业研究、生态旅游营销研究、生态旅游经济影响研究、生态旅游者研究五方面的内容。

第一，生态旅游本质研究。国外学者对生态旅游本质的研究主要集中在生态旅游的内涵和功能等方面。生态旅游自提出起就受到国外众多学者的重视，由于各个学者的学术背景不同，研究生态旅游的视角也不同，提出的生态旅游的内涵也不尽相同。Fennell 在总结国外 85 个生态旅游定义之后发现，目前的定义多为价值导向型定义[86]。Blamey 提出了生态旅游的核心原则，突出强调了生态旅游的保护作用，以及对游客的学习教育作用[87–88]。20 世纪 80 年代，随着“软生态旅游”和“硬生态旅游”概念的提出，生态旅游的概念逐渐向大众旅游的范畴扩展。

第二，生态旅游产业研究。生态旅游产业主要包括为旅游者提供生态旅游产品和服务的旅游企业。虽然相比其他方向，生态旅游产业研究的频次并不高，但是仍有不少学者深入实践，结合具体的案例对其开展研究。其中，更多的是探究生态旅游产业利益相关者之间的关系，如利益合作、利益冲突等。Parker 和 Khare 通过对南非生态旅游产业进行研究，发现利益相关者之间的合作对生态旅游产业的成功有着重要作用[89]。Hawkins 在研究保加利亚生态旅游企业发展时也得出了同样的结论[90]。在美国宾夕法尼亚州，Silva 和 McDill 发现利益相关者之间的冲突、误会不利于生态旅游产业的发展[91]。基于利益相关者对生态旅游发展的影响，越来越多的旅游目的地或旅游企业寻求多方支持合作，共同促进生态旅游产业的持续发展。例如，新西兰政府和相关旅游企业达成合作，运用地理信息系统共同为生态旅游者提供服务[92]。

第三，生态旅游营销研究。对生态旅游营销的研究可以分为两方面：一是市场细分；二是市场营销。市场细分一直都是学者关注的重点，目前获得普遍认可的观点为“软生态旅游者”和“硬生态旅游者”，在此基础上又衍生出了“结构生态旅游者”[93–94]。但也有学者并不认同对生态旅游者进行划分，因为在不同的旅游环境中生态旅游者会在“软”“硬”之间转换[95]。相比市场细分，国外学者对市场营销的研究相对较少，主要关注点为生态旅游产品的广告与促销。例如，Weaver 对澳大利亚的生态旅游产品进行了调查，Lai 和 Shafer 对加勒比海地区和拉丁美洲地区的生态旅游产品进行了研究，发现其产品虽然都取得了相关认证，但是均没有进行有效的宣传[96–97]。针对生态旅游产品应该采取何种策略有效地向生态旅游者传播产品信息，这是学者未来值得研究的问题。

第四，生态旅游经济影响研究。对生态旅游经济影响的研究起步较早，研究成果也颇为丰硕。总体而言，生态旅游对经济的影响既包括正面影响，也包括负面影响。正面影响主要指生态旅游所带来的直接经济价值与间接经济价值，20 世纪 90 年代后通常用投入—产出（Input–Output）对其进行计算[98]。此外，也有学者运用环境破坏费用法（Environmental Damage Costs）计算了生态旅游开发的成本与效益，论证了生态旅游经济发展对环境产生的负面影响[99]。

第五，生态旅游者研究。生态旅游者是生态旅游的主体，对生态旅游目的地的开发、生态旅游市场细分、生态旅游产品设计等有着重要意义，因此国外学者对生态旅游者的研究也较为关注，研究重点包括生态旅游者的规模、类型、旅游偏好、出游动机等。澳大利亚昆士兰州政府曾经发布报告，提出澳大利亚生态旅游者的比例为 1/4，“可能性”生态旅游者的比例为 1/5[100]。但是，Hvenegaard 和 Dearden 以泰国国家公园为案例地进行调查时发现，约有 40% 的游客为生态旅游者[101]。由此可见，生态旅游者与大众旅游者之间的界限仍然十分模糊。国外学者的不断探索也使生态旅游者的部分特性明显地展现出来：高学历、高收入、多产生于经济发达国家[102–103]。此外，生态旅游者与大众旅游者的另一个显著区别在于，生态旅游者通常具有更高的环保意识，更乐于参与环保活动，积极性和主动性相对更高[104–105]。

国内生态研究的迅速发展始于 21 世纪初，研究成果颇为丰硕。与国外相比，研究侧重点略有不同。通过对以往文献的学习整理，发现国内关于生态旅游的研究主要集中在七方面。第一，关于生态旅游概念与本质的研究。这一研究领域作为生态旅游最基本的内容，得到了国内外学者的共同关注。与国外研究情况相同，由于国内众多学者的学科背景、研究视角不同，提出的生态旅游概念也不尽相同。每一个生态旅游定义都有不同的侧重点，但均包含自然性、生态保护、旅游责任、环境教育、可持续发展等内涵[106–110]。周笑源等提出，生态旅游的本质是一种理念，应该从多角度、多主体理解其内涵与特征[111–112]。第二，关于生态旅游资源的研究。对生态旅游资源的研究集中在生态旅游资源的分类标准和评价体系上。目前已有多种分类方式，如空间分布角度分类、旅游产品开发角度分类等；生态旅游资源的评价研究既包括生态旅游质量评价，也包括生态旅游外部开发条件评价[113–116]。第三，关于生态旅游环境的研究。其中包括由生态旅游引起的环境问题[117–118]、生态旅游环境容量与承载力[118–119]及生态旅游的环境影响评价等方面[120]。第四，关于生态旅游景区的开发和保护的研究。国内学者积极探讨生态旅游景区的开发方向以及开发模式，在总结国内外理论实践的基础上，提出了我国生态旅游景区小众型、本土化的开发模式[121-122]。第五，关于生态旅游管理的研究。其中包括生态旅游管理的法律问题[123-126]、生态旅游认证[127-131]、管理方法[132-133]及生态旅游管理的理论探讨等方面[134]。第六，关于文化生态旅游研究。与国外研究不同的是，我国的生态旅游不单指“纯粹的自然”。通常国内一些原始自然生态保存较好的地区少数民族分布较多，民俗文化资源丰富，文化生态旅游随之兴起。由于地域因素，对文化生态旅游的研究多集中在西南地区，如四川、云南、广西等。通过这些案例研究发现，民族文化和生态旅游二者可以相融共生，共同发展[135-136]。第七，关于国内外生态旅游的介绍研究，主要介绍了国外生态旅游的理论研究和实践经验[137-138]。

（三）旅游环境影响研究

国外最早关于旅游环境影响研究的萌芽始于 20 世纪 20 年代，一些学者开始对这方面的分析做了尝试。但直到 20 世纪 60 年代，真正概念上的旅游环境影响研究才开始出现，并经过 10 年的发展期进入了一个更为活跃的研究期，此间创立了世界上第一个关于旅游环境影响的长期研究项目[139]。20 世纪 80 年代初期，伴随着国内旅游产业的发展，旅游引起的环境问题逐渐显露，环境保护等相关学科学者开始重视旅游环境影响。此时旅游环境影响研究已在全球逐渐展开。

国外旅游环境影响的研究内容主要包括两方面：一是旅游对环境的影响；二是环境对旅游的影响。旅游对环境的影响研究又涵盖了旅游对生态环境、人文社会、经济发展、文化等各种环境的影响；环境对旅游的影响主要是旅游环境容量。

旅游区的旅游容量对旅游区的发展而言是一个重要影响因素，国内外有关旅游环境容量的研究颇多。国外早期旅游环境容量概念是由 Lipegi 提出的，然而他仅仅只是给予了概念，后期并未进行进一步分析。国内由赵红红第一次提出了旅游容量问题[140]。后期众多学者对这一概念做出了诸多解释。学者关于旅游容量的定义如表 1–3 所示。

表1–3　学者关于旅游容量定义

学者	定义
杰弗里·沃尔和辛西娅·赖特	一个地区在资源没有受到不可接受的破坏时所能维持的旅游水平[141]
爱德华·英斯基普	一种是指旅游业的接待能力；另一种是指环境的承受能力[142]
莱尔森	旅游容量看上去是个简单概念，但实际上对不同的地区不同的人群有不同的定义[143]

续表

学者	定义
保继刚	在满足旅游人的最低游览要求（心理感应气氛）和达到保护风景区的环境质量要求时，风景区所能容纳的游客量[144]
崔凤军	在某一旅游地环境的现存状态和结构组合不发生对当代人及未来人有害变化的前提下，在一定时期内旅游地所能承受的旅游人数[145]
胡炳清	借鉴了生态学的理论，提出了旅游环境容量的限制性因子和最低量定律，并以此提出了旅游环境容量的数学模型，定量地给出了旅游人数的评价方法[146]

关于旅游对自然环境影响的研究，以 Wall 和 Wright 在 1997 年所展开的研究最具代表性，研究内容主要包括：旅游环境影响研究方法，旅游活动对土壤、水体、空气、植被等环境要素的影响机制，旅游环境要素内部关系，如何应对旅游活动引起的环境负面影响。并且在 5 年后，Wall 与 Matheson 合作研究深化了他在 1997 年的成就[147-148]。Edington John M. 和 Edington M. Ann 从生态学理论出发研究了旅游对自然环境的影响，提出唯有依靠生态保护才能有效地避免旅游活动引发的环境破坏[149]。

在旅游对社会文化环境的影响方面，Wall 与 Matheson 于 1982 同期进行了深入的研究探讨，其主要从殖民主义、卖淫、赌博、宗教、健康等几方面展开了分析[148]；Stonich 对洪都拉斯 Bay islands 地区的研究显示，由于旅游业的发展导致环境退化影响了旅游地居民的健康，导致当地居民尤其是婴儿的死亡率上升[150]。在文化环境方面，Oaka 对贵州两个民俗村寨依据田野方法研究了旅游开发对本民族文化和地方认同的影响[151]。Stanley 深入研究了民族文化的示范活动与本民族文化的互动影响[152]。目前针对旅游对社会文化环境影响的研究大多含有较大的主观性色彩，研究过程仍然处于不断探索层次，因此从研究方法到研究内容都需要深入完善。在经济环境方面，Brown 认为旅游促进了全球经济一体化发展，认为游客在享受收益的同时必然要付出相应的成本[153]。

我国关于旅游环境影响的研究开始于 20 世纪 80 年代，伴随着旅游产业的迅速发展以及生态问题日益显现，众多旅游领域学者及环境研究专家开始了旅游环境影响研究。研究内容由早期旅游对环境污染的关注到中期的对生态影响的关注，以及后来针对解决生态影响问题的具体工程措施。

早期关于旅游环境影响的研究，特别值得一提的是王资容、郝小波在 1984—1988 年的 5 年时间针对张家界国家森林公园所做的探讨分析。他们对张家界国家森林公园的地面水质、大气以及植物做了全面的监测分析，通过计算不同地点植物中氟化物含量分布的差异，得出张家界旅游人数暴涨会对张家界国家森林公园内部生态环境质量造成影响的结论，该研究意义深远[154]。宋力夫等以北京和天津地区旅游环境的演变来阐述旅游活动会引起自然生态环境和资源破坏，并导致生态失衡及传统文化的更替[155]。陆林使用德尔菲法对黄山市进行实证研究，依据准确预测旅游的区域环境效应阐述了旅游活动对环境影响的性质和程度[156]。汪嘉熙就苏州园林现状从噪声污染、水土污染和空气污染等角度分析了旅游环境影响[157]。周延亭从水质污染、土壤受损、大气与噪声污染等方面描述了旅游业带来的生态资源破坏性开发[158]。

20 世纪 90 年代，国内旅游环境影响研究持续深入，除了仍然关注旅游地因为旅游活动产生的环境问题之外，更进一步对问题产生的原因进行了深入的探究，并尝试给出了一系列对策建议。江海声等研究了旅游活动对一般生物的影响[159]。刘汉洪描述了衡山风景区因旅游活动而产生空气污染、土壤受损以及生态资源破坏等问题及其原因，列举了若干综合管理办法[160]。王文华等通过对颐和园昆明湖湖底泥土中有机物结构特征的分析表明人类旅游活动已对湖底泥土有机物的正常沉积和分级过程产生了干预[161]。蒋文举等调查分析表明旅游活动造成峨眉山空气污染、水土酸化及稀有林木死亡率增加[162]。蒋高明等调查了旅游和城市化对避暑山庄土壤与植物的影响，是国内早期将田野方法与理性分析相结合研究旅游活动对自然环境影响的研究[163]。

（四）旅游生态补偿研究

1. 概念界定

相比于上述提到的生态旅游和旅游影响研究，旅游生态补偿还是一个较新的研究领域。研究旅游生态补偿的首要任务是理清其内涵与本质，构建基础理论框架，为今后的学术研究和实践应用奠定基础。

国内已有若干学者尝试性地提出了旅游生态补偿的概念，在此借用张一群、杨桂华给出的定义，即旅游生态补偿是采用经济手段调节旅游开发经营所涉及的生态利益相关者利益关系的制度安排，主要目的是保护旅游地生态系统、促进旅游业可持续发展[164]。从现有的概念定义中，可以总结出旅游生态补偿的三大内涵。首先，旅游生态补偿针对的是自然旅游目的地，这些旅游地的旅游资源主要为自然旅游资源，其生态自然环境主要供游客观赏游览，旅游功能凸显。例如森林旅游地、草原旅游地、山岳旅游地等。目前，国内侧重于对森林旅游地的研究。其次，不同于国外自然旅游地，国内的自然旅游目的地大多有居民居住，因此社区居民也是旅游生态补偿中的一个重要利益相关者，旅游生态补偿要考虑到社会居民的参与，关注居民利益。最后，旅游生态补偿要“有奖有罚”，不仅要对破坏自然生态环境的旅游行为做出处罚，征收补偿；也要对利于自然生态系统保护的行为做出奖励，发放补偿。

明晰旅游生态补偿的内涵之后，需要进一步确定旅游生态补偿的主体和受偿对象。目前国内最为流行的观点是旅游生态补偿的主体可以分为三类，即政府主体、市场主体和其他主体。政府主体包括中央政府、地方政府和与景区相关的上级管理部门；市场主体指从旅游中获益的个体（多指旅游者）和企业、相关的旅游企业经营者以及生态环境破坏者；其他主体包括各种非政府组织、环保组织、基金会等[164]。也有部分研究者不认同地方政府这一主体，认为地方政府并没有涉及景区生态保护、建设的利益范围，不应纳入旅游生态补偿主体范围。鉴于地方政府对景区的控制权，以及对景区的开发建设作用，本研究认可前者观点，将地方政府归为旅游生态补偿的主体之中。

旅游生态补偿的受偿对象包含两种类型：一是对生态系统的补偿；二是对人的补偿。对生态系统的补偿是基于自然系统在旅游中的重要作用，为旅游活动提供了最基础的旅游资源，是生态旅游中最重要的旅游吸引物。对生态系统的补偿是一种物质层面的补偿，目的是促进生态系统的保护与健康运行。对人的补偿既包括由于旅游发展、生态破坏而受到损害或资源使用权利受到限制的当地居民，也包括为保护生态环境所做出牺牲和贡献的个人。对人的补偿体现旅游生态补偿中价值层面的补偿，其目的是提高其生态环保意识，激励这些群体持续投入生态环境保护之中。在明确两者的范围之后，需要建立起生态系统补偿与人的补偿之间的联系，最终实现旅游生态补偿。

2. 研究现状

随着生态环境在旅游中的重要性逐渐被认识到，旅游领域开始对旅游生态补偿进行研究，但是现有的研究还较新且处于探索阶段，主要是基于对特定旅游目的地保护和可持续发展视角来研究生态补偿在旅游地中的应用。如章锦河基于旅游生态足迹效率视角，构建了九寨沟自然保护区居民生态补偿标准的测度模型[165]；张理英、薛跃规深入分析了旅游发展过程中阳朔龙颈河进行生态补偿的必要性，并在此基础上提出相关机制构建[166]；马勇系统论述了神农架旅游生态补偿的主客体、补偿标准、补偿方式及保障体系[167]；张冰基于条件评价法，调查研究了长白山自然保护区游客的生态补偿支付意愿和当地居民的生态补偿受偿意愿[168]。还有学者从目的地类型角度研究了相关生态补偿机制的建立，如文红和李建华针对森林旅游地这一类型，详细论述了其生态补偿的必要性[169]；郑敏研究了山地旅游生态补偿机制的构建[170]。但是，基于旅游业作为市场化生态补偿途径视角的研究很少。张一群认为旅游业因其具有资源产权容易界定、受益主体较为明确、普及化、大众化、带动能力强、乘数效应大的特点，已经成为一种重要的生态补偿途径，在生态补偿的市场化途径中发挥重要作用[164]。杨桂华认为旅游开发作为遗产资源利用的重要途径[171]，为世界自然遗产地提供了市场化的生态补偿途径。蒋姮认为生态旅游业与其他产业相比，具有扶贫效果好、成本和返贫率低、受益面宽、拉动性强等优势[172]。

（五）研究进展评述

1. 研究展望

对比国内外相关研究可以发现，国内对旅游生态环境影响的研究较多，但是这些研究的关注点大多集中在旅游所带来的负面影响，很少关注到旅游发展对生态所带来的积极影响。对旅游目的地的生态补偿也已经开展了部分研究，但对旅游的生态补偿效应和补偿机制关注较少，尤其国内鲜有以案例调查为基础的实证研究。在生态补偿领域，相比国际上对市场化交易的补偿模式、利益相关者参与的补偿方式等方面的研究和实践，国内实践尚处于政府主导的生态工程建设阶段，国内学者大多从概念、原则等方面对生态补偿进行分析和阐述，部分案例研究只是对案例点描述性分析后做决策建议，着眼于市场化机制的研究较少。基于政府主导的生态补偿在计入信息成本、监管成本以及错位“征收—补偿”的社会成本后，运行成本较高，其效率往往较低。如何根据生态旅游发展等市场化补偿案例的启示，在生态补偿中采用市场化方式或在补偿过程中引入更多的市场化手段，将是推进中国生态补偿的重要方向，这也是本次研究的出发点和目标。

2. 研究意义

随着生态消费理念的兴起，旅游业对生态保护和环境建设的作用逐渐凸显，考察旅游业发展产生的生态保护效应，分析其中利益相关者的态度和意愿，对于理解因旅游发展引起的这一生态经济过程和机制，全面认识旅游业的生态环境影响具有重要的理论价值。进一步，根据对生态旅游发展实践案例的研究，将“交易费用”理论和博弈理论引入生态补偿分析中，根据不同生态旅游资源的交易属性和利益主体能力，以生态服务市场化难易的“交易费用”高低为依据，建立以旅游消费补偿等市场化方式为主体的生态补偿制度，对于促进生态服务生产和消费平衡，进而实现可持续的旅游发展和生态管理具有重要实践意义。

第二章　实践进展

一、国外生态旅游与生态补偿发展实践

（一）国外生态旅游发展实践

生态旅游从兴起至今已经有 40 多年的时间，不论是发达国家还是发展中国家，都在加快推动生态旅游的发展。半个世纪前，世界工业迅速发展，在为各个国家带来经济效益的同时，也带来不可忽视的生态问题。各个国家为了发展经济，不断向自然界索取石油、木材、煤炭等原材料，对生态系统造成了严重的破坏，尤其是生物多样性锐减，森林生态系统毁坏。同时，在这一时期也出现了环境公害事件，其中较为严重的为世界八大环境公害事件，如 20 世纪 40 年代美国多诺拉烟雾事件、50 年代伦敦烟雾事件等。这些环境问题促使人类开始反思现有的发展方式，并积极寻找一种合理利用大自然的途径。于是，生态旅游应运而生。哥斯达黎加和肯尼亚最先“被迫”走上发展生态旅游的道路，希望通过发展生态旅游实现对当地生态系统的恢复与保育，因此其被称为发展生态旅游的鼻祖。在全球环境大危机的背景下，“生态旅游”这种绿色发展方式一经提出便受到了各个国家和地区的追捧；再加上工业发展加快城市化进程，城市人口激增，人们越来越渴望返璞归真、亲近自然，生态旅游也被广大旅游者认可，迅速席卷全球。

纵观国外生态旅游的发展，其发展历程可大致分为三个阶段。

第一阶段是生态旅游的兴起阶段，时间为 20 世纪 60 年代至 20 世纪 80 年代。在这一时期，由于经济快速发展，人民生活水平提高，大众旅游已经发展到一定阶段。一方面，参与大众游览的人数不断上涨，超出旅游目的地负荷，对生态环境造成损害，促使学者开始思考关注传统大众旅游对生态环境的负面影响。另一方面，经济的发展推动旅游市场消费结构的升级转变，大众旅游不再满足所有游客的需求，发达国家不少游客开始追求新的旅游体验，对原始的自然生态环境产生了浓烈

的兴趣。在这样的背景下，国外开始积极寻找新的旅游方式，同一时期出现了大量与“生态旅游”相关的词汇，如绿色旅游、自然旅游、可持续旅游等。这些概念无一例外都强调了旅游应该是一种“负责任的旅游”。总体来看，这一时期属于大众旅游向生态旅游转换的调整时期，生态旅游也只在部分国家开展，如哥斯达黎加、肯尼亚、加拿大等，并未形成统一的认识。

第二阶段是生态旅游快速发展的阶段，时间为20世纪80年代初至90年代中期。生态旅游开始由最初的几个国家向欧洲、美洲等发达国家传播，如法国、美国、澳大利亚等，各个国家都依托自身条件发展具有特色的生态旅游产品。这一时期生态旅游发展的主要特点是一些政府或非政府组织开始出现，例如肯尼亚的生态旅游协会、日本的环境对策特别委员会等。这些组织在生态旅游宣传、生态旅游资金筹募、生态旅游启蒙教育等方面发挥了重要作用。与此同时，发展生态旅游受到了各国国家政府的关注，一些国家相继出台相关政策法规以及多种生态旅游发展规划，为生态旅游的健康发展提供了制度保障。例如，英国于20世纪90年代出台了《国家公园保护法》，美国于1994年制定了生态旅游发展规划，日本发表了《生态旅游指导方针》。

第三阶段是生态旅游成熟稳定的阶段，时间为20世纪90年代中期至今。在这一阶段，生态旅游已经扩展到全球范围，引起了各个国家的重视。生态旅游开始朝着规范化、精细化的方向发展，生态旅游市场细分和生态旅游产品细分成为关注的重点，生态旅游的类型也不断丰富，包括森林旅游、湿地旅游、草原旅游等。同时，生态旅游的实践发展带动了理论研究的发展，国外学者纷纷投入相关研究之中，并催生了一些新兴学科，如生态美学、自然生态学、社会生态学。

经过上述三个阶段的发展，生态旅游遍布全球各地，且各具发展特色。欧洲是生态旅游发展最发达的地区，波兰的生态旅游最先从农村开展，目前已经形成完整的生态旅游服务链条。英国的生态旅游又称“绿色旅游业”运动，英国议会不仅出台了《国家公园保护法》，还设立了专门的森林公园建设费，全方位保障生态旅游的发展。美洲的生态旅游以北美洲的美国、加拿大，中美洲的哥斯达黎加，南美洲的智利为代表。美国建立了世界上第一个国家公园，较早制定了生态旅游发展规划，生态旅游发展更加制度化、体系化；加拿大的生态旅游以其探险公司、生态旅游公司著名，其数量约有700家；中南美洲的国家地处热带雨林地区，生态保护尤为重要，因而生态旅游发展较为成熟。亚太地区的旅游最先在马来西亚、印度尼西亚地区开展，如今日本、马来西亚、泰国等纷纷出台了相关发展规划、管理规划、指导方针，在科学的管理监测下，生态旅游发展迅速；澳大利亚的生态旅游景区具有种类多、数量多、面积大的特点，获得国际生态旅游组织的重点推荐。非洲的野生动物种类丰富、数量繁多，为其生态旅游发展创造了条件。目前生态旅游已经成为非洲许多国家的创汇行业，如肯尼亚、津巴布韦、加纳等。

国外生态旅游的发展已经相对成熟，积累了丰富的实践经验，对我国未来生态旅游的发展具有重要借鉴意义。一要充分发挥政府在生态旅游发展中的作用，加强立法工作，制定相关标准，提供配套支持，保障生态旅游的健康发展。二要科学管理，科学监测，规范发展，运用现代管理手段与现代科学技术，监测控制旅游活动，减少对生态系统的影响。三要加强旅游环保宣传，提高全民生态保护意识。四要重视社区居民利益，将当地居民的发展纳入生态旅游发展规划中，构建和谐的人地关系。

（二）国外生态补偿发展实践

生态补偿在世界各地普遍实践，其中中南美地区的生态补偿实践尤为突出，如哥斯达黎加、墨西哥、厄瓜多尔等。这些国家位于热带雨林地区。鉴于热带雨林系统对全球气候调节的重要作用，这些地区的生态保护尤为重要。其中比较著名的实践有哥斯达黎加的森林生态补偿制度和厄瓜多尔的森林碳汇项目。

1. 哥斯达黎加的森林生态补偿制度

哥斯达黎加地处拉丁美洲，是一个以农业为主的发展中国家，该国的国土面积很小，约为5万平方公里，只占世界面积的0.03%，但是生物资源却极其丰富，约占世界的5%，因此它被认为是世界上生物多样性最丰富的国家之一。在经济发展过程中，由于种植业的扩展，哥斯达黎加毁林开荒的现象愈演愈烈，高达国土面积80%以上的森林面积曾经一度下降为只占国土面积的21%。从20世纪70年代末开始，哥斯达黎加开始通过生态补偿等措施改善生态环境，并从1997年开始实施森林生态补偿制度（Pogopor Servicios Ambientales，PSA）。作为发展中国家实行生态补偿的先行者，哥斯达黎加建立了一个正式的、全国范围内的补偿制度。

1996年哥斯达黎加通过颁布《森林法》，以法律的形式确认了森林生态系统提供的4种生态系统服务：①减少温室气体排放（包括减碳、固碳、碳的吸收和存储）；②水文服务，包括提供饮用水、灌溉和发电；③保护生物多样性；④生态旅游和提供优美的自然景观，用于旅游产业和科学研究，森林生态补偿制度主要针对这4种生态系统服务展开，补偿对象是私有林地的所有者。

具有独立法律地位的国家森林基金（FONAFIFO）负责执行森林生态补偿制度

（PSA）。由三个公共部门的代表组成国家森林基金的理事会，其独立的地位决定该机构可以自主决定人事安排和资金管理。

（1）补偿对象

作为森林生态服务的提供者，流域私有林的所有者是 PSA 项目的补偿对象。根据《森林法》的规定，参加 PSA 项目的林场主需要向国家森林基金提交相关申请材料，该申请需要包括现有土地的利用方式、土地的运输能力、森林防火计划、非法狩猎与采伐以及监测计划等详细信息。国家森林基金会按照法律程序对申请者的材料进行资格审核，通过审核的林场主，基金会将与其签订生态补偿合同。该合同会对项目参加者的权利、义务，补偿款的发放时间和方式等内容进行详细的规定和描述。

（2）补偿手段

水权交易：1997 年底，在环境非政府组织 FUNDECOR 的帮助下，水电部门与 EG 公司签署了第一项协议。按照协议，EG 公司向其两座发电厂所在流域的参与项目的土地使用者提供补偿。EG 公司是一家私营水电公司，发电动力主要来源于位于 Sarapiqui 流域的两个水库，但是这两个水库的水量却不足以支持该电厂的满负荷运转。为了使发电量和收入达到最大值，必须要获得更多的水流量。只有提高河流上游的森林覆盖率，才能够增加河流的年径流量，同时减少水库的泥沙沉积。在意识到这个问题后，EG 和水电部门达成协议，统一对上游地区植树造林的林场主进行补偿，公司按 18 美元 / 公顷的标准向国家森林基金缴纳资金，国家森林基金在此基础上再增加 30 美元，以 48 美元 / 公顷的标准通过现金的形式支付给流域上游的私有土地主。通过这种形式，不仅增加了流域上游的森林覆盖面积，使生态环境得到改善，同时也为 EG 公司带来很大的经济效益。

碳汇交易：为出售碳减排权，国际森林基金建立了一个标准工具——可确认的贸易补偿（certifiable tradeable offset，CTO），1 单位 CTO 代表减少 1 吨碳排放。在项目早期，挪威政府及挪威能源财团支付 200 万美元购买了 20 万单位的 CTO，极大地推动了项目的开展。《京都议定书》生效以后，哥斯达黎加同世界银行生物碳基金签署了第一份协议，共出售二氧化碳 61 万吨，主要通过农林复合生态系统植树、森林自然更新和商业终止来实现上述目标。目前，FONAFIFO 在意大利非政府组织 GEV–Modena 的帮助下，已经把 Talamance 地区 100 公顷森林保护的碳排放权出售给了意大利 Lifegate 公司。

发展生态旅游：《森林法》中规定自然景观也是森林提供的生态系统服务之一，

因此，国家森林基金开展了与包括宾馆、旅游公司以及漂流公司在内的很多森林景观用户的谈判，要求这些森林景观服务的使用者为森林景观付费，同时对旅游者以收入门票的形式让其付费。

（3）项目的资金来源

多元化的融资渠道为国家森林基金提供了较为充足的补偿资金，保障了哥斯达黎加生态补偿制度能够稳定实施。项目的资金主要来自以下几方面。

①国家投资资金，包括化石能源销售税、森林产业税等各种税收收入；

②国际组织的捐赠。2001—2006 年，PSA 项目通过生态标签项目获得了世界银行的贷款和全球环境基金的补助金。从 2007 年开始，基于环境管理的主流市场项目开始支持 PSA 项目。此外，PSA 项目还接收到来自德国援助机构 KFW 的资金支持。

③生态系统服务者付费，主要包括用水户和景观用户的付费。

④项目和市场工具，如碳汇交易、国际债务交换、金融市场工具（债券和票据）等。

（4）项目的监督管理

哥斯达黎加的森林生态补偿制度有着严格的监督体系，在每项补偿计划中，可信任的合约监督和确认体系都是其重要内容。监督工作主要由独立的第三方机构 SINAC、FUNDECOR 等负责执行。这些机构通过定期审核来确定监督工作是否准确，负责与农民签约的持证林务员也承担着监督管理的责任。随着监督系统的不断完善以及生态资金的支持，FONAFIFO 建立了数据库用来跟踪调查项目执行情况。对于不履行合同的参与者，将不能继续享受相应的补偿，渎职的持证林务员将被吊销执照。

（5）项目的实施效果

PSA 项目的实施在全国范围内产生了积极的效果，主要体现在以下几方面。

①森林覆盖率大幅度提高。根据 FONAFIFO 的统计，1987 年哥斯达黎加的森林覆盖率为 21%，1997 年提升到了 42%，2000 年进一步提升到了 47%。在十几年的时间里，森林覆盖率提高了 26%。

②森林生态系统服务质量得到明显改善。在 PSA 项目实施后，当地的水源质量提升很多，动植物的种群和数量更加丰富，森林的固碳能力也得到很大的提升。

③扶贫效果显著，受益农户生活得到改善。

哥斯达黎加森林生态补偿机制框图如图 2-1 所示。

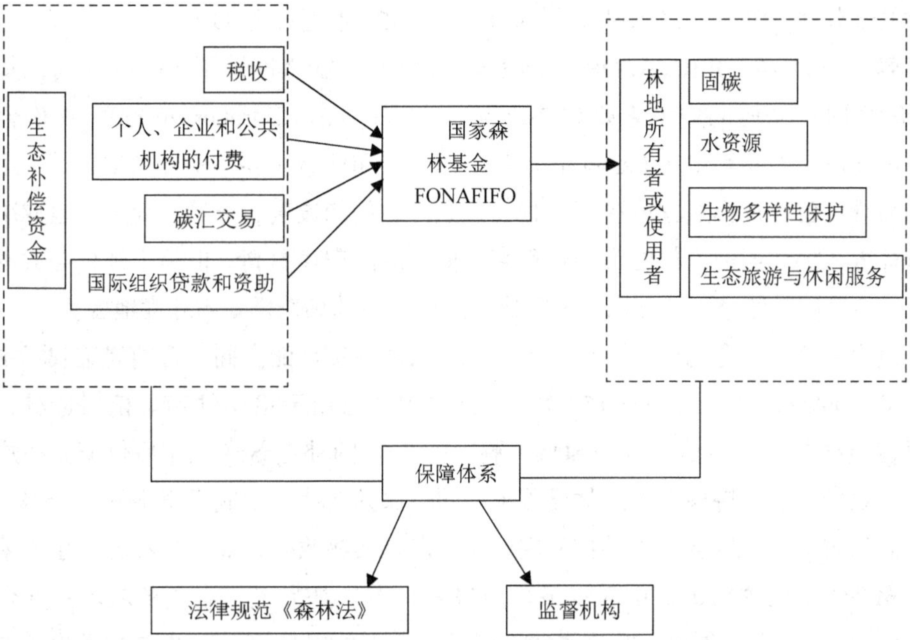

图 2-1　哥斯达黎加森林生态补偿机制框图

2. 厄瓜多尔的森林碳汇项目

厄瓜多尔的森林碳汇项目由 PROFAFOR 公司负责实施。PROFAFOR 公司是非政府组织 FACE 基金会（Forests Absorbing Carbondioxide Emission Foundation）的代理公司，由荷兰电力公司资助，以抵消它们的碳排放量。截至 2006 年，PROFAFOR 项目已造林 22 287 公顷，占厄瓜多尔再造林面积的一半。据估计，PROFAFOR 项目每年每公顷截存 3—10 吨碳。2002 年,PROFAFOR 通过支持在伊巴拉（北部高地）的新水域保护计划及避免伐林的丹麦资助计划，移植了其宝贵的生态补偿经验。

（1）项目的实施

森林碳汇项目启动阶段包括初期国家选择（两年）和计划设计期（一年）两部分。全球森林吸收二氧化碳排放项目的启动资金大约为 250 万美元，PROFAFOR 占全球森林吸收二氧化碳排放项目林木种植面积的 14.8%，需启动资金 37.5 万美元，即 17 美元 / 公顷。截至 2005 年，补偿资金总额达 617 万美元，其中 3/4 用于补偿农场主，并进行技术支持服务；1/4 属于交易成本，包括监督、推广、认证及管理成本。

在项目实施初期，PROFAFOR 只使用外国速成林种，多数是 20 年生松树，部分是 15 年生桉树。但自 1999 年以来，它也开始引进本地树种。2000 年，为了保证造林的永久性，PROFAFOR 将合同期限从 15—20 年延长到 99 年。

截至 2006 年，PROFAFOR 已同私营农场主、公社签订了 152 份合同，其中 145 份合同在高地区域（主要在 Pichincha、Cotopaxi、Chimborazo 省），7 份合同在海岸地区，主要集中在 Esmeraldas 省。对于分布区域主要集中在高地区域，主要是因为林场位置选择过程取决于生物物理条件，例如坡度、土壤、纬度，也取决于经济标准，例如当地木材的市场化程度。低地的碳截存更高，但是土地机会成本更高，即每公顷补偿额与纬度高低成反比，所以多数林场选择在高纬度地区。

该项目签订的合同分为两种。①与私人农场主签订的合同。合同规定农场主每年从 PROFAFOR 获得 100—150 美元 / 公顷的补偿用于培植幼苗、植树造林，补偿额占造林及管理预估成本的 80%，剩下的 20% 的补偿款在三年后付清。在这三年内，农场主要维持现有的森林覆盖率，同时保证新植林木成活率不低于 75%。签订合同的农场主可以从林木种植的副产品中获得实物收获，而且将在林木生长末期（15—20 年）的木材销售中获得最少 70% 的收益。如果签订合同的农场主在合同规定的 99 年内持续造林，那么他们将获得另外 30% 的收益；如果在林木生长末期进行伐木，销售砍伐的木材后，农场主却不在原地继续造林，那么他们需要将销售收入的 30% 缴纳给 PROFAFOR。PROFAFOR 希望林木生长末期进行的木材销售能够激励农场主保持造林的积极性，30% 的额外收入也会促使农场主继续造林。如果农场主不造林，PROFAFOR 就会把这 30% 的额外收入用于别处林场。②与社区签订集体合同。这主要是因为 2000 年以后，PROFAFOR 确定合同最小约定面积为 50 公顷。新的最小规模标准有效地排除了个体小股东，但 PROFAFOR 仍有明显的扶贫效应，与高地贫困地区签订了 43 个集体合同。社区获得经济收益主要有两个途径：其一，每户幼苗培育与再造林的初期费用达到 60—635 美元，占年支出的 6%—50%；其二，从木材收货中获得收益。采取 10% 的折损率，每户收益的净现值预计将达到 7—2481 美元，内部收益率达到 13.2%—27.2%。总的来说，就目前木材价格来看，PROFAFOR 的回报率很可观。

（2）项目的监督管理

在项目实施过程中，有专业的认证公司和咨询公司进行认证监督。在信息收集阶段，认证公司详细审查 PROFAFOR 林场中年碳汇量。在试点阶段，每年至少访问所有合同签订地区 1—4 次，监督其造林情况，并进行管理情况总结。按照合同要求，签订合同的农场主需积极实施造林管理，包括控制火情、监督、防止牲畜毁林，其中在林区放牧家畜最难控制。因此，常常出现因事故严重违反合同而取消或修改合同的情况，故直到合同执行的第三年，20% 的补偿仍无法兑现。因偶然因素造成补偿无法兑现是增加条件要素设计的原因，如合同执行三年后，树木保持良好，牲畜对林区的破坏将忽略不计。第一个劳动密集型的三年之后，林木生长期至林木成材期间，林木预期销售前景良好，林木收益甚至比其他途径的收益更可观，农场主也有信心继续造林。

厄瓜多尔 PROFAFOR 项目运行流程如图 2-2 所示。

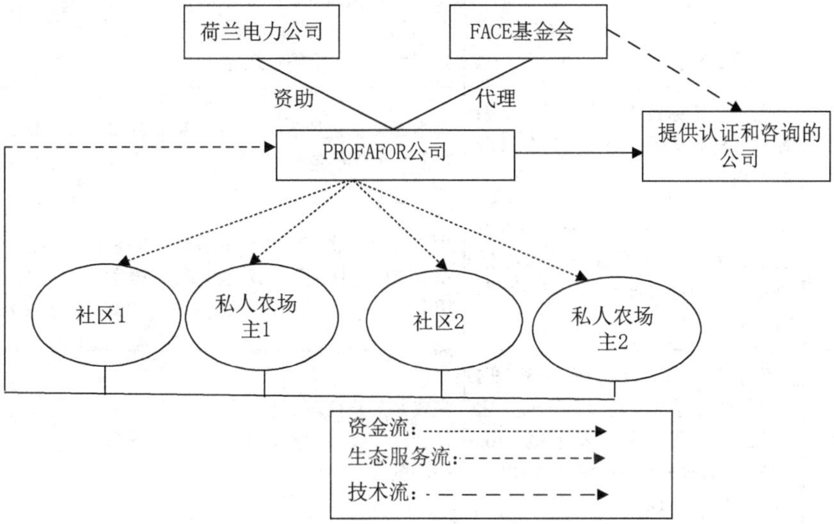

图 2-2 厄瓜多尔 PROFAFOR 项目运行流程

3. 其他实践

为落实 1992 年的《联合国气候变化框架公约》以主动适应全球气候变化，在 2007 年的联合国气候变化大会上出台了“巴厘岛路线图”，以进一步实施《京都议定书》并减排温室气体。随着该战略的逐步落实，基于“碳贸易”的生态补偿行动将在全球范围内得以实施。如表 2-1 所示，许多国家和地区已采取了生态补偿措施，如中南美、日本等国家或地区的流域性环境服务支付项目、欧美各国普遍实施的农业环境保护性补贴、为典型地质地貌或生态景观而设立的景观公园、为生物多样性保育而设立的各类自然保护区、为防止全球变暖而进行的全球性固碳类项目以及各类林业计划等。

表2-1 世界各国生态补偿项目概览

项目类别	案例	主要提供的生态服务	尺度	主要资金来源
流域管理	环境服务支付（PES）；日本和哥斯达黎加流域上下游之间的流域性生态补偿	主要为保持土壤、降低侵蚀与沉积、改善与净化水质、涵养水源、防洪，兼顾调节气候、保护野生生物、维护景观等	流域	政府财政或上下游协商
农业环境保护	欧洲的农业环境项目；加拿大永久性草原覆盖恢复计划（PPCRP）；美国的保护与储备计划（CRP）、环境质量激励项目（EQIP）	主要为降低侵蚀与沉积、保持土壤、防风固沙、减少农药化肥的污染，兼顾调节气候、保护野生生物、维护景观等	国家	政府财政补贴
林业	德国的生态林效益出售以及“生态账户”核算体系；爱尔兰的私人造林计划	基本涵盖上述所有的生态服务功能，另外还包括固碳功能	流域、国家	林业补贴、奖励或市场收益
自然生态环境的保育与恢复	世界各国自然保护区；栖息地保护公约；新西兰生物多样性保护措施；美国渔业与野生动物保护方案（FWS）	主要针对生物多样性与生态环境保护，同时提供其他生态服务	区域、国家、全球	环境 NGO 或国际组织基金资助、政府补助
碳管理	《京都议定书》《巴厘岛路线图》《哥本哈根世界气候大会气候变化协议》；欧盟排放交易方案（EU ETS）；哥斯达黎加对投资商出售碳券（Carbon Bonds）	主要是防止全球变暖，同时通过造林固碳、节能减排改善生态环境	全球	国际间碳交易市场
景观保护	瑞士自然保护区景观保护；尼泊尔自然保护区景观保护；各地景观公园	主要为保护特殊景观，提供休闲、文化等服务	区域	公园门票与少量政府资金

在上述生态补偿项目中，生态补偿资金的主要来源包括国际组织或环境 NGO 的贷款或捐助、政府转移支付和补贴、受益者支付三种[173]，而政府转移支付或各类环境 NGO 组织资助模式仍是当前生态系统服务的主要模式。如欧洲瑞典、比利时、丹麦、西班牙、荷兰、芬兰、英国、法国、德国、意大利等国家，通过征收与环境有关的税收（绿色税）等形式对生态环境进行补偿，税种包括碳排放、氮排放、硫排放、垃圾填埋、能源销售等[174]。以上模式具有三个缺点：受环境组织的持续资金保障以及各国政府财政能力所限，这类项目往往被迫停止或执行效果受损；大尺度、流域性的生态补偿不能针对地区生态经济特点，其补偿标准单一，补偿偏高和不足的现象都有存在；自上而下的行政执行模式导致监督管理困难。

二、国内生态旅游与生态补偿发展实践

（一）我国生态旅游发展实践

1982 年，我国第一个国家森林公园——张家界国家森林公园成立，开创性地将发展旅游与保护生态环境相结合，成为我国生态旅游发展的前身。但这并不是真正意义上的生态旅游，我国生态旅游的发展可追溯到 20 世纪 90 年代。1995—1999 年，我国多次在不同城市召开国际、国内生态旅游相关会议，进一步促进了我国生态旅游的实践发展。国家旅游局还将 1999 年定为我国的生态旅游年，举办了一系列生态旅游主题活动；同年昆明举办“世界园艺博览会”，共同掀起了我国生态旅游发展的高峰。我国生态旅游依托各类生态旅游区开展得如火如荼，在 30 多年的历程中取得了显著的成绩。目前，我国已经初步形成包括自然保护区、风景名胜区、森林公园、湿地公园、国家公园在内的生态保护系统；生态旅游景区类型多样，包含山岳生态景区、湖泊生态景区、森林生态景区、草原生态景区、冰雪生态景区、海洋生态景区、观鸟生态景区、漂流生态景区、徒步探险生态景区九大类；生态旅游者的数量持续增加，游客的生态环保意识不断增强，生态旅游在未来将会继续保持良好的市场前景。但是随着实践深入发展，我国生态旅游在发展进程中也出现了不少问题。由于部分地区在开发过程中急功近利，过于追求旅游经济效益，忽视环保价值，对生态旅游及景区缺少科学的管理和监测，许多问题逐渐暴露出来。如今，我国生态旅游的发展已经由“开发热”阶段转为调整反思阶段，2010 年全国开展了生态旅游发展状况调查，今后我国生态旅游的发展将会更加科学化、规范化、绿色化。

1. 我国生态旅游资源发展轨迹研究

我国生态旅游发展至今已有 30 多年，各类生态保护区依托自身优良的自然生态条件，在环境保护部和国家旅游局等相关部门的积极引导下，生态旅游发展成果显著。

（1）风景名胜区发展轨迹研究

风景名胜区是我国生态旅游资源的重要组成部分，通常以自然资源为主，资源集中度高，环境优美，不仅能为游客提供观赏、游览价值，而且能提供科普、文化价值，具有独特性和不可替代性。按照类型划分，我国的风景名胜区可以分为森林型、山岳型、湖泊型、河川型、瀑布型、海岛海滨型；按照等级划分，可以分为国家级风景名胜区和省级风景名胜区。我国的第一批风景名胜区诞生于 1982 年，随

后经过 30 多年的发展，扩展为九批 244 处。除香港、澳门、台湾、上海之外，各个省份均拥有国家级风景名胜区。图 2-3 和图 2-4 分别为国家每一批批建的国家级风景名胜区数量和国家级风景名胜区数量增长图。

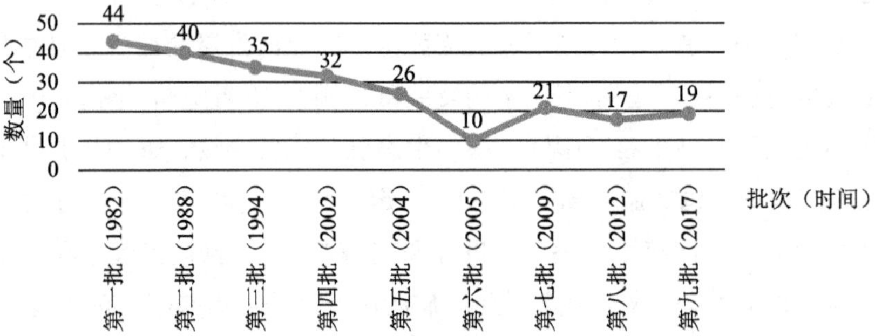

图 2-3　每一批批建的国家级风景名胜区数量

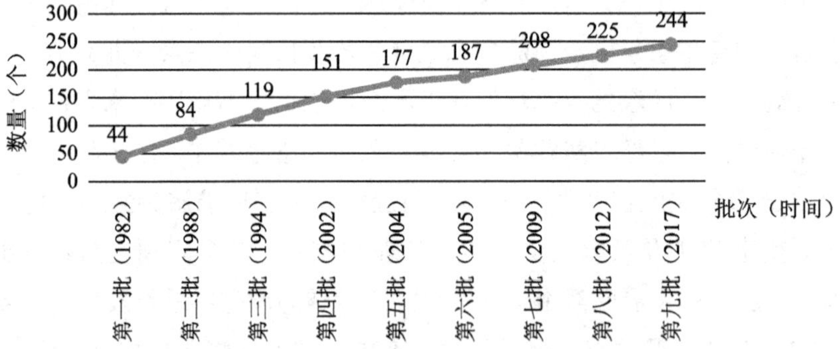

图 2-4　我国国家级风景名胜区数量

从第一批风景名胜区成立以来，虽然总体数量呈现了增长趋势，但各地理区划分区（见表 2-2）内的风景名胜区数量却呈现出了不同的特点。从各区划分区风景名胜区数量来看（见图 2-5），华东、西南拥有的风景名胜区数量较多，华南最少，这与各区划分区的交通状况、地理分布和经济状况紧密相关。华东的浙江省、福建省、江西省，华中的湖南省，西南的四川省和贵州省的风景名胜区数量都达到了 18 个以上，位于其他省前列，如图 2-6 所示。这源于这些省份独特优良的地理资源，其自然资源种类丰富，同时开发利用也较充分。

表2-2　我国地理区划分区

分区	省份
华北	北京、天津、河北、山西、内蒙古
东北	黑龙江、吉林、辽宁
华东	上海、江苏、浙江、安徽、福建、江西、山东
华中	河南、湖北、湖南
西南	四川、重庆、贵州、云南、西藏
西北	陕西、甘肃、青海、宁夏、新疆
华南	广东、广西、海南

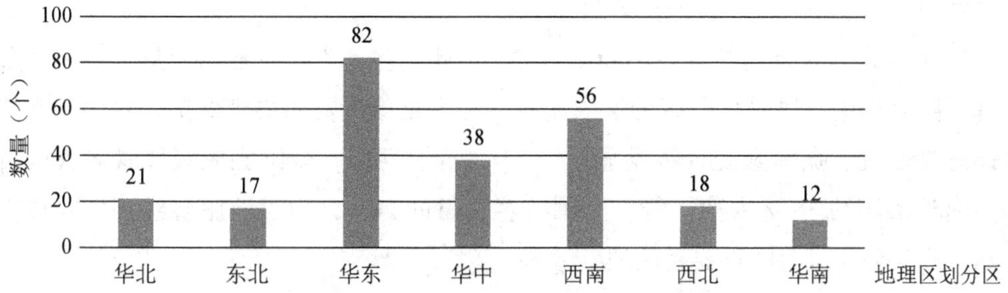

图 2-5　各区划分区风景名胜区数量

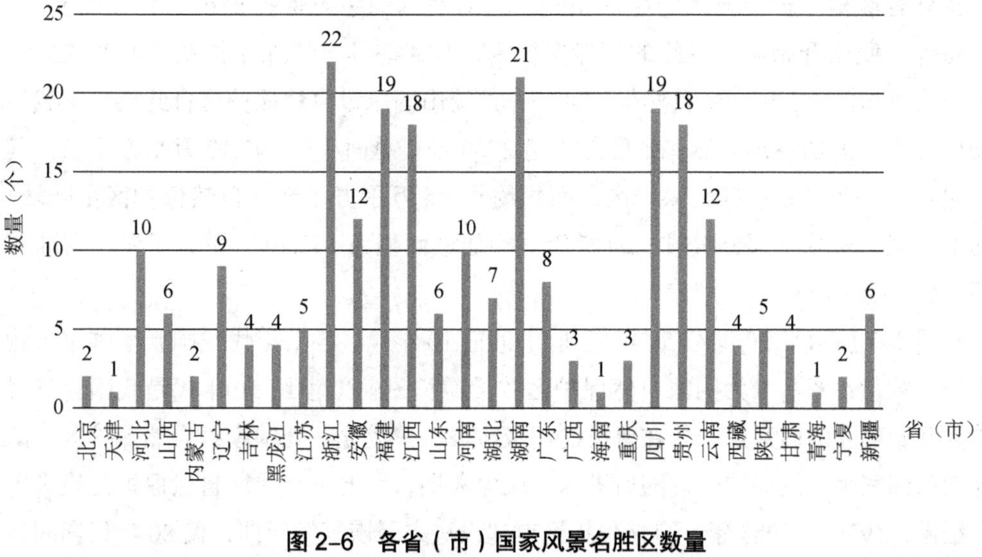

图 2-6　各省（市）国家风景名胜区数量

为充分发挥风景名胜区作为第三产业创收组成部分之一的作用，积极推动旅游事业的发展，30 多年来，风景名胜区朝着现代化、规范化、精细化的方向不断努力，如今已经建立了一批专业的管理队伍，形成了科学的管理体系。其中，旅游设施是风景名胜区重点建设的项目，包括交通系统、供水系统、排污系统等旅游基础设施和住宿、餐饮、游客服务中心等旅游服务设施，经过多方融资建设，现已成为风景名胜区的对外展示窗口。同时加强保护投入，实施一大批资源保护项目，“十二五”期间，中央直接投入约 5 亿元，进一步提升风景名胜区的保护与发展能力。据不完全统计，“十二五”期间各国家级风景名胜区共完成景点保护项目 1029 项，环境整治项目 676 项，地址灾害防治、森林防护、动植物保护、病虫害防治等项目 1036 项，生态治理、环境监测项目 410 项，有力推进了风景名胜区的保护，为促进生态文明建设打下了良好的基础。

30 多年来，风景名胜区在不断成长的同时也对生态发展、旅游发展、经济发展发挥了巨大作用。风景名胜区的设立使我国一大批珍贵资源得到保护，对生态文明建设意义非凡。据国家统计数据显示，“十二五”期间，全国国家级风景名胜区接待国内外游客约 36 亿人次，约占全国游客总量的 20%，为当地旅游经济创收做出贡献，成为公众旅游的重要目的地。

（2）国家自然保护区发展轨迹研究

我国国土面积辽阔，地形复杂多样，造就了许多具有代表性的自然生态系统，以及具有珍稀保护价值的野生动植物，这对我国的生态保护提出了更高的要求。1956 年，我国开始设立专门的自然保护区，对这些具有特殊保护意义的区域进行特殊保护和管理。第一个自然保护区——鼎湖山国家级自然保护区自此成立。截至 2017 年底，我国各类自然保护区总数达 2750 处，总面积约 147.17 万平方千米；其中包含 463 个国家级自然保护区，面积约 97.45 万平方千米。自然保护区由陆域、陆地水域、海域三部分组成，2017 年底其陆域面积为 142.70 万平方千米，占陆域国土面积的 14.86%。

图 2-7 展示了 20 世纪 50 年代到 21 世纪 10 年代，各个年代我国新增国家自然保护区数量；图 2-8 为国家自然保护区数量增长图。20 世纪 50 年代是我国自然保护区开始建立的萌芽期，处在建设的初级阶段，只成立一处国家级自然保护区，即鼎湖山国家级自然保护区；随后进入一段停滞期，六七十年代，自然保护区建设发展缓慢；1978 — 1985 年，自然保护区就建设进入了恢复发展期，仅 80 年代期间自然保护区就新建 53 处。90 年代后，我国的自然保护区进入了快速建设阶段，发展

势头迅猛。

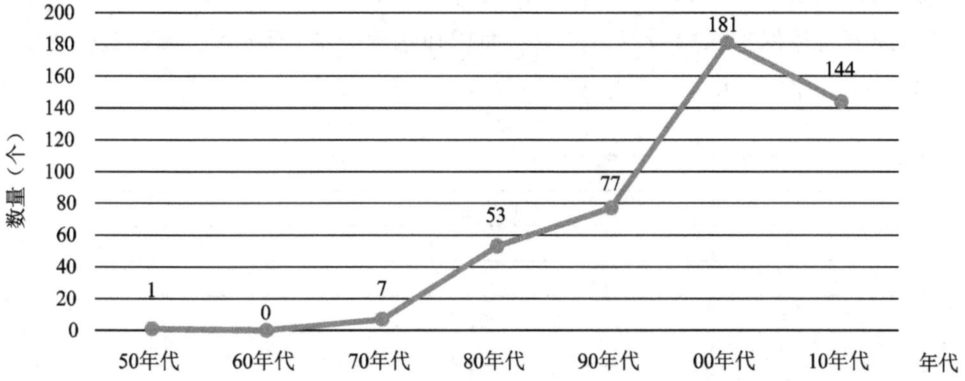

图 2-7 历年国家级自然保护区批建数量

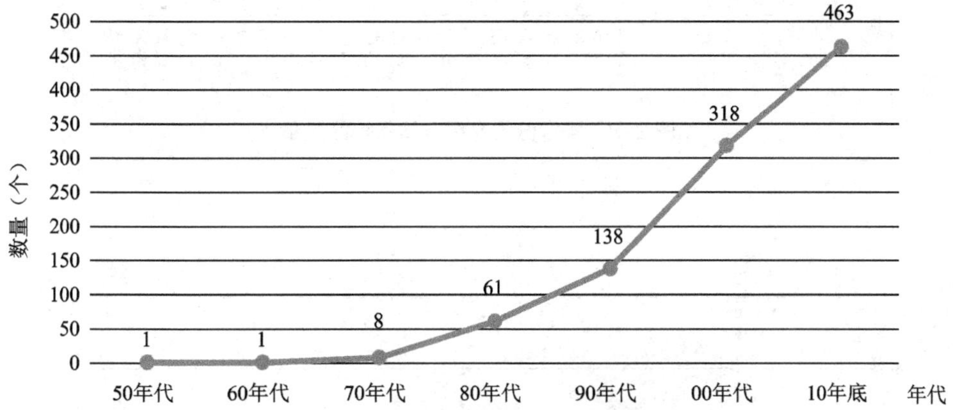

图 2-8 国家级自然保护区数量增长图

注：划分日期为国务院批复（或因有批示而被视为同意）同意建立国家级自然保护区的日期。

图 2-9 和图 2-10 分别为各省份国家级自然保护区数量和面积分布图。由于各省份地理区位、气候环境、地质土壤的差异，导致自然保护区数量、面积也必然不尽相同。例如：四川、福建、广西等地区所拥有的国家自然保护区面积不算多，却呈现了面积小、数量多的特点，特别是四川，国家级自然保护区数量达 31 个，其总面积仅为 310 万公顷，当然部分原因是统计过程中长江上游珍稀、特有鱼类国家级自然保护区地跨四川、重庆、贵州、云南 4 省市，数量计入四川省，面积分别计入各省，但其中比例不大；而辽宁、吉林、江苏、青海、新疆、西藏等省份虽然拥有

的保护区数量不多，却呈现了数量少、面积大的相反情况，特别是西藏自治区，国家自然保护区数量仅为 11 个，其面积却处于全国第一位，达 3734 万公顷，其次是青海，国家自然保护区数量仅为 7 个，面积却达到 2073 万公顷，新疆自然保护区数量为 15 个，面积为 1226 万公顷。

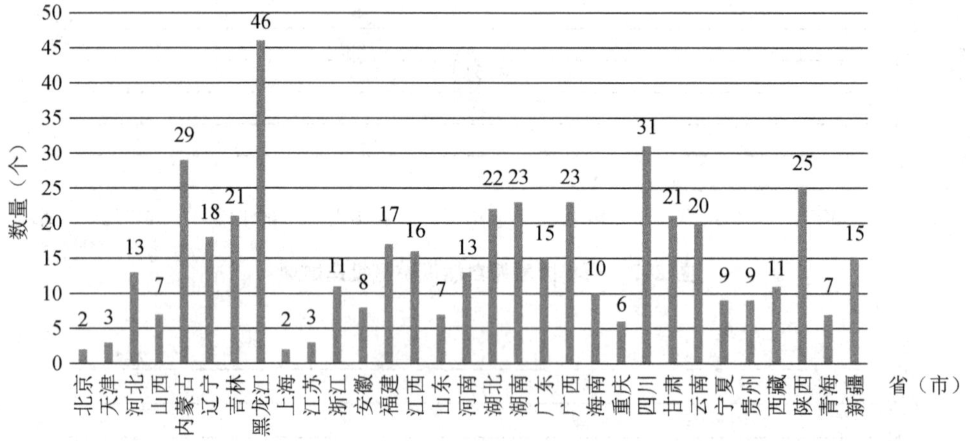

图 2-9　各省份国家级自然保护区数量

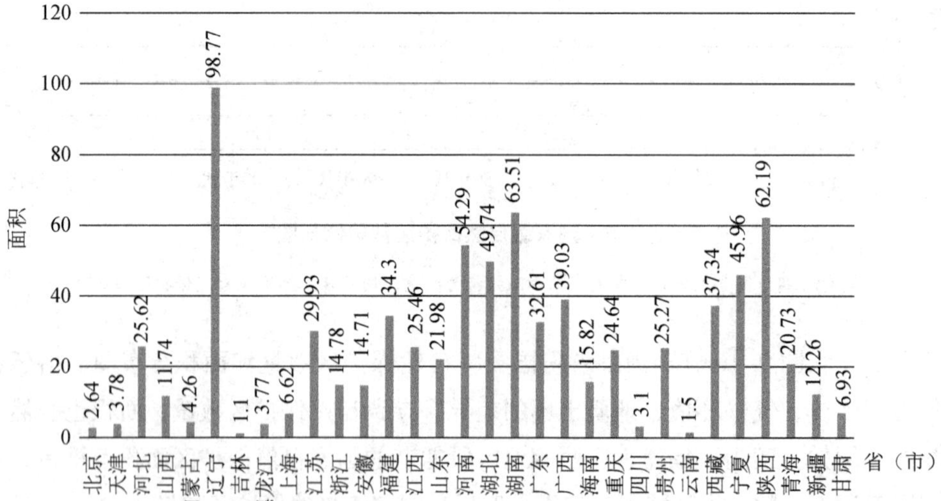

图 2-10　各省份国家级自然保护区面积

注：其中内蒙古、吉林、黑龙江、四川、云南、西藏、甘肃、青海、新疆以百万公顷为单位，其余以万公顷为单位。

图 2–11 为区划分区的国家级自然保护区数量和面积统计，其中东北地区拥有的国家自然保护区数量最多，达 85 个，占全国国家级自然保护区数量的 18.35%；面积 587.43 万公顷，位列全国第三，占全国国家级自然保护区总面积的 5.99%。西南地区国家级自然保护区面积最大，达到 4245.27 万公顷，占全国自然保护区总面积的 43.29%；数量和西北地区并列第二，为 77 个，占全国国家级自然保护区数量的 16.63%。

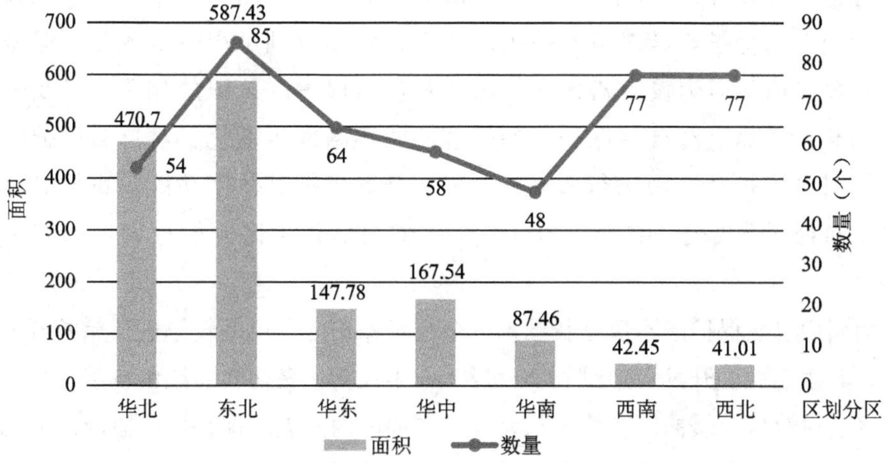

图 2–11　规划分区的国家级自然保护区数量和面积统计

注 1：其中西南、西北以百万公顷为单位，其他单位为万公顷。

注 2：以上图表数据统计截止日期为 2017 年年底。

从 1956 年第一个自然保护区建立至现在，我国自然保护区已经发展 60 多年，经历了一个从无到有、从单一到综合的过程。目前我国自然保护区分为三大类九小类，类型齐全，功能多样，管理体系也日趋完善。国家各级政府和相关主管部门对自然保护区的发展十分重视，与自然保护区共同配合，通过一系列有效措施促进了自然保护区的快速发展。国家政府相继出台了《中华人民共和国野生动物保护法》《中华人民共和国自然保护区条例》《森林和野生动物类型的自然保护区管理办法》等法律条例，为自然保护区的发展提供了法律保障。随后大部分自然保护区设立了专门的管理机构，并配有专业管理人员，促进自然保护区的科学发展。一些有条件的自然保护区还成立了科研机构，通过与专业研究院校合作，充分发挥自然保护区的科普教育价值。还有部分自然保护区依托自身优势积极开展相关国际交流合作，例如鼎湖山国家级自然保护区、武夷山自然保护区等，进一步提升了我国生态保护以及科学管理的水平。这些工作均取得了显著成效，为自然保护区的建设发展打下了坚实基础。

顾名思义，保护是自然保护区的第一要义，始终处于自然保护区发展的首要地位。2017年底，我国已有2750处自然保护区，数量多，面积大，对生态系统的修复和保护发挥着不可替代的作用。同时，我国还存在大量的珍稀动植物物种，自然保护区的建立为其提供了良好的栖息地，能够保护稀有物种，防止生物多样性锐减。自然保护区建立之初，我国参照国外实践经验，对其进行绝对的保护。虽然自然保护区的保护作用收到了很好的成效，但是其观赏、教育作用却迟迟没有被发掘。随着对自然保护区认识的加深，以及生态旅游的兴起，国际上对自然保护区的管理模式逐渐发生变化，对自然保护区的态度由绝对的保护转换为进行适当的开发，开始发掘其休闲功能。我国对自然保护区的旅游开发始于20世纪70年代，一些自然保护区开始探索生态旅游发展之路。

鼎湖山自然保护区不仅是我国第一个自然保护区，也是较早进行旅游开发的保护区，其生态旅游开发可追溯到20世纪80年代初。最初，鼎湖山自然保护区分为核心区、过渡区、缓冲区，旅游只允许在缓冲区内开展。保护区内旅游产品的开发经历了一个循序渐进的过程：首先是简单的游览观光产品，包括森林观光、宗教观光，这一阶段持续到1994年。其次是参与性旅游体验产品，如森林探险、鼎湖泛舟等。这一时期，鼎湖山开始在保护区内修建基础设施项目，并于1995年建立了鼎湖景区。随后保护区依托其森林资源，开发生态旅游产品，如森林康养旅游产品。21世纪以来，鼎湖山开始挖掘其文化价值，建设宝鼎文化园，推出文化旅游产品。鼎湖山的旅游开发历程也反映了我国自然保护区的发展历程，从试探性的开发到过度的扩张再到理性的回归，从纯自然的开发到对文化的开发，生态旅游产品越来越层次化、精细化。

福建武夷山自然保护区开展生态旅游也相对较早。武夷山自然保护区更加注重科学管理，规范发展。其生态旅游开展之初便成立了生态旅游管理委员会，全面负责保护区旅游的开发工作。1994年保护区成立了绿涛实业公司，并将管理委员会改为“生态旅游部”，编入公司旗下。1996年再次变更，成立了具有独立法人的“福建武夷山国家级自然保护区森林生态旅游公司”，保护区的生态旅游管理迈上了一个新的台阶。

我国自然保护区的生态旅游总体上还处于起步阶段，仍属于大众旅游范畴，在发展过程中也面临诸多问题，如保护重点不突出、缺少综合管理等，走了不少弯路，但是未来仍有很大开发潜力。目前我国已开展生态旅游的保护区只占很少比例，但获得的效益十分可观。实践证明，在保护的基础上进行合理的旅游开发利用，自然保护区能够更好地发挥其生态价值。

（3）国家森林公园发展轨迹研究

森林公园是指以森林生态系统为主体的旅游区域，是我国开展生态旅游的又一基地。森林公园是我国森林生态旅游资源的主体，在生态旅游业的发展中起到了“顶梁柱”和“排头兵”的作用。我国是世界上森林风景资源最丰富的国家之一。20世纪70年代末80年代初我国开始筹备建设森林公园，1982年第一个国家森林公园——张家界国家森林公园正式诞生。我国森林公园分为三级：国家森林公园、省级森林公园和市级森林公园，形成了具有中国特色的森林公园体系框架。目前除港澳台地区外，其余各个省份均有国家级森林公园，成为保护我国森林资源的骨干力量。

图2–12—图2–14分别描述了我国森林公园数量和面积的增长趋势。2017年底，我国国家森林公园的数量已达881处，数量多，面积大，森林资源丰富。从图2–12可以看出，相比于风景名胜区、自然保护区，国家森林公园的建设并不长期处于稳定状态，建设历程波澜起伏。20世纪80年代至90年代，国家森林公园事业开始起步，但发展缓慢，平均每年成立不足两处，此时处于摸索时期。90年代初迎来了一个发展高峰时期，也是国家公园建设历史上的最高峰。受1992年邓小平南方讲话提出大力发展第三产业，以及全国森林公园会议、森林旅游工作会议召开的影响，国内引发了“森林公园热”，仅1992年就成立141处国家森林公园。1991—1993年，国家森林公园快速发展，共批建218处。1994—2000年，国家森林公园建设热度有所下降，发展速度明显放缓，但发展较为稳定。2000—2005年，国家森林公园建设迎来第二个小高峰，相比20世纪90年代的高峰期，这一高峰持续时间更长，发展更为均匀，平均每年建设50家左右。此时，国家森林公园已经发展到一定阶段，其产生的综合效益逐渐引起社会的关注。2005年起，国家森林公园建设工作持续推进，每年批建数量呈现出不规则波动特征。

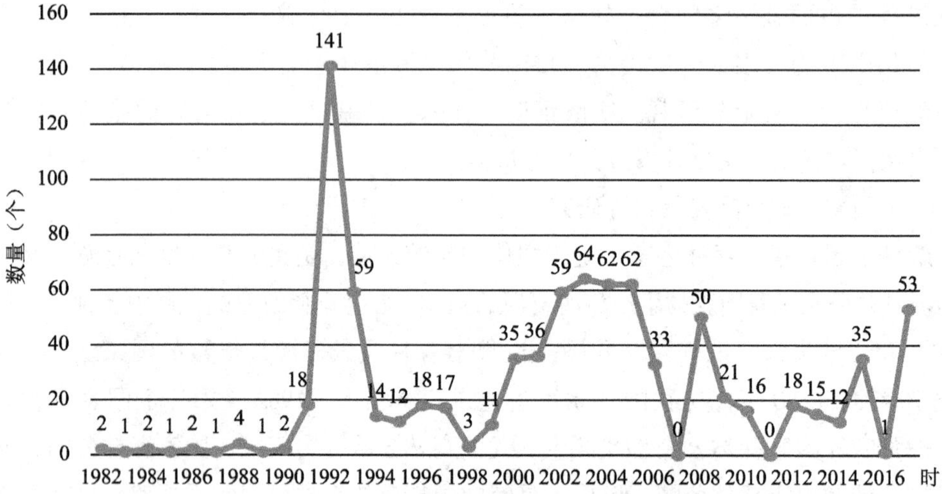

图 2-12　1982—2017 年历年国家森林公园批建数量

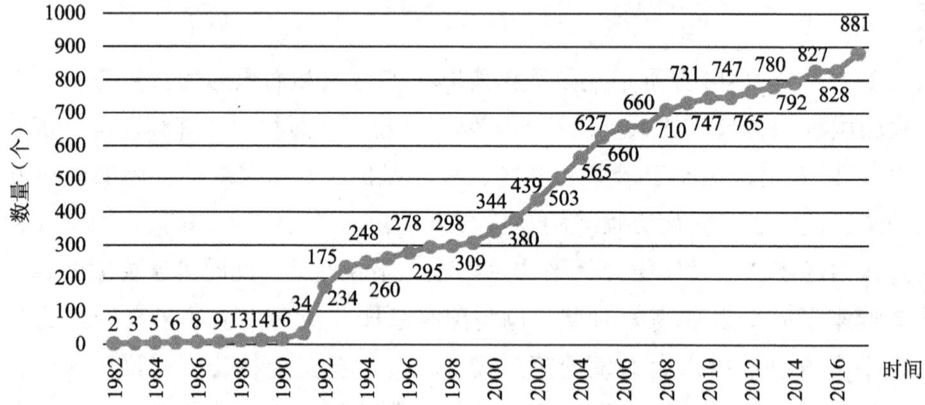

图 2-13　1982—2017 年国家森林公园数量

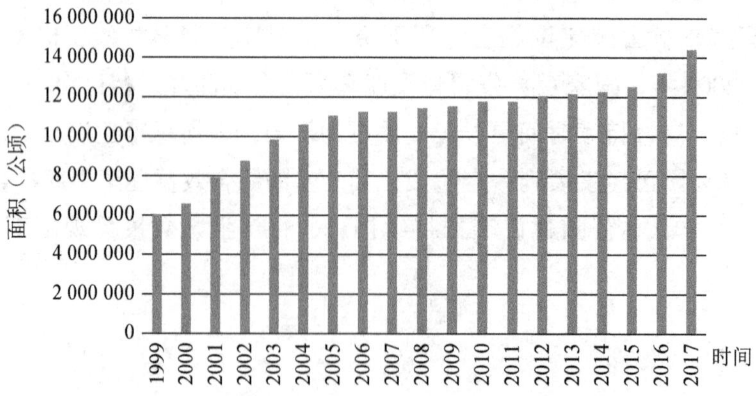

图 2-14　1982—2017 年国家森林公园面积（公顷）增长趋势

图 2-15 和图 2-16 显示，黑龙江（含龙江森工集团、大兴安岭林业集团）拥有 66 处国家森林公园，数量位居各省份之首。另有 14 个省份的国家公园森林超过 30 处：湖南、江西、山东、四川、浙江、湖北、陕西、内蒙古（含内蒙古森工集团）、吉林（含吉林森工集团）、安徽、云南、辽宁、河南、福建；其他超过 20 处的省区依次为贵州、河北、广东、重庆、新疆、广西、甘肃、山西、江苏。黑龙江国家森林公园总面积达 229 万公顷，位于全国之首。四川、新疆、西藏、内蒙古（含内蒙古森工集团）四省份的国家森林公园面积均超过 100 万公顷，其余面积较大的省份有甘肃、山西、吉林（含吉林森工集团）、江西、湖南、湖北。

根据图 2-15 和图 2-16 显示的分布特征，可以将拥有国家森林公园的省份分为三类。第一类为拥有重点国有林区的省份，如黑龙江、四川、新疆、西藏、内蒙古。这些省份国家森林公园的最大特点是面积大，总面积均在 100 万公顷之上。由此可见，森林资源是我国森林公园发展的重要依托。第二类为森林资源品位较高的省份，如陕西、云南、安徽、江西、四川、湖南等。这些省份国家森林公园通常数量较多，质量较高，具有较高的游览观赏价值。这些国家森林公园拥有丰富的风景资源，如生物资源、水体资源、气象资源等，为森林公园生态旅游的开展提供了资源基础。第三类为一些经济发达省份，如沿海地区的山东、浙江、辽宁、广东等，其国家森林公园数量多、面积小。这些省份虽然面积较小，但是依托其良好的经济基础和市场基础，加大对森林公园建设开发的投入，促使森林公园事业健康有序发展。与此相反的则是新疆、西藏地区，省内经济相对落后，但幅员辽阔，国家森林公园呈现出面积大、数量少的特点。

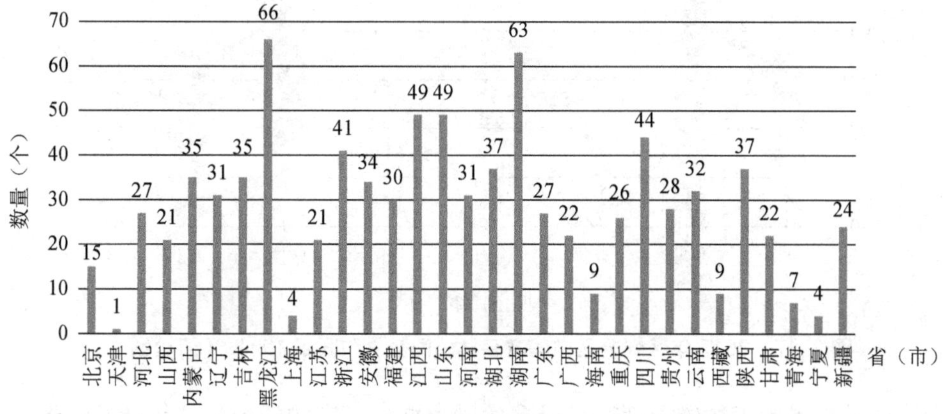

图 2-15 2017 年各省份国家级森林公园数量

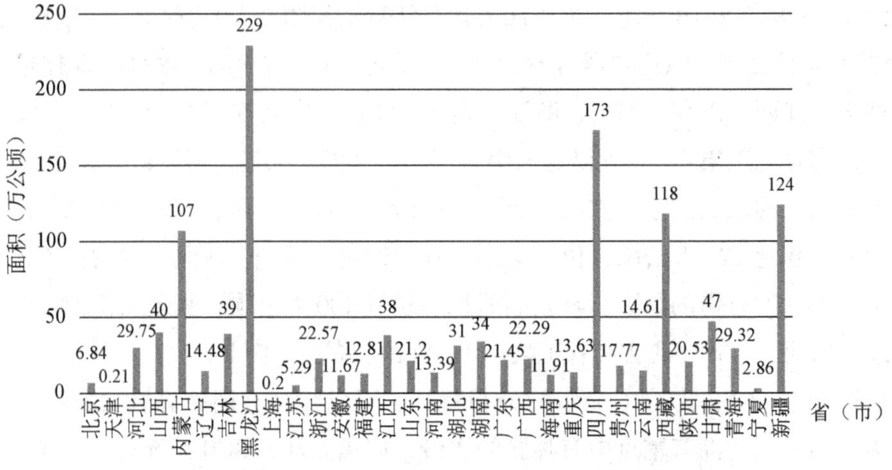

图 2-16　2017 年各省份国家级森林公园面积（万公顷）

图 2-17 为 2017 年区划分区内国家森林公园数量和面积统计图，从图中可以看出华东地区国家森林公园数量最多，达 228 处，占全国总数的 25.88%，超过 100 处的还有西南地区、东北地区和华中地区；西南地区国家森林公园面积最大，为 337.88 万公顷，占全国国家森林公园总面积的 26.43%，其次是东北地区，面积为 282.73 万公顷，占全国国家森林公园总面积的 22.11%。

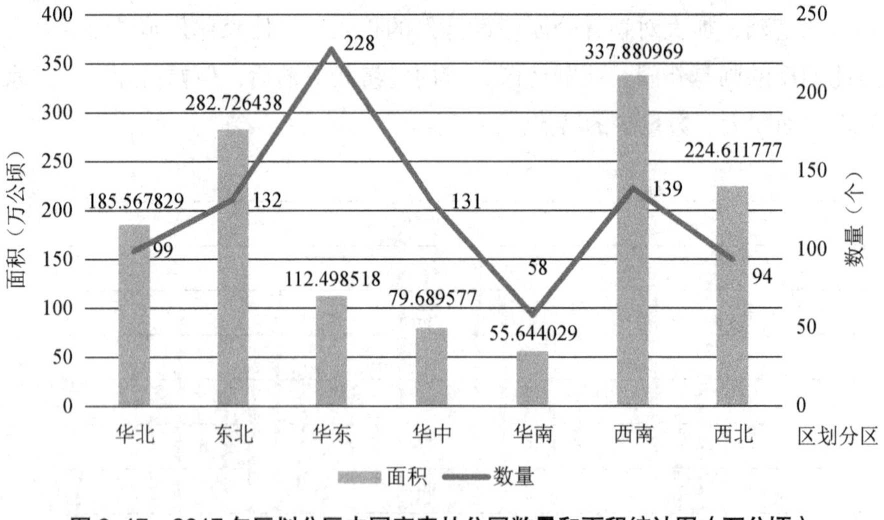

图 2-17　2017 年区划分区内国家森林公园数量和面积统计图（万公顷）

我国是世界上森林资源拥有量最多的国家之一，广阔的地貌、复杂的地形、多样的气候，共同孕育了丰富的森林资源，是我国生态系统中的重要一环。由于地理因素，我国森林资源横跨五个气候带，几乎包含了所有森林类型，从热带雨林到针叶林，样样俱全。这些森林资源通常分布在较为湿润的地区，动植物种类繁多，共同构成了一个复杂的生态系统。森林资源具有经济、休憩等多种价值，但最基础也最为重要的当属其生态保护功能。森林公园在保护生态系统、维持生态平衡、涵养水土、防风护沙等方面发挥着不可替代的作用。

随着对森林保护意识的加强，森林提供木材的经济作用地位下降，随之提升的是其休闲游憩价值。丰富的森林资源通常与优良的自然景观组合，如雪山冰川、岛屿湖泊、奇峰峻岭、峡谷飞瀑等，共同形成我国宝贵的自然旅游资源，为人们游览观光、休闲度假、纳凉避暑、科考探险提供了优良的环境。如今森林生态旅游作为一种新兴且环保的旅游方式方兴未艾，成为旅游界、生态界关注的热点。

我国森林公园的发展起步较晚，初期发展也较为缓慢，直到改革开放以后才有了实质性的进展。森林公园的起步要得益于政府的重视、政策的推进，在 20 世纪 80 年代国家林业陷入发展困境、缺少资金人才，且生态效益受损的背景下，原国家林业部积极做出相应的改革，提出建设森林公园发展旅游业的措施。1980 年和 1981 年是森林公园建设的酝酿时期，国家相关部门发布了《风景名胜区国营林场保护森林和开展旅游事业》的通知，召开森林生态旅游业座谈会，鼓励发展森林生态旅游，并于 1982 年成功建立了张家界国家森林公园。张家界国家森林公园的建立是我国生态旅游发展历史上具有开创性意义的标志，是生态旅游发展的成功典范。

21 世纪，森林公园进入了规范化发展时期，国家越来越重视森林公园的建设与管理，相继出台了一系列政策规划，如《国家级森林公园管理办法》《国家级森林公园总体规划规范》《全国森林等自然旅游发展规划》等，森林公园走上了科学化、规范化的发展轨道。森林公园事业也多次出现在中央文件、政府报告中，突出强调其休憩功能。多年来，政策支持助力森林生态旅游持续发展。

如今森林公园建设已走过了 30 多年，人们对森林资源的认识不再停留在生态保护层面，越来越多的游客参与到森林生态旅游之中，掀起森林公园发展的热潮。从 1982 年首个国家森林公园挂牌成立，经过 30 多年的发展，我国森林公园从“一无所有”发展到“遍布全国”，实现了高速发展。

2014—2017 年我国森林公园数量、旅游收入、旅游人次的增长趋势如图 2-18 所示。

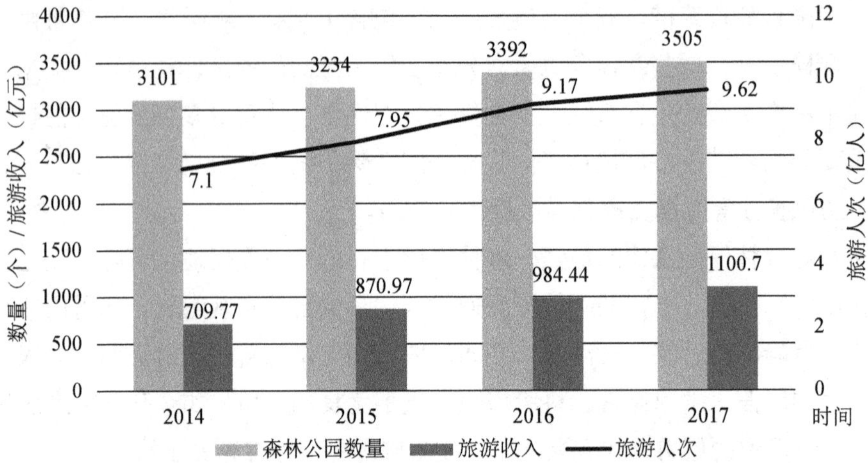

图 2-18　2014—2017 年我国森林公园数量、旅游收入、旅游人次的增长趋势

注 1：以上数据资料来自中国森林公园网 http：//zgslgy.forestry.gov.cn。

注 2：森林公园数量单位为个；旅游收入单位为亿元；旅游人次单位为亿。

注 3：数据统计截至 2017 年年底。

从图 2-18 中可以看出，森林公园旅游效益的各项指标都是呈上升趋势，国内森林公园的建设数量逐年增加，森林公园旅游人次随着时间增长而稳定上升，旅游收入也在日益增加。2016 年森林公园旅游人次已经突破了 9 亿大关，旅游收入更是突破 900 亿元，较 2015 年分别增长 15.35%、13.03%。森林公园的游憩价值逐渐凸显，受到政府的关注和游客的认可，森林公园生态旅游的发展势头愈来愈良好。

（4）国家湿地公园的发展轨迹研究

湿地作为一种特殊的生态系统，具有多种功能，不仅能涵养水源、调节气候，还能保护生物多样性，同时也能为旅游活动提供旅游资源。为了能够在科学保护的前提下积极利用丰富的湿地景观资源，我国于 21 世纪初开始了湿地公园的建设工作。2005 年，第一个国家湿地公园诞生在杭州，即杭州西溪国家湿地公园。国家湿地公园分为三个等级：国家级、省（区）级和市（县）级。到 2017 年底，我国已经开展了 12 批国家湿地公园建设工作，国家湿地公园批建数量达 904 处。其中，6 处试点国家湿地公园陆续被取消资格，截至 2017 年底有国家湿地公园数量为 898 处。

图 2-19 和图 2-20 分别展示了历年我国湿地公园数量的批建数量和增长趋势。自杭州西溪国家湿地公园成立以后，我国正式开始了湿地公园的建设步伐。2005—2008 年属于湿地公园开发的初期阶段，数量增长速度较缓慢，这与初始经验不足、城市经济发展水平以及投资者的投资额有着紧密联系。2009—2012 年属于国家湿

地公园稳步发展阶段，国家旅游局将 2009 年定为生态旅游年，一定程度上刺激了湿地公园的发展，该年批建的第三批国家湿地公园数量达到 62 处，超过去两批批复数量的 3 倍之多，使得此时全国国家湿地公园数量达到 100 处。2013 年以后，国家湿地公园迎来了发展时期，每年批建的数量连续 4 次超过 130 处。

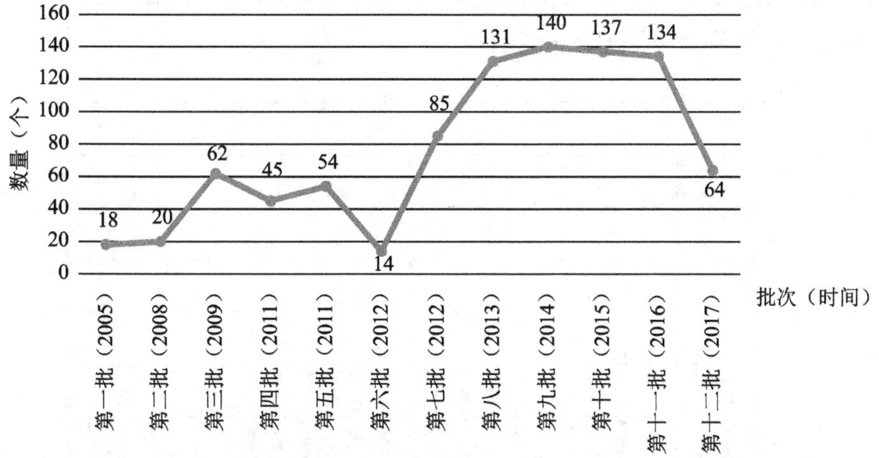

图 2-19 历年国家湿地公园批建数量图（包括取消资格的试点）

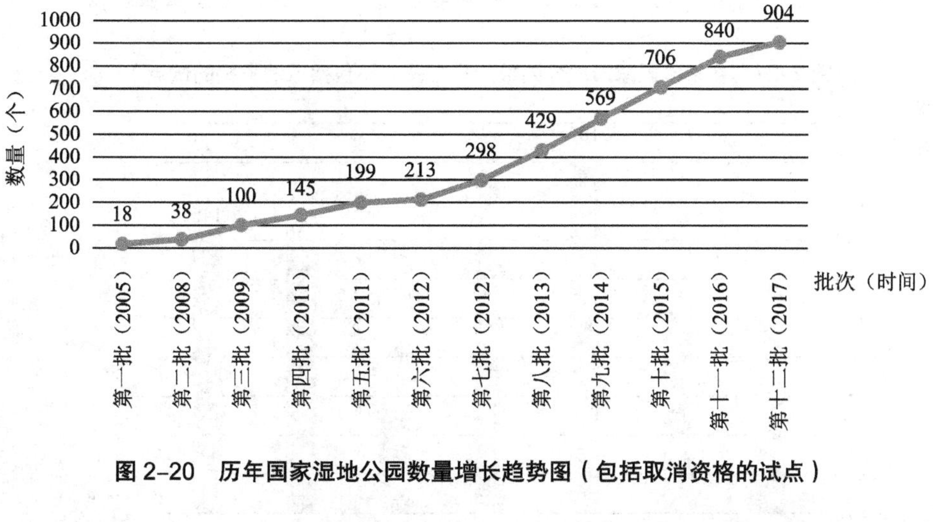

图 2-20 历年国家湿地公园数量增长趋势图（包括取消资格的试点）

图 2-21 和图 2-22 分别为各省份和规划分区下国家湿地公园数量分布图。从图中可以发现，华东、华中地区湿地公园数量较多，分别有 184、171 处；华南较少，只有 58 处。数量最多的省份为湖南，达 70 处；其次是山东和湖北，分别为 68 处、

66 处。数量最少的省份为北京、天津、上海，均低于 5 处。这主要是与该地区气候环境、地理区位有较大关系。华东季风性气候显著，夏季高温多雨，雨热同期，年降水量 1000 毫米左右，降水较为丰沛，同时蒸发微弱。而且地区河流落差小，地势低平；水位季节变化大；沿河多沼泽。部分省份地处于长三角，水网密布，多滩涂。而华北降雨量少，水分蒸发较强，而且冻土广布，不利于水流下渗。从而导致了不同规划分区内湿地资源禀赋的差异。

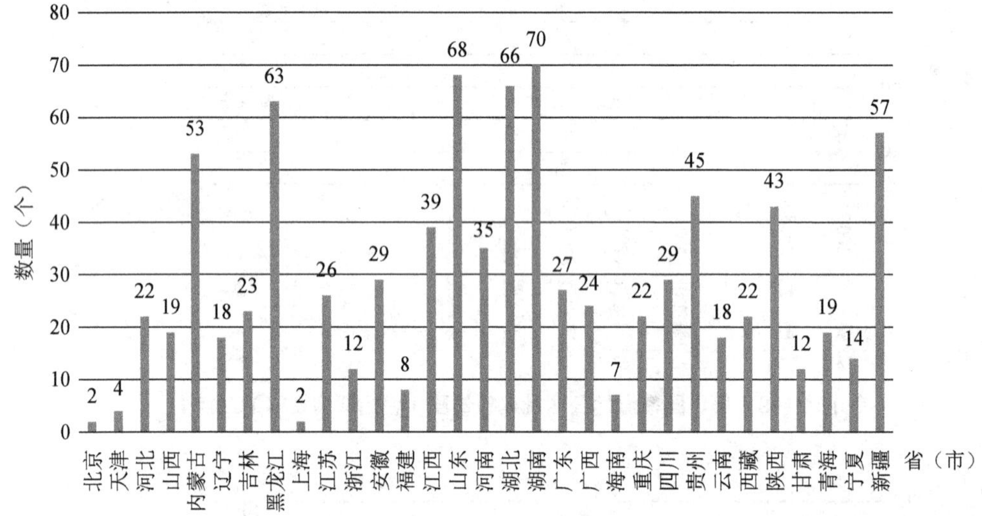

图 2-21　各省份国家湿地公园数量分布图（不包括取消资格的试点）

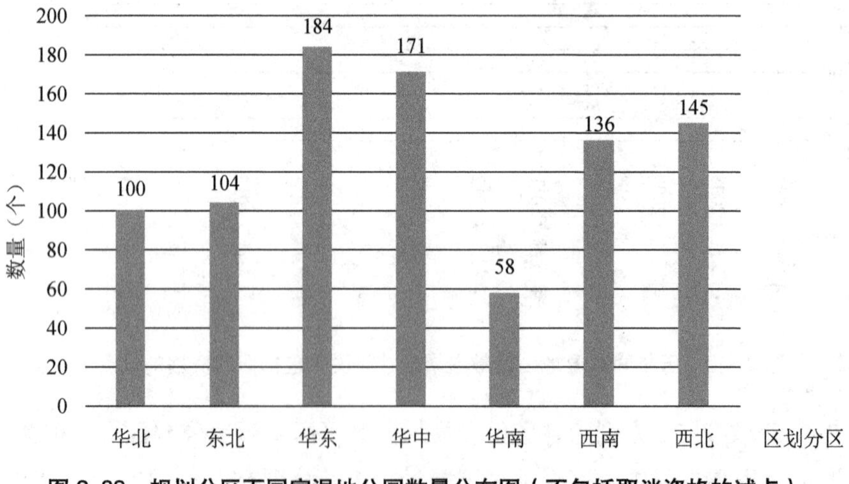

图 2-22　规划分区下国家湿地公园数量分布图（不包括取消资格的试点）

注：以上图表数据均源于中国林业网 http：//www.forestry.gov.cn。

1991年我国正式加入国际湿地公约，至今已经有57处湿地陆续加入国际重要湿地名录。国际湿地公约规定，被列入名录的湿地一旦出现生态恶化的现象，将被拉入黑名单。我国的国际重要湿地尚未出现这一情况，说明我国的湿地保护工作得到了国际认可，湿地保护意识也在不断增强。截至2017年底，我国自然湿地的面积达5360万公顷，拥有602处湿地类型的自然保护区，898处国家湿地公园，类型齐全，数量庞大，位居世界前列。我国的湿地保护已经初步形成网络体系，覆盖了50%的自然湿地，保护了大批珍稀动植物。“十二五”期间，国家颁布了《全国湿地保护工程“十二五”实施规划》，全国累计投入湿地保护资金近67.02亿元，实施了1100多项湿地保护工程和财政补贴项目，恢复湿地16万公顷，成效明显；湿地修复技术逐渐成熟，生态状态有所好转。

湿地公园的建设是生态文明战略背景下的重点工程，是我国湿地生态保护意识提升的体现，更是生态旅游发展趋势下的必然产物。在保护为第一要义的前提下，有条件的湿地公园依托自身资源条件，进行适度的旅游开发，推动了湿地公园生态旅游的发展进程。

杭州西溪湿地公园是我国成立的第一个国家湿地公园，总面积为11.5平方千米，为杭州“三西”之一。杭州西溪湿地公园的生态系统极为复杂，包含城市湿地、农耕湿地和文化湿地三种，且公园溪流、湖泊众多，水域面积约占总面积的70%，颇有“一曲溪流一曲烟”的意境。作为我国第一个国家湿地公园，西溪不仅拥有秀丽的湿地风光，还拥有深厚的文化底蕴，民俗文化、宗教文化、建筑文化独具特色。无论是自然资源还是文化资源，都为西溪生态旅游的开展提供了优良的先天条件，于是杭州市政府开启了对西溪湿地的整治工程。西溪湿地整治工程分三期进行，在整治保护过程中始终遵守五大方针：生态优先，最小干预，修旧如旧，注重文化，可持续发展。第一期工程从2003年开始，整治结束后获批成为我国第一个国家湿地公园；同时，一期整治工程得到了国际湿地公园组织的认可，被评为“西溪模式”。第二期工程始于2006年，为期一年时间，西溪湿地的保护面积新增4.89平方千米。同年下半年，西溪三期工程开工，本次工程充分发挥西溪湿地公园的文化价值和旅游价值，建设五常民俗文化村、农耕体验文化村、艺术集合村、大众休憩村四大区域，助力西溪湿地公园生态旅游发展再上新高度。

除了西溪国家湿地公园外，常熟沙家浜湿地公园也是发展生态旅游的成功典范。沙家浜湿地公园于1999年建立，面积约266.7公顷，芦苇是其一大特色。为了保护湿地环境，开展生态旅游，沙家浜将境内原有工业企业外迁，广泛种植芦苇、古树等绿色植物，将沙家浜打造成为“城市绿肺”。如今，沙家浜已经开辟多种生态旅游路线，具有多个不同功能的旅游分区，并且借助特有水产“阳澄湖大闸蟹”扬名国内外。在发展生态旅游的同时，沙家浜不忘挖掘其文化价值，依托京剧《沙家浜》开展红色教育和爱国教育，并成为爱国主义教育示范基地。沙家浜湿地公园将生态保护与旅游开发完美地结合在一起，彰显了湿地公园的生态价值、社会价值和经济价值。

“十三五”规划期间，我国将投资 176.81 亿元，初步建立起湿地保护管理体系，在 168 个湿地范围内开展湿地保护与恢复重大工程。这些工程将有效遏制我国自然湿地面积萎缩的趋势，防止其生态功能进一步退化。到 2030 年，我国的湿地保护将建立起完整的保护体系、管理体系、监测体系、法律体系、科研体系，发展更加法律化、体系化、科学化，成为湿地保护、管理的先进国家。

（5）国家公园的发展轨迹研究

国家公园的概念最初来源于美国，英文名字为 National Park，是由国家设立的具有特殊保护意义的自然区域，具有天然性、原始性，能够提供保护、游憩、科普、教育等多种功能。1897 年，美国成立了黄石国家公园，成为世界上第一个国家公园，从此这一概念在世界各国迅速流行。我国国家公园建设开展较晚，1996 年，云南省林业部门为有效缓解生态保护与经济发展的矛盾，完善自然保护地体系，开始探索建设国家公园。经过 10 年的探索，云南省于 2006 年依托碧塔海省级自然保护区建立国家公园——普达措国家公园。两年后，云南省被国家林业局批准为国家公园试点建设省；同年 10 月，中国环境保护部和国家旅游局共同批准了黑龙江省伊春市场汤旺河地区为国家公园试点地区。2014 年，环境保护部等相关部门陆续批准成立了多个国家公园建设试点。

然而，这些都是试点性的探索，并没有成为真正意义上的国家公园。2013 年党的十八届三中全会上，我国首次提出国家公园概念，但当时国内对国家公园概念的理解仍然十分模糊。直到 2015 年 5 月，国家发展和改革委员会同中央编办、财政部、国土部、环保部、住建部、水利部、农业部、林业局、旅游局、文物局、海洋局、法制办等 13 个部门联合印发了《建立国家公园体制试点方案》，明确在北京、吉林、黑龙江、浙江、福建、湖北、湖南、云南、青海开展建立 9 个国家公园体制试点。从 2015 年起，我国已经陆续建立 10 个国家公园试点区，如表 2-3 所示。

表2-3　我国国家公园试点情况

国家公园试点区	涉及省份	面积（平方千米）	范围界定	建设目标	建设方案批复时间
普达措国家公园	云南	602.1	国际重要湿地碧塔海自然保护区和“三江并流”世界自然遗产哈巴片区之属都湖景区	保护生态资源，湖泊湿地、森林草甸、河谷溪流等原始生态环境保护区	2016 年 10 月
三江源国家公园	青海	123 100	可可西里国家级自然保护区，三江源国家级自然保护区的扎陵—鄂陵湖、星星海、索加—曲麻河、果宗木查和昂赛保护分区	青藏高原生态保护修复示范区、三江源人与自然和谐共生的先行区、青藏高原大自然保护展示和生态文化传承区	2015 年 12 月
大熊猫国家公园	四川、甘肃、陕西	27 000	邛崃山系、岷山山系等大熊猫栖息地范围内的自然保护区	稳定大熊猫繁衍，维护生态系统完整性和原真性，探索生态文明建设新模式，实现人与自然和谐共生	2017 年 1 月
东北虎豹国家公园	吉林、黑龙江	14 600	吉林、黑龙江两个省交界的老爷岭南部区域，东起吉林省珲春市林业局青龙台林场，西至吉林省汪清县林业局南沟林场，南自吉林省珲春林业局敬信林场，北到黑龙江省东京城林业局奋斗林场	按照东北虎豹种群发展需求相适应的原则，有效保护和恢复东北虎豹野生种群	2016 年 12 月
神农架国家公园	湖北	117	神农架自然保护区、神农架世界地质公园	“地球之肺”的亚热带森林生态系统和泥炭藓湿地生态系统、世界生物活化石聚集地和古老、珍稀、特有物种避难所	2016 年 5 月

续表

国家公园试点区	涉及省份	面积（平方千米）	范围界定	建设目标	建设方案批复时间
钱江源国家公园	浙江	252	古田山国家级自然保护区、钱江源国家级森林公园、钱江源省级风景名胜区和连接自然保护地之间的生态区域	森林资源有效保护区、国家东部大公园建设示范区	2016年7月
南山国家公园	湖南	635.94	南山国家级风景名胜区、金童山国家级自然保护区、两江峡谷国家森林公园、白云湖国家湿地公园	保护城市的生态环境、提升城市生态功能，保护生物多样性	2016年7月
武夷山国家公园	福建	982.59	武夷山国家级自然保护区、武夷山国家级风景名胜区、九曲溪上游保护地带	中亚热带原生性森林生态系统保护区、珍稀特有野生动物基因库	2016年6月
长城国家公园	北京	59.91	以八达岭—十三陵风景名胜区（延庆部分）边界为基础	在保护人文资源的同时，带动自然资源的保护和建设，通过整合长城周边各类保护地，形成统一完整的生态系统	2016年8月
祁连山国家公园	甘肃、青海	50 000	盐池湾国家级自然保护区、祁连山国家级自然保护区及周边自然保护区	重要的生态功能区、西北地区重要生态安全屏障和水源涵养地	2017年6月

目前批复的10个国家公园试点涉及云南、青海、四川、甘肃、陕西、吉林、黑龙江、湖北、浙江、湖南、福建、北京12个省份，总面积约21.73万平方千米，占国土面积的2.26%。《建立国家公园体制试点方案》发布后，各个试点积极行动，陆续上报了各国家公园试点方案，2015年12月，《三江源国家公园体制试点方案》成为党中央国务院批复的第一个国家公园体制试点。随后，2016年批复七处国家公园试点方案，2017年批复最后两处国家公园试点方案。

建立国家公园体制是党的十八届三中全会提出的重点改革任务之一，是我国生态文明建设的重要内容。2015 年 5 月出台《建立国家公园体制试点方案》后，国家公园迅速成为国家生态保护的热点，引发了社会各界的关注。随后，国家相继出台一系列的政策和改革措施，持续助力国家公园的发展。2015 年 9 月，国家出台《生态文明体制改革总体方案》，对建立国家公园体制提出了具体要求，并强调“加强对重要生态系统的保护和利用，改革各部门分头设置自然保护区、风景名胜区、文化自然遗产、森林公园、地质公园等的体制”“保护自然生态系统和自然文化遗产原真性、完整性”。2017 年 9 月 26 日，中办、国办印发《建立国家公园体制总体方案》，指出到 2020 年，我国建立国家公园体制试点基本完成，整合设立一批国家公园，分级统一的管理体制基本建立，国家公园总体布局初步形成。

与此同时，相应的机构改革也在进行。2018 年 3 月，国家林业和草原局接棒国家发改委管理国家公园，挂牌国家公园管理局。至此，自然保护区、风景名胜区、自然遗产、地质公园、国家公园全部统归国家林业和草原局管理。此外，在原国家林业局长春森林资源监督管理办公室的基础上组建了东北虎豹国家公园自然资源资产管理局，加挂东北虎豹国家公园管理局的牌子，成为我国首个由中央政府直接行使所有权的管理机构。三江源、东北虎豹、神农架、南山、钱江源、武夷山、普达措等试点区相继成立了国家公园管理局或管委会，对原有各类保护地机构、编制、人员进行整合。国家相继出台了相关的法规条例，积极完善配套管理制度，如《云南省国家公园管理条例》《三江源国家公园条例（试行）》《神农架国家公园保护条例》等，引领国家公园走上规范发展道路。

《三江源国家公园总体规划》于 2018 年得到国务院批复，规划明确提出近期目标是至 2020 年正式设立三江源国家公园，国家公园体制全面建立，绿色发展方式成为主体，基本建成青藏高原生态保护修复示范区，共建共享、人与自然和谐共生的先行区，青藏高原大自然保护展示和生态文化传承区。

国家公园建设还有很长的路要走，接下来，国家林业和草原局将从以下几方面持续推进国家公园建设。一是启动国家公园自然资源资产确权登记事项；二是建设国家公园标准体系；三是加快国家公园立法工作。按照目前国家公园建设规划，未来我国将建设 60—200 个国家公园，约占国土面积的 6%—9%。

2. 我国发展生态旅游的政策支持

20 世纪 80 年代，我国生态旅游萌芽发展，与此同时，国家开始颁布了相应的政策法规进行生态旅游的管理。风景名胜区是发展生态旅游的重要载体，为规范其科学开发管理，国务院于 1985 年通过并实施了《风景名胜区管理暂行条例》。1993

年 9 月，第一届东亚地区国家公园与保护会议在北京召开，“生态旅游”的定义首次出现在文件中。次年，中国生态旅游协会（CETA）成立。作为生态旅游资源的重要组成部分，森林公园和自然保护区在该时期也引起了政府的关注。1993 年国务院通过了《森林公园管理办法》，次年 9 月，国务院第 24 次常务会议通过了《中华人民共和国自然保护区条例》，这标志着正式将森林公园和自然保护区的管理纳入了法律范畴。

1995—1999 年，我国生态旅游在一系列研讨会的推动下不断发展。1995 年，由中国旅游协会、生态旅游专业委员会共同组织的首届生态旅游研讨会于云南西双版纳召开，由此拉开了我国对生态旅游关注的大幕。与会的 118 位学者就生态旅游的定义、内涵等多方面内容进行了探讨，发表了《发展我国生态旅游的倡议》。1996 年 6 月，武汉举办了国际生态旅游学术研讨会，重点探讨国际生态旅游发展经验以及武汉市生态旅游发展策略。10 月，国家发布了《中国 21 世纪议程优先项目计划》调整补充方案，其中提到两个生态项目，即“承德市生态旅游”和“井冈山生态旅游与次原始森林保护”，是自然资源保护与利用领域中的重点项目。1997 年 12 月，北京召开了首届旅游业可持续发展研讨会，肯定了生态旅游对可持续发展的重要意义。1998 年 10 月，第六届“亚太地区议员环境与发展大会”于桂林开幕，会议发表《桂林宣言》，在资源保护与旅游业可持续发展的一系列问题上达成了共识。1999 年是我国生态旅游发展历程中重要的一年，这一年被定为“生态旅游年”，召开了一系列研讨会，如 WTO 与国家旅游局联合举办的“生态旅游高级研讨班”、国际景观生态学会中国分会召开的“生态旅游与景观生态学学术研讨会”，中国旅游协会生态旅游专业委员会组织召开的“生态旅游规划与管理研讨会”等，以及“99 生态环境游”活动、“99 昆明世界园艺博览会”，推动我国生态旅游发展走向一个高峰。在政府、学者、新闻媒介的推广下，“生态旅游”这一概念广泛传播，逐渐被社会关注认可，生态旅游成为一种时尚的旅游方式。中华人民共和国建设部也于 1999 年通过了《风景名胜区规划规范》。

2002 年由国家林业局牵头、相关省市共同主办的高规格、大规模森林旅游产业的国家级大型博览盛会——第一届中国森林旅游博览会（简称“森博会”）于浙江临安成功举行。2004 年陕西宝鸡、2006 年辽宁鞍山成功举办了第二届、第三届，促进了森林生态旅游事业的全面发展。2006 年 9 月，国务院第 149 次常务会议通过了《风景名胜区条例》。2007 年，昆明召开第四届中国生态旅游发展论坛，以“生态旅游的实践与出路”为主题，讨论我国生态旅游未来的发展方向。2008 年，第二届全国生态旅游工作会议召开，出台了《全国生态旅游发展纲要（2008—2015）》。

2009 年，我国迎来第二个“生态旅游年”，此时距离上一个生态旅游年已经间隔 10 年。本次以“走进绿色旅游，感受生态文明”为主题，大力提倡绿色旅游产业。2011 年，全面推进生态旅游被写入“十二五”规划，这一举动充分肯定了发展生态旅游的地位和意义，是我国生态旅游发展的战略性指导。同年 4 月，国家林业局局务会议审议通过了《国家森林管理办法》。2012 年“第九届中国生态旅游发展论坛”在贵州兴义召开，本次论坛重点探讨了少数民族地区生态旅游的发展，将生态旅游与扶贫开发相结合，实现少数民族地区的可持续发展。

2016 年起进入“十三五”规划时期，生态旅游发展进入新时期。国家“十三五”规划指出，要支持发展生态旅游，再一次肯定了生态旅游的重要作用和意义。2016 年，《全国生态旅游发展规划（2016—2025 年）》出台，提出了生态旅游发展的总体要求、布局、重点任务、配套体系、实施保障等，是下一阶段生态旅游发展的行动纲领。2017 年 10 月，国家颁布了《国家生态文明试验区（江西）实施方案》和《国家生态文明试验区（贵州）实施方案》，对江西、贵州两地生态旅游发展的定位、目标、任务做出了详细规定，成为生态旅游示范区建设的开端。2018 年 1 月，国家多个部门联合公布了《生态扶贫工作方案》，强调将生态旅游作为扶贫脱贫的一个重要途径，实现双赢。同年 2 月，国务院印发中央一号文件《中共中央国务院关于实施乡村振兴战略的意见》，将三农问题与生态旅游相结合，通过生态旅游拓展农业生态功能。这一系列的政策文件都体现了国家对生态旅游的关注及重视，不断推动我国生态旅游朝着体系化、规范化的发向发展，有助于实现社会与自然的和谐相处。

3. 我国生态旅游存在问题及发展趋势

（1）我国生态旅游存在问题

尽管生态旅游是一种全新的旅游发展模式，但是，目前在开展生态旅游的过程中产生了诸多的问题和严峻挑战。实践中存在的问题主要表现在以下几方面。

第一，目前发展条件不足。一方面表现在国民生态旅游意识不足，对生态旅游内涵的理解不够深入，将生态旅游等同于自然观光，忽视其科普教育作用，这部分也归因于缺乏必要的环境教育设施，也缺乏专业人员，从而导致旅游者对生态旅游产生误解。另一方面表现在法律法规建设的滞后，使得部分旅游生态区盲目开发建设，无标准可循。此外，生态旅游专业技术也存在不足。生态旅游产品既要能为游客提供娱乐观赏体验，又要能为游客传播生态保护知识，是保护与体验的结合，因此，具有一定的技术性、专业性，需要设计者有扎实的旅游知识、生态知识以及美学知识。目前我国生态旅游发展尚未成熟，学科之间相互独立，暂时缺少这种复合型的专业人才。

第二，主体行动道德缺失。一方面是由于规划开发不当造成的生态系统破坏，这主要表现为在保护区内盲目地大规模修路、盖房和建设许多现代化设施，大量占据土地，破坏景观协调和自然风光，造成建设性破坏。如四川大九寨国际旅游区域核心区域甘海子（湖），居然在砍掉 200 多立方米宝贵的天然林后建起了占地达 13 万平方米的“九寨天堂国际会议度假中心”，这在一定程度上对九寨沟的自然生态造成了破坏。另一方面是游客过度进入，超过环境承载力，造成破坏。例如：2000 年“五一”黄金假期，泰山景区人满为患，泰山岱顶更是同时容纳了 6 万人，使当地地表植被受到严重破坏，而且游客留下了大量的饮料袋、包装等垃圾。

第三，客体开发范围缺失。有报告显示，目前我国的生态环境状况不容乐观，虽然部分已破坏的环境得到改善，但生态环境整体上处于恶化状态，大部分生态系统正在退化。中国人与生物圈国家委员会曾对保护区旅游现状进行调查，发现在已开展生态旅游的自然保护区中，有 44% 的保护区存在着垃圾公害，12% 出现水污染，11% 有噪声污染，3% 有空气污染，22% 的自然保护区由于开展旅游而造成保护对象的破坏，11% 出现旅游资源退化。与 20 世纪 70 年代相比，全国森林面积减少了 10%；长江流域的水土流失面积增加了 1 倍；青海湖鸟岛自然保护区的鸟种群数量下降了 70%；四川大熊猫栖息地面积减少了 55%；卧龙自然保护区大熊猫安全活动范围缩小了 30%。因为砍伐森林，九寨沟的水位平均每年降低 6—30 厘米，黄龙钙化堤坝逐渐退化、变色，熔岩湖面临衰亡威胁，九寨沟的梦幻也将不复存在。世界遗产张家界武陵源，原本风光秀丽，却因为相关部门急功近利，过分追求经济效益，乱建滥造，严重破坏其生态环境和自然氛围。著名景点锣鼓塔也因为违章建筑丧失其文化韵味，变成了一座“宾馆城”。

（2）我国生态旅游发展趋势

虽然我国生态旅游起步较晚，但一经提出便得到了快速发展。经过几十年的建设，生态旅游发展有得有失，不可否认的是，生态旅游未来仍将是旅游业发展的重要趋势。随着人们消费观念的转变以及消费结构的提升，低碳出游已经深入人心，绿色旅游产品在市场上占有重要一席，这种转变为生态旅游的发展创造了良好的市场机遇。根据我国生态旅游目前发展状况，预测未来将出现以下几种发展趋势。第一，多样化发展趋势。生态旅游将朝着多样化的方向发展，生态旅游产品更加丰富，生态旅游形式更加新奇，生态旅游资源得到充足开发，为游客提供多样化、个性化的选择。第二，法制化发展趋势。生态旅游法制教育将更加完善，游客生态旅游意识增强；同时，生态旅游立法工作加快推进，相关法律更加完善，加强对生态环境脆弱地区的立法以及对生态旅游开发监管的立法。第三，科技化发展趋势。生态保护是一项复杂且专业的工程，涉及专业的人才、知识和技术。生态保护又是生态旅游开发的前提，因此科学的开发方式对生态旅游必不可少。随着我国环境产业的不断发展，未来将会诞生更多的环保新技术、新方法，增强生态旅游的科技含量。环保技术的进步将为生态旅游的开发提供基础，让更多不敢开发、不能开发的地区展现在游客面前，为生态旅游产品设计者提供更多生产可能。第四，规范化发展趋势。科学的管理规划对生态旅游的健康持续发展尤为重要，如今，国家已经出台了一系列政策文件以及规划标准，生态旅游发展的标准体系逐渐完善。

（二）我国生态补偿发展实践

1. 生态补偿发展概况

我国生态补偿实践最早可追溯到 20 世纪 70 年代。1978 年，为改善生态环境，国家政府开展了三北防护林体系建设工程，可谓我国最早的生态补偿实践；另外，始于 20 世纪 70 年代的四川青城山森林补偿也可看作我国较早的生态补偿实践之一。我国生态补偿发展历程可分为三个阶段。

（1）“抑损性”阶段（20 世纪 80 年代—20 世纪 90 年代中期）

在这一阶段，生态补偿制度建设的原则是“破坏者付费”，即谁破坏，谁付费，补偿的范围主要包括森林生态效益补偿和矿产资源开发补偿。云南省的昆阳磷矿是第一个矿产资源类的生态补偿试点，1983 年开始征收补偿费用，每吨 0.3 元。征收的费用主要用于当地生态系统的修复[9]。这一制度实施后，当地的生态环境有了明显的改善。1990 年，福建省对煤炭征收生态补偿费用；1993 年内蒙古包头以及晋陕蒙接壤地区试点征收生态补偿费用。矿产资源开发生态补偿制度的试用范围不断扩大，到了 20 世纪 90 年代中期，全国共有 145 个城市采用了这一补偿方式。

（2）“增益性”阶段（20 世纪 90 年代后期—21 世纪初期）

这一时期内，国家采取了多项措施，积极促进我国生态补偿制度的实践发展，主要包括大型生态建设工程和自然保护区生态补偿制度建设。我国的大型生态建设工程开始于 1999 年，最先实施的是三北防护林体系建设工程，随后陆续开展了退耕还林工程、退耕还湖工程、天然林保护工程、退牧还草工程等。这些工程由国家推动实施，涉及面积广，执行力强，均取得了不错的成效，是我国生态补偿实践中的重大进程。自然保护区的生态补偿建设也于同期开展，主要形式为征收生态环境补偿费[163]。四川青城山是最先试行这一补偿制度的保护区，征收门票的30%用于青城山森林资源的保护。

（3）“双向”补偿阶段（21世纪初至今）

“双向”补偿即“谁破坏、谁恢复，谁受益、谁补偿”。2005年，中国生态补偿机制与政策课题组成立，并于次年发布了生态补偿机制与政策研究报告，将国际“生态环境服务付费”制度与我国实践相结合，至此我国生态补偿理论框架初现雏形。

2. 对各类自然保护区的补偿

（1）旅游风景开发区生态补偿

我国旅游风景区的生态补偿机制主要表现在“抑损性”恢复和“增益性”补偿两种方式。

“抑损性”恢复是指在风景名胜区事业发展过程中，对由于管理、认识存在缺陷等原因，出现的破坏景区生态环境和观赏氛围、违反相关规定、不符合风景名胜区规划和资源保护要求的行为进行适时控制的一种生态补偿机制。例如：《中国风景名胜区事业发展公报（1982—2012）》显示，2003—2012年，全国国家级风景名胜区开展了环境综合整治工作，累计拆除违规建设或影响景观环境的宾馆、酒店、度假村等楼堂馆所2000多家，关闭非法采石场、挖沙场、小煤窑2534处，恢复绿地789.8万平方米，疏浚治理河流200多条，治理水域污染4100平方公里，退田还湖、退地还海1000平方公里，退耕还林3万平方公里。一些省级主管部门借鉴国家级风景名胜区综合整治经验，对省级风景名胜区也进行了整治。经过这次大规模整治之后，旅游风景区内的生态环境质量得到明显提升，整治效果显著。

“增益性”补偿主要表现在地方对当地的风景名胜区进行科学保护，做到合理开发而采取的一种生态补偿方式。例如：2006年，因对新疆阜康市三工河谷进行旅游开发，谷内所有居民迁出原住地，市政府为了保障移民生活，补偿其对当地旅游开发做出的牺牲，为这些居民发放了生态移民补偿费。2009年，苏州市发布《苏州市风景名胜区条例》，条例中的第四条提出要建立风景名胜区生态补偿机制，设立补偿资金，用于补偿为风景名胜区发展做出贡献的组织和个人。

上述生态补偿政策均是由政府主导实施的，补偿方式多样，如资金补偿、物资补偿、技术补偿等，执行力强，具有稳定性，在一定时期内取得了显著效果。

（2）自然保护区生态补偿

我国自然保护区数量多，面积大，类型丰富，包含多种自然资源，如生物资源、矿产资源、森林资源、海洋资源、水资源等，因此管理起来难度较大，所需资金较多。然而，自然保护区建设与保护费用大多来自政府财政补贴，尤其是省级政府的拨款，资金来源渠道单一，普遍存在资金不足的问题，对自然保护区的正常运营、保护、监测提出了挑战，增加了管理难度。在这样的背景下，建立自然保护区生态补偿制度凸显重要性，逐渐提上日程。2007 年，环保部颁布了《关于开展生态补偿试点工作的指导意见》，自然保护区补偿试点工作正式提出。

鉴于自然保护区的复杂性，单一的生态补偿制度难以全面覆盖其保护内容，因此，自然保护区生态补偿制度与其他领域的补偿制度存在交叉重合部分，如森林领域、海洋领域等，这也让自然保护区生态补偿制度的实践操作更有针对性。自然保护区生态补偿制度的实施还涉及一些法律，通常为针对某一特定资源的法规，如针对森林资源的《森林法》、针对海洋资源的《海洋环境保护法》等，尚未形成一个综合性的完整体系。而且，这些法律多为一些原则性的指导，缺少具体的实施办法，可操作性差。相比之下，各地区结合自身实际，针对如何践行这一制度制定了地方应对措施，以达到生态补偿效果。

我国的自然保护区生态补偿研究实践最先从四川省的青城山开始。20 世纪 70 年代，由于区内管理不到位，青城山保护区在前期开发中大量伐木，造成严重的生态系统破坏。为了加快生态恢复，成都市政府决定征收 30% 的门票收入用于森林保护。此外，鄱阳湖自然保护区也曾经实行过生态补偿，对参与退耕还湖的农户进行实物补偿，补偿标准为每公顷退田面积获得 750 千克—1875 千克大米。随着实践推进，各地政府也积极创新，开拓新的补偿方式。例如：福建武夷山市红星村利用旅游开发进行生态补偿，通过林地入股森林公园的方式调动村民护林的积极性。村集体以林地入股，并承担护林任务，景区向村民补偿资源保护费，补偿标准为 15 元 /（年・公顷）。村民在拿到补偿的同时还能对利润分红，这一举措有效调节了保护区保护与社区居民利益的冲突。

虽然实践中已经总结出了多种自然保护区生态补偿方式，但大多数自然保护区的补偿还是依赖于 1998 年国家设立的森林生态效益补偿基金。在这之后，中央财政于 2001 年设立了森林生态效益补助资金，补助标准为 75 元 /（年・公顷），已在河北等 11 个省份的 658 个县级以上单位和 24 个国家级自然保护区进行了试点[175-177]。

（3）流域水资源生态补偿

我国是世界上河流最多的国家，大江大河源远流长。很多河流均发源于西部地区，位置偏远，经济落后，且生态脆弱，当地居民难以承担所有的生态保护任务；

而下游地区则相对经济发达。在发展过程中，流域上下游跨界水污染的问题时有出现，进一步提升了流域生态保护的难度。在这样的背景下，国家及地方政府开始尝试流域水资源生态补偿制度，让下游地区承担部分保护任务，从而构建和谐的上下游关系。目前我国生态补偿机制的试点主要分布在东部地区的省份[178]，各省市政府积极尝试，探索出了一系列的补偿措施。

流域水资源生态补偿最先从浙江省开始。2005 年，浙江省政府发布了《关于进一步完善生态补偿机制的若干意见》，其中提到生态补偿要适度向水系源头地区倾斜，提高水资源的征收标准，加大环保资金投入。如今浙江省已经在全省范围内建立了流域生态补偿试点。随后，山东、福建、河南、湖北等省份相继出台了有关流域水资源生态补偿的条例和管理办法，这些规章制度为我国流域生态补偿机制的建设提供了参考价值。

由于各地区实际情况不同，所实施的流域生态补偿措施也有所差异。常见的补偿手段有受益者付费、破坏者补偿、排污权交易、水权交易等。例如：上海上钢十厂运用排污权交易手段，与塘湾电镀厂进行排污权转让，每年补偿电镀厂 4 万元的经济损失[179]。虽然这些市场化的补偿手段已经有所实践，但仅是零散出现在局部地区，流域生态补偿仍是以政府投资以及政府财政转移支付为主，资源来源渠道单一，距离实现流域生态补偿的自由贸易市场还有一定差距。

（4）大气环境保护区生态补偿

工业化发展之后，大气环境污染越来越严重，已经成为全球性环境问题，我国最近几年尤为严重。对大气环境进行生态补偿是改善空气质量的一种有效措施。不同于其他资源，大气资源具有流动性、共享性的特点，是每个人赖以生存的基础，因此大气生态补偿也应该是一种全民参与的补偿。目前我国大气生态补偿主要有两种措施，控制排放总量和排污权交易。1987 年国家对 COD、SO_2 采取排污许可证试点工作；1998 年的《太原市大气污染物排放总量控制管理办法》是我国第一部与此相关的政策文件；21 世纪，京津冀地区逐渐开展了跨区域碳排放交易合作。

（5）矿产资源开发区生态补偿

矿产资源的开采通常会对当地的生态环境造成一定影响，如植被破坏、地表受损、水土流失等，于是矿产资源的修复者与获益者之间存在着利益冲突，需要建立生态补偿机制进行调节。我国对矿产资源开发区生态补偿的关注始于 1983 年，云南政府对昆明磷矿征收生态补偿费用，每吨征收 0.3 元作为矿区生态环境保护资金。1989 年，国家实施《土地复垦规定》，土地复垦同样适应于因从事矿产资源开展而造成土地破坏的企业和个人。随后，矿产资源开发区的生态补偿快速发展，不论是实践还是理论都取得了一定的成效[180-184]。

早期，矿区生态补偿的主要措施是征收补偿费用，有些地区按照销售所得征收，部分地区按照单位资源征收。1994 年，国家发布《矿产资源补偿费征收管理规定》，矿区生态补偿有了专门的财政预算，矿区生态补偿的覆盖范围也逐渐扩大。1995 年，已经有 14 个省市对矿区征收生态补偿费用。但是，这些生态补偿实践多是由地方政府开展，相互独立混乱，缺少系统性，实施难度大，还有部分地区并没有得到有效补偿。例如：山西煤炭资源丰富，为东部经济发达地区提供了大量资源，而东部地区作为受益者并没有做出相应的补偿[182]。鉴于实施过程中的种种困难，2002 年，不少省市取消了这一补偿制度。

21 世纪，矿区生态补偿建设有了新进展。2000 年政府提出“矿山环境恢复治理保证金制度”；2006 年再次提出建立矿山环境管理和生态修复责任机制；2007 年山西省实施煤炭可持续发展基金制度。这些制度推动我国矿区生态补偿开启发展新时代。

（6）农业生产区生态补偿

农业生产区生态补偿主要以农民和农业企业为补偿对象，目的是保护农业生态环境，鼓励农民以及农业企业生产优质的农业产品，这是现实农业现代化的必要措施。我国对农业生态补偿的尝试可以从 2000 年左右的退耕还林（草）、退牧还草工程谈起，相关规定中明确指示对农民、牧民发放补助粮食、生活补助费或造林补助费。而农业生态补偿的正式提出是在 2008 年，《关于推进农村改革发展若干重大问题的决定》指出，要健全农业生态环境补偿制度。经过 10 多年建设，农业生态补偿的主体由原来单一的政府主体扩充到包含各类农业经营组织、社会服务组织的多元主体；生态补偿的形式也逐渐丰富，在原有资金补助、实物补助的基础上增加了政策补偿。

3. 国家重点生态建设工程

目前，我国森林资源保护面临着严峻的危机，森林覆盖率、人均森林蓄积量以及人均森林面积远不及世界平均水平，森林供给与社会需求矛盾日益突出。在生态文明战略背景下，林草植被建设刻不容缓，事关国民经济的健康发展。

天然林保护工程、“三北”和长江中下游地区等重点防护林体系建设工程、退耕还林（草）工程、环北京地区防沙治沙工程、重点地区速生丰产用材林基地建设工程是我国重点生态建设工程。林业生态工程的开展推动着林业跨越式发展的进程。2008—2017 年，全国累计造林 6333.43 万公顷，其中六大林业重点工程累计造林 3038.52 万公顷，占全部造林面积的 47.98%（见图 2–23），大工程带动大林业的格局逐渐形成。如今，林业生态工程已经成为林业发展的重要支柱，是推动我国林业发展的中坚力量。

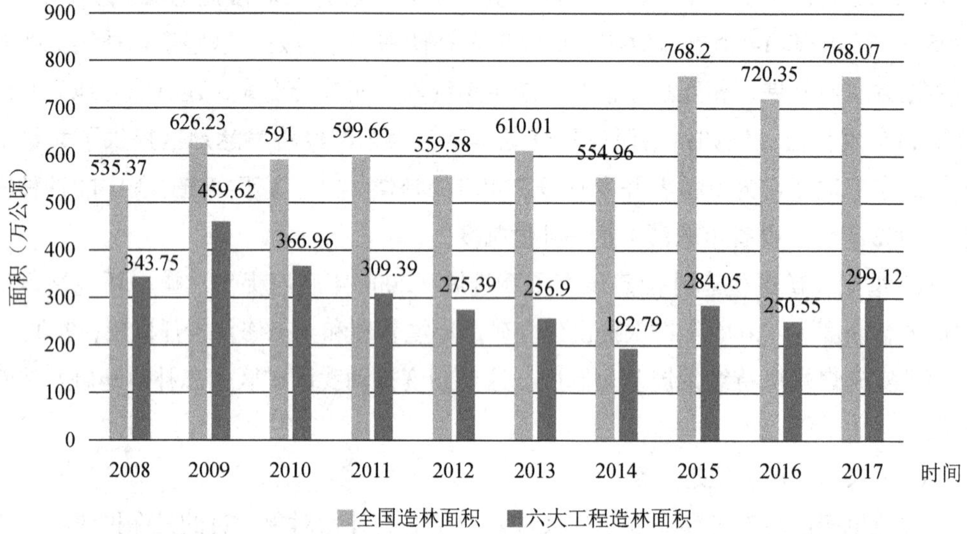

图 2–23　2008—2017 年国家林业重点工程造林与全部造林面积比较（万公顷）

注：资料来源于中国林业网。

2017 年，国家林业重点工程共完成造林 299.12 万公顷（见表 2–4），占全部造林面积的 38.9%。其中，天然林资源保护工程、退耕还林工程（不含京津风沙源治理工程）、京津风沙源治理工程和三北及长江流域等重点防护林体系工程分别为 39.03 万公顷、121.33 万公顷、20.72 万公顷和 34.97 万公顷，占全部造林面积的比重分别为 5.1%、15.8%、2.7% 和 12.3%；其他社会造林占全部造林面积的 61.1%。

表2–4　2017年林业重点工程造林占全国造林面的比重

指标名称	天然林资源保护工程	退耕还林工程	京津风沙源治理工程	三北及长江流域等重点防护林体系建设工程	重点工程全部造林
面积（万公顷）	39.03	121.33	20.72	34.97	299.12
比重（%）	5.1	15.8	2.7	12.3	38.9

目前我国市场化的生态补偿机制尚未健全，生态补偿主要依靠政府实施，重大生态建设工程是政府实施生态补偿的一项重要措施。回顾历史，我国的生态补偿已走过了一个由点到面、由“抑损性”补偿到“增益性”补偿的发展历程。

（1）退耕还林工程

退耕还林工程在已实施的生态补偿项目中，规模大，覆盖面积广，取得的成效也最为显著。退耕还林工程的目的是治理水土流失，改善西部地区脆弱的生态环境。1999 年，国家率先在四川、陕西、甘肃三个省份开展退耕还林试点工作；2002 年，政府出台《关于进一步完善退耕还林措施的若干意见》，退耕还林工程正式全面开展，成为西部大开发的重要内容。工程实施范围包括水土流失严重和产量低而不稳的坡耕地和沙化耕地，其标准如下所示。山区、丘陵区：水土流失严重，粮食产量低而不稳、坡度在 6 度以上、农民已经承包或延包的坡耕地；平原区：风沙危害严重、粮食产量低而不稳、农民已经承包的沙化耕地。

国家对退耕地农户的补偿标准包括日常开支补助费 300 元 /（年・公顷），种苗补助费 750 元 /（年・公顷），粮食补助黄河上中游地区 1500 千克 /（年・公顷），长江上游地区 2250 千克 /（年・公顷）。

回顾 20 年发展历程，我国退耕还林工程的实施可以分为三个阶段。

第一阶段，试点示范阶段（1999—2001 年）。三年期间，退耕还林工程试点工作国家共投资 78.85 亿元，其中补助粮食 71.33 亿千克，折合资金 49.93 亿元；现金补助 8.25 亿元；种苗基础设施建设 3.35 亿元；种苗费补助 17.06 亿元；科技支撑与前期工作费 0.26 亿元。退耕还林工程试点工作涉及 400 多个县、5700 个乡镇、2.7 万个村，410 万农户、1600 万农民。

第二阶段，大范围实施阶段（2002—2003 年）。2002 年是退耕还林工程全面实施之年，2003 年则是退耕还林任务最艰巨的一年。两年时间，全国共完成 1273.4667 万公顷退耕还林任务，其中退耕地造林 598.5 万公顷，宜林荒山荒地造林 675 万公顷。这个时期内，退耕还林工程范围包括 20 个试点省（区、市）及安徽、西藏、海南、北京、天津等 25 个省（区、市）及新疆生产建设兵团。

第三阶段，成果巩固阶段（2004 年至今）。这一阶段也称结构性、适应性调整阶段，退耕还林工作的重心由大规模推进转移到成果巩固。随着退耕地补助陆续到期，从 2008 年起退耕还林工程涉及的粮款兑现面积呈逐年下降的趋势。2014 年开始实施第二轮退耕还林工程，并在当年完成退耕还林 33.33 万公顷，力争到 2020 年实施 533.33 万公顷的退耕还林工程。

自1999年工程试点以来已累计完成退耕地造林1159.64万公顷，累计投入退耕还林工程的资金达4500多亿元。

2008—2017年退耕还林工程造林完成情况如图2-24所示。

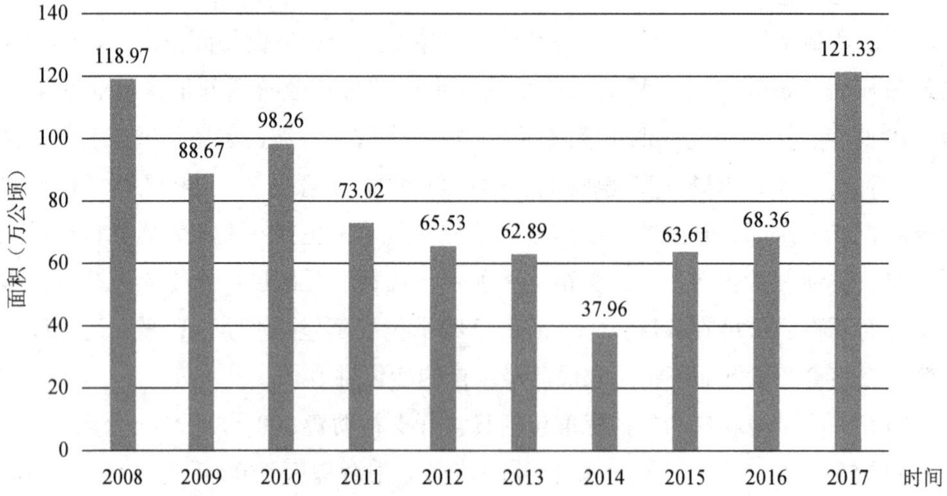

图2-24　2008—2017年退耕还林工程造林完成情况（万公顷）

注：资料来源于中国林业网。

（2）天然林资源保护工程

1998年，长江、松花江流域发生了特大洪水灾害，党和国家领导人意识到河流中上游地区森林保护的重要作用，于是做出了禁止砍伐长江上游以及黄河中上游天然林的决定，天然林资源保护工程开始试点进行。2000年，天然林资源保护工程正式实施。工程范围为云南省、四川省、重庆市、贵州省、湖南省、湖北省、江西省、山西省、陕西省、甘肃省、青海省、宁夏回族自治区、新疆维吾尔自治区（含生产建设兵团）、内蒙古自治区、吉林省、黑龙江省（含大兴安岭）、海南省、河南省等18个省份的重点国有森工企业及长江、黄河中上游等地区生态地位重要的地方森工企业、采育场和以采伐天然林为经济支柱的国有林业局（场）、集体林场。

天然林资源保护工程发展分三个阶段：1998—2000年为发展初始阶段；2001—2010年为发展的中期阶段；2011—2050年为长远规划阶段。我国天然林资源保护工程各阶段目标规划如表2-5所示。

表2-5　我国天然林资源保护工程各阶段目标规划

目标	期限	内容
近期目标	1998—2000 年	调减木材产量，加强生态公益林建设与保护，分流和妥善安置富余人员
中期目标	2001—2010 年	生态公益林建设与保护，建设转产项目，培育后备资源，提高木材供给能力，恢复和发展经济，基本实现木材生产以采伐利用天然林为主向利用人工林方向的转变
远期目标	2011—2050 年	天然林资源得到根本恢复，基本实现木材生产以利用人工林为主，林区建立起比较完备的林业生态体系和合理的林业产业体系

在 1998—1999 年的试点工程阶段，1999 年，天然林资源保护工程营造公益林 49.0 万公顷，封山育林 220.7 万公顷，人工促进天然更新 37.8 万公顷，森林抚育 167.9万公顷，管护面积达8860.51万公顷。两年试点期间，国家累计投入101.7亿元。

2000—2010 年工程规划静态投入 962 亿元，其中中央补助 80%，地方配套 20%[185]。自 1998 工程建设，20 年间国家累计投入资金达 3000 多亿元，完成人工造林 1699 万公顷。

2008—2017 年天然林资源保护工程造林完成情况如图 2-25 所示。

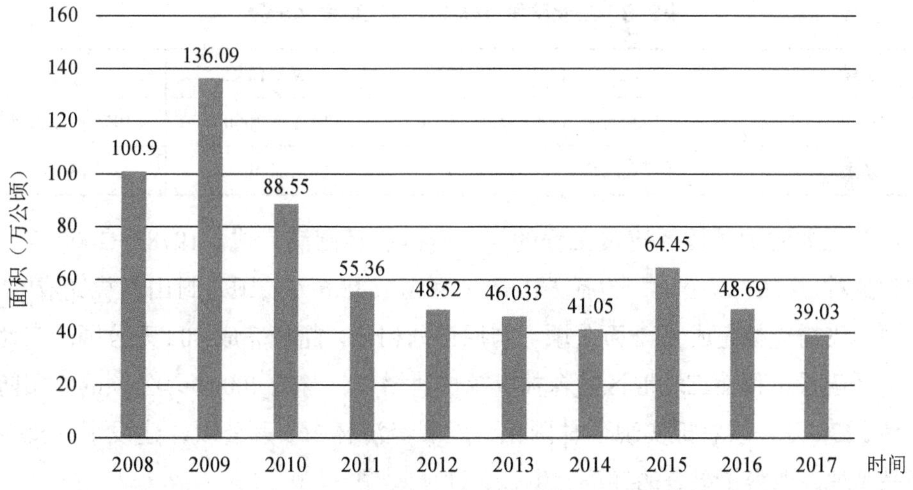

图 2-25　2008—2017 年天然林资源保护工程造林完成情况（万公顷）

注：资料来源于中国林业网。

（3）三北防护林体系建设工程

三北地区指西北、华北和东北地区。曾经的三北地区也是山清水秀的富庶之地。从明朝开始，由于人口迁移，三北地区的人口不断增加，到民国时期一度出现垦荒现象。20世纪80年代，长期的垦荒使这些地区出现沙化现象，尤其是西北地区。生态环境的破坏也使三北地区的经济发展始终落后，社会问题日益凸显。为了遏制三北地区的风沙现象，修复当地生态系统，国家于1978年实施三北防护林体系建设工程。三北防护林体系建设工程的实施范围包括西北、华北及东北西部，工程沿线涉及13个省份的551个县（市、旗、区），总面积约407万平方公里，约占国土面积的42%。三北工程面积广、沿线长，因此也被称为“绿色长城”。

三北防护林体系建设工程从1978年开始实施，到2050年结束，工程期限为73年，跨越两个世纪。1977年，三北地区的森林覆盖率仅为5.05%，计划工程结束时，其森林覆盖率将提升到15.95%，目标造林5.34亿亩。根据1985年出台的《三北防护林体系建设总体规划方案》，三北防护林体系建设工程分三个阶段完成，共八期工程，如表2-6所示。第一阶段为1978—2000年，持续22年，包括三期工程，计划累积造林1801.7万公顷。第二阶段为2001—2020年，持续20年，包括两期工程，计划累积造林807.7万公顷。第三阶段为2021—2050年，持续30年，包括三期工程，计划累积造林574.6万公顷。从第二阶段开始，每10年为一期工程。

表2-6　三北防护林体系建设工程发展步骤

阶段	第一阶段	第二阶段	第三阶段	总期
时间	1978—2000年	2001—2020年	2021—2050年	1978—2050年
期限	23年	21年	31年	73年

目前三北防护林体系建设工程的第一阶段已经圆满完成。1978—2000年，全国累积造林2203.7万公顷，包括人工造林完成1538.6万公顷，封山育林完成576.9万公顷，飞播造林完成88.2万公顷。与原计划相比，超额完成402万公顷。三北防护林体系建设工程使三北地区的森林资源快速增长，营造200多万公顷的农田防护林，使2130万公顷农田实现了林网化，发展经济林360万公顷，建设了一批名特优果品基地，取得了显著的经济、生态、社会效益。

2018年是三北防护林体系建设工程建设40周年，截至2017年底，国家累计投入3300亿元，累计完成造林面积3014.3万公顷，工程区森林覆盖率由1977年的5.05%提高到了13.57%，营造防风固沙林788.2万公顷，治理沙化土地33.6万平方公里，保护和恢复沙化草原1000多万公顷，工程区年均沙尘暴日数从6.8天下降为2.4天，有效遏制了风沙蔓延态势；营造水土保持林1194万公顷，累计治理水土流失面积 44.7 万平方公里，重点治理的黄土高原林草植被覆盖度达到 59.06%，年入黄河泥沙减少 4 亿吨左右，有效控制了水土流失灾害。三北防护林体系建设工程被联合国授予联合国森林战略规划优秀实践奖。

2008—2017 年三北防护林体系建设工程造林完成情况如图 2–26 所示。

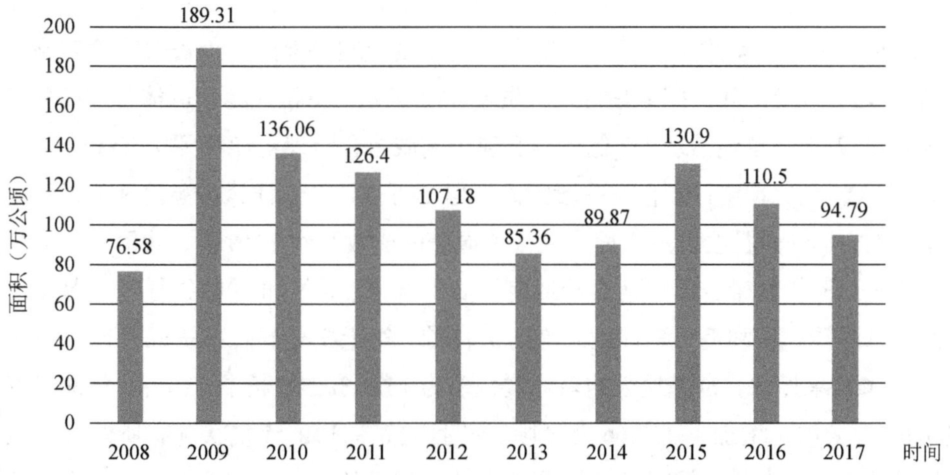

图 2–26 2008—2017 年三北防护林体系建设工程造林完成情况（万公顷）

注：资料来源于中国林业网。

（4）京津风沙源治理工程

京津风沙源治理工程是专门针对京津沙尘天气设置的生态工程。21 世纪初期，尤其是 2000 年春季，华北地区多次发生沙尘暴天气，且出现频率高，涉及范围大，影响人们正常的生产生活，实属罕见。这一生态问题倍受社会关注。2000 年 3 月，中央政府决定开展京津风沙源治理工程，在华北地区建立起一道绿色生态屏障。《京津风沙源治理工程规划（2001—2010 年）》中指出，该工程建设范围包括北京、天津、河北、山西及内蒙古等 5 省（区、市）的 75 个县（旗），覆盖 45.8 万平方公里的土地，沙化土地面积约 10.12 万平方公里，涉及 1958 万人口。

国家对治理区政府和参与项目的农牧民进行补贴[186]：退耕还林粮食及现金补助年限为 8 年，粮食补助标准按退耕地面积补贴 2100 元 /（年 · 公顷），退耕地造林和宜林荒山荒地荒沙造林种苗补贴 750 元 /（年 · 公顷），飞播造林补贴 1800 元 /（年 · 公顷），封山育林补贴 1050 元 /（年 · 公顷），人工种草补贴 900 元 / 公顷，飞播牧草补贴 750 元 / 公顷，围栏封育补贴 600 元 / 公顷，基本草场建设补贴 1200 元 / 公顷，草种基地建设补助 7500 元 / 公顷，禁牧后饲料粮补贴标准为 0.225 千克 /

天·公顷，水源及节水配套工程每处中央补助10000元，小流域综合治理工程中央补助2000元/公顷，中央对生态移民每人补助5000元。

京津风沙源治理工程从2001年开始，计划至2010年结束，工期为10年。最终实现工程区内生态环境的改善，遏制土地沙化现象，减少京津地区的沙尘、风沙天气。

从总体上看，京津风沙源治理工程进展比较顺利。但由于投资进度等问题，在工程实施的10年期间，国家累计投入资金412亿元，退耕还林和造林营林任务累计完成9002万亩，草地治理1.3亿亩，实现小流域综合治理1.18万平方千米，生态移民17万人，相比预定计划仍有一段距离。但不可否认，京津风沙源治理工程不论在生态保护方面还是社会发展方面都取得了显著的成效。到2010年，我国已经初步形成4条生态防护林带：浑善达克沙地南缘防护林带、阴山北麓防护林带、冀蒙边境地区防风固沙林带和毛乌素沙地东缘防护林带。第七次全国森林资源普查（2004—2008年）结果显示，京津地区的森林覆盖率为15.01%，增长了4.07%；林地面积为1446.02万公顷，增加了133.66万公顷。并且北京周边的天气状况有所好转，风沙天气明显减少。可见京津风沙源治理工程使工程区的林草植被迅速增加，生态防护体系不断完善，生态环境也得到了明显的提升。同时，水利工程的实施也改善了京津周边地区农民、牧民的生活，居民的生态保护意识增强，农村产业结构得以调整优化，逐渐迈向生态农业的发展道路。为了巩固和提升已有的建设成果，2012年，国务院发布《京津风沙源治理二期工程规划（2013—2022年）》，提出实施二期工程。二期工程将扩大到6个省（区、市）的138个县（旗），计划总投资877.92元。

京津风沙源治理工程历年任务完成情况如表2-7所示。

表2-7　京津风沙源治理工程历年任务完成情况

年份	造林（万公顷）	草地治理（万公顷）	小流域治理（万公顷）	水利配套设施（处）	生态移民（万人）
2002	67.64	47.89	8.74	4324	—
2003	82.44	15.22	5.76	5380	2.22
2004	47.33	23.85	6.23	5498	1.84
2005	40.82	28.18	14.50	17 600	3.21
2006	41.60	30.65	14.09	14 000	2.85
2007	31.51	18.66	7.15	13 900	1.49

续表

年份	造林（万公顷）	草地治理（万公顷）	小流域治理（万公顷）	水利配套设施（处）	生态移民（万人）
2008	46.90	18.07	9.27	17 300	1.03
2009	43.48	18.53	12.67	11 300	0.4264
2010	43.91	17.73	13.40	14 700	0.1322
2011	54.52	14.24	8.36	15 200	0.1444
2012	54.17	1.80	4.18	9188	0.1295
2013	62.61	2.51	2.31	11 165	0.0815
2014	23.91	2.05	2.78	2643	0.6915

资料来源：国家林业局 2002—2014 年全国林业统计年报分析报告。

截至 2017 年底，京津风沙源治理工程实施 17 年来累计完成治理总面积达到 1189.28 万公顷。

2008–2017 年京津风沙源治理工程造林情况如图 2–27 所示。

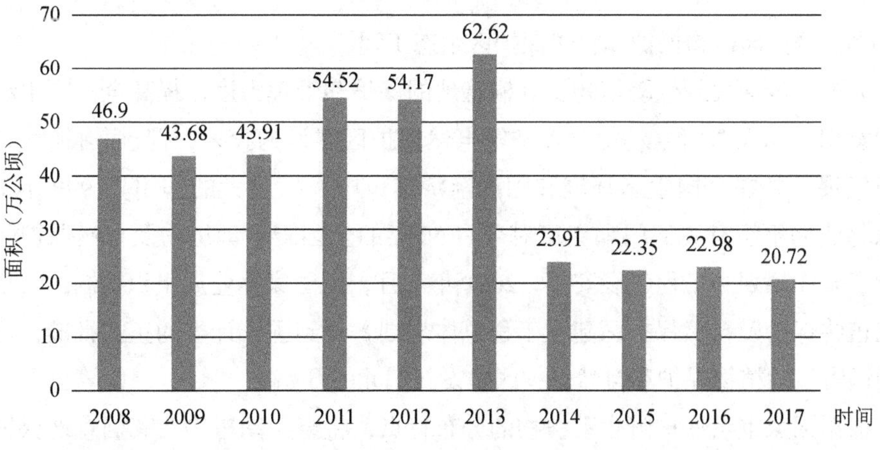

图 2–27　2008—2017 年京津风沙源治理工程造林情况（万公顷）

注：资料来源于中国林业网。

（5）重点地区速生丰产用材林基地建设工程

发展速生丰产林对解决木材供需矛盾有着重要作用。为了缓和我国木材供应短缺的问题，以及加强对林业生态环境的保护，国家开展了重点地区速生丰产用材林基地建设工程。重点地区速生丰产用材林基地建设工程在规模、范围、时间上都堪称我国速生丰产林建设工程之最，对促进林业工业发展、保护森林生态系统、缓解林业资源紧张等有着重要意义。2002 年，国家发展计划委员会通过了《重点地区速生丰产用材林基地建设工程规划》；同年 8 月，工程正式启动实施，涉及 18 个省份的 1000 个县区。

整个工程建设期为 2001—2015 年，分两个阶段，共三期实施。第一期为 2001—2005 年，重点建设以南方为重点的工业原料林产业带，建设面积 469 万公顷；第二期为 2006—2010 年，建设面积达到 920 万公顷；第三期为 2011—2015 年，共建成速丰林 1333 万公顷，完成南北方速生丰产用材林绿色产业带建设。

速生丰产用材林基地建设工程目标规划如表 2-8 所示。

表2-8　速生丰产用材林基地建设工程目标规划

建设期	时间	建设面积（万公顷）
第一期	2001—2005 年	469
第二期	2006—2010 年	920
第三期	2011—2015 年	1333

（6）野生动植物保护和自然保护区生态工程

为进一步加大野生动植物及其栖息地的保护和管理力度，提高全民野生动植物保护意识，加大对野生动植物保护及自然保护区建设的投入，促进其持续、稳定、健康发展，并在全国生态环境和国民经济建设中发挥更大的作用。1999 年 10 月，国家林业局组织有关部门和专家对今后 50 年的全国野生动植物及自然保护区建设进行了全面规划和工程建设安排。2001 年 6 月，由国家林业局组织编制的《全国野生动植物保护及自然保护区建设工程总体规划》得到国家计委的正式批准，这标志着中国野生动植物保护和自然保护区建设新纪元的开始。

根据国家重点保护野生动植物的分布特点，将野生动植物及其栖息地保护总体规划在地域上划分为东北山地平原区、蒙新高原荒漠区、华北平原黄土高原区、青藏高原高寒区、西南高山峡谷区、中南西部山地丘陵区、华东丘陵平原区和华南低山丘陵区共 8 个建设区域。

野生动物保护区工程设定的预期目标也是分为三个阶段。

2001 — 2010 年为第一阶段，目标是要重点实施 15 个野生动植物拯救工程，新建 15 个野生动物驯养繁育中心和 32 个野生动植物监测中心（站），使 90% 国家重点保护野生动植物和90%典型生态系统得到有效保护。在2010年使全国自然保护区总数达到1800个，其中国家级自然保护区数量达到220个，自然保护区面积占国土面积的16.14%左右，为1.55亿公顷，初步形成较为完善的中国自然保护区网络。制定全国湿地保护和可持续利用规划，建设94个国家湿地保护与合理利用示范区。

2011—2030年为第二阶段，目标是要通过进一步加强中央、省级和地市级行政主管部门的能力建设，使指挥、查询、统计、监测等管理工作实现网络化，初步建立健全野生动植物保护的管理体系，完善科研体系和进出口管理体系，到2030年，使60%的国家重点保护野生动植物得到恢复和增加，95%的典型生态系统类型得到有效保护。使全国自然保护区总数达到2000个，其中国家级自然保护区数量达到280个，自然保护区总面积占国土面积达到16.8%，为1.612亿公顷，形成完整的自然保护区保护管理体系。在全国76块重要湿地建立资源定位监测网站，建立健全全国湿地保护和合理利用的机制，基本控制天然湿地破坏性开发，遏制天然湿地下降趋势。

2031—2050年为第三阶段，目标是要全面提高野生动植物保护管理的法制化、规范化和科学化水平，实现野生动植物资源的良性循环，新建一批野生动物禁猎区、繁育基地、野生植物培植基地，使我国85%的国家重点保护野生动植物得到保护。在2050年，使全国自然保护区总数达2500个左右，其中国家级自然保护区350个，自然保护区总面积占国土面积达到18%，为1.728亿公顷，形成具有中国特色的自然保护区保护、管理、建设体系，成为世界自然保护区管理的先进国家。使85%国家重点保护的野生动植物种数量得到恢复和增加，建立比较完善的湿地保护、管理与合理利用的法律、政策和监测体系，恢复一批天然湿地，在全国完成100个国家湿地保护与合理利用示范区。

野生动植物保护和自然保护区生态工程目标规划如表2-9所示。

表2-9　野生动植物保护和自然保护区生态工程目标规划

阶段	时间	内容
第一阶段	2001 – 2010年	重点实施15个野生动植物拯救工程，新建15个野生动物驯养繁育中心和32个野生动植物监测中心（站），1800个自然保护区，94个国家湿地保护与合理利用示范区
第二阶段	2011—2030年	60%的国家重点保护野生动植物得到恢复和增加，95%的典型生态系统类型得到有效保护，2000个自然保护区，76块重要湿地建立资源定位监测网站

续表

阶段	时间	内容
第三阶段	2031—2050 年	85% 国家重点保护的野生动植物种数量得到恢复和增加，2500 个自然保护区，100 个国家湿地保护与合理利用示范区

截至 2010 年底，林业系统自然保护区已达 2035 处，总面积 1.24 亿公顷，占全国国土面积的 12.89%，其中，国家级自然保护区 247 处，面积 7597.42 万公顷。与 2009 年相比，林业系统自然保护区数量增加 23 个，面积增加 82.72 万公顷。90% 的陆地生态系统类型、85% 的野生动物种群和 65% 的高等植物群落得到有效保护。

2010 年末，实有自然保护小区 4.88 万个，总面积 1588 万公顷。野生植物就地保护点 351 个，总面积为 476 万公顷。国家划定禁猎（采）区 2425 个，总面积为 8706 万公顷。野生动物种源繁育基地 560 个，野生植物种源培育基地 503 个。野生动物园 61 个，植物园 87 个，狩猎场 147 个。野生动植物保护管理站 5456 个，野生动植物科研及监测机构 663 个，鸟类环志中心（站）148 个。全国从事野生动植物及自然保护区建设的人员达 4.87 万，其中各类专业技术人员 1.38 万。

（三）我国生态补偿存在问题

从历年我国生态补偿方式来看，总体上，还是以政府主导实施为主，补偿资金大多来自财政转移支付。虽然政府实施的补偿措施执行力强，但是这种方式在计入信息成本、监管成本以及错位的“征税—补偿”社会成本后，效率大打折扣。经过总结之后，可以发现其中问题具体表现在以下几方面。

第一，筹集资金渠道单一，国家财政压力过大。根据生态补偿的内涵可知，生态补偿是运用经济手段来达到生态保护的目的，因此资金是生态补偿实施过程中的重要一环。并且生态补偿是一个复杂的体系，涉及的关系较多，再加上我国目前面临的生态问题较为严重，补偿种类多，面积广，生态保护任务艰巨，这些都对生态补偿资金提出了更高要求。然而，目前我国生态补偿资金主要来自国家财政转移支付，其他渠道资金寥寥无几，给政府带来了巨大的财政负担。针对该问题，我国应积极探索多渠道的融资机制，从个人、企业、相关组织和部门等多方面入手，推广市场化的生态补偿方式。例如：培养消费者的生态消费观念，提升其生态补偿支付意愿；对积极承担生态补偿责任的企业采取税收优惠，鼓励其绿色生产；与国内外相关组织进行合作，积极寻求组织捐赠等。将我国生态补偿的主体由单一的政府主体扩充为多元主体，拓宽补偿资金渠道。

第二，部门色彩严重，缺少统一管理。目前我国生态补偿制度涉及多种资源类型，如矿产资源、森林资源、水体资源、野生动植物资源等。在我国现有的管理体制下，这些资源分属于不同的部门管理，相应的生态补偿制度也由对应的部门设计、实施、管理。久而久之，我国的生态补偿制度便有着深深的部门烙印，体现本部门的利益，这项制度的实际主导者也变成了相关部门。而部门之间缺少沟通交流，导致现有的生态补偿制度体系混乱，缺乏统一管理。

第三，重短期经济补偿，轻长期发展能力补偿。生态补偿是一个复杂的过程，涉及方方面面，无法通过一种简单的方式覆盖所有；同时，生态补偿是一个长期的过程，短时间内难以见效，不可急功近利。然而我国目前很多生态补偿政策都缺少持续性和稳定性，为其实施带来很多困难。例如：国家政策规定退耕还林的期限为5—8年，补偿地区的农户需要在这短短时间内转型发展，寻找新的生产生活方式。这对普通农户来说并不是一件容易的事，事实也证明，很少有农户转型成功。这种短期的生态补偿政策不但没有达到生态保护的目的，反而打击了农户参与生态补偿的积极性，将生态补偿工作推向更为艰难的地步。由此可见，生态补偿机制应该是一种长效的、可持续的、稳定的政策。国家在制定相关政策时，既要充分考虑地区的实际发展情况，也要考虑地区未来的长远发展目标。同时，要加大对生态产业的扶持，支持生态旅游、绿色工业、现代农业的发展，调整优化产业结构，实现“造血式”发展。

我国现有的生态补偿方式亟待完善，而发展生态旅游则是弥补生态补偿方式单一的有效手段之一。各地区充分利用当地可以予以开发的旅游资源来发展当地经济，不仅避免了在政府转移支付资金过程中牵扯到的复杂的部门化问题，而且是一种可循环、可持续发展的生态补偿方式，在做到自给自足、自我保护的同时也减轻了政府的财政压力，真正做到了“造血式”生态补偿长效机制。

第二部分

京郊旅游生态补偿案例研究

近年来，城郊旅游成为消费者追求的热点，北京市郊区也逐渐成为周边市民的短期度假目的地。北京市郊区共有10个区，各区旅游资源丰富，包括旅游度假区、民俗村落/文化遗迹、休闲运动场、自然风景区、休闲运动场、休闲农业园五类，合计约200多项。其中尤以自然风景区和文化遗迹居多，两者数量之和超过北京郊区总体旅游资源的一半。凭借良好的地理位置和资源优势，各区不断开发各种具有特色的旅游民俗活动和节庆活动，对周边市民产生了强烈吸引力。

在京郊旅游资源中，自然风景和生态环境是休闲度假旅游发展的基础。北京郊区总体自然资源较丰富，适宜休闲度假，典型如昌平区、延庆区等地拥有良好的自然环境，吸引了很多长期居住在市区的游客来这里感受自然风光，舒展身心。这种郊区生态旅游给当地带来了可观经济收益，也为村民提供了工作机会。但是，游客对当地资源的消耗，尤其是对自然环境的消耗也是巨大的。因此，对生态旅游者的生态环保意识、生态旅游的认知以及当地的市场化生态补偿机制进行研究非常必要，将有助于旅游目的地“对症下药”进行管理。

第三章　京郊生态旅游游客认知及质量提升

一、研究对象、方法及内容

随着双休日、小长假的实施，以及北京市民生活质量的不断提高，北京郊区旅游近年来一直深受北京市民欢迎，而作为旅游活动的重要参与者，游客在旅游发展中起到至关重要的作用。随着生态旅游的发展，生态旅游者的队伍逐渐扩大，游客对于生态旅游的认知愈显重要。一方面，生态旅游者会为生态旅游目的地带来可观的经济效益；另一方面，如果引导不当，也会像传统的旅游模式一样危害环境。并且，由于生态旅游目的地的生态系统相对脆弱，游客不恰当的旅游行为对环境的影响也会更大。

生态旅游者是生态旅游市场的重要一环，因此研究生态旅游者能够帮助人们深刻完整地了解生态旅游市场。此外，对生态旅游者基本人口统计特征和动机特征等进行研究，对政府政策的制定、相关企业产品的开发以及游客本身需求的满足均有帮助。其研究成果可应用于政府、企业对生态旅游目的地的游客管理及市场营销工作，有助于生态旅游的良性发展。

本次调查在北京郊区热门旅游目的地——延庆的龙庆峡、昌平的十三陵发放调查问卷，对生态旅游者进行调查研究。同时，以潜在或已参与过京郊生态旅游的游客为调查对象，通过微博等社交网站以及相关论坛发放调查问卷。本次调查自2014年2月6日至2014年3月13日，共发放问卷500份，收回298份，有效问卷280份，有效回收率为56%。大多数旅游者对于参与生态旅游调查表示了极大兴趣，并提出了相关建议。

调查内容包括参与（或潜在）旅游者对待生态旅游的态度、了解渠道、行为倾向、环境责任感、对当地社区发展的态度、对景区服务设施的要求、对生态旅游发展的态度、对生态旅游管理组织者的选择等方面。

二、研究结果与分析

调查显示，从生态旅游者基本情况来看，京郊游客中男性游客数量与女性游客数量基本持平，比例分别为 42.9% 和 57.1%，多数为家庭一同出游。而受调查者中，几乎所有年龄段的人都对生态旅游感兴趣。21—30 岁的青年人，比例高达 25.3%；31—45 岁的中年人对于生态旅游也有很高的参与度，比例为 24.5%。而从受教育程度看，接受生态旅游这一旅游方式的游客都具有较高的受教育程度，其中，具有大学及大学以上学历的旅游者分别达到了 52.4% 和 34.2 %。而出游者的职业大多为企业员工和学生，比例分别为 62.8% 和 35.4%。

游客对于生态旅游的态度如表 3–1 所示。

表3–1　游客对于生态旅游的态度

项目	选项	人数	比例（%）
吸引游客参加旅游的主因（多选题）	自然山水	200	71
	乡土民俗	56	11.2
	农家餐饮	28	10.0
吸引游客参加旅游的主因（多选题）	户外休闲	180	64.3
	生态教育	6	2.1
人均消费	100—500 元	16	5.7
	500—1000 元	88	31.4
	1000—3000 元	110	39.3
	3000 元以上	66	23.6
对于生态环境关注度	非常关注	34	12.1
	关注	115	41.1
	一般	128	45.7
	不关注	2	0.7
	完全不关注	1	0.4

续表

项目	选项	人数	比例（%）
通过哪些渠道了解生态旅游（多选题）	互联网	230	82.1
	旅行社	21	7.5
	环保公益活动	96	34.3
	广播电视	94	33.6
	报纸杂志	59	21.1
	亲友推荐	108	38.6
	相关的课堂	60	21.4
	其他	8	2.9
生态旅游是否会影响正常出游	会	72	25.7
	不会	208	74.3
是否愿意参与实践生态旅游	愿意且已参与	61	21.8
	愿意但不知如何做	219	78.2

调查发现，大多数参与生态旅游的游客都是被目的地优美的风景所吸引，比例为 71%。同时，目的地是否有相应的休闲设施、能否达到放松身心的目的也是游客选择出行目的地的重要条件，比例为 64.3%。游客对于旅游生态教育的意识还未形成，因此只有 2.1% 的游客选择了该项。参与京郊生态旅游的游客的经济消费能力较高，人均消费为 1000—3000 元的比例相对较高，占 39.3%。同时，由于学生团体也是生态旅游中的主力军，人均消费水平低于有收入群体，因此 500—1000 元的比例为 31.4%。生态旅游者自身对于生态环境比较关注，选择关注与非常关注的比例之和为 53.2%。被访者大多通过互联网获得生态旅游相关信息（82.1%），而环保公益活动（34.3%）、广播电视（33.6%）、报纸杂志（21.1%）、亲友推荐（38.6%），以及相关的课堂（21.4%）也对生态旅游的推广有很大帮助。有 74.3% 的受访者认为，生态旅游不会对他们的正常出游有所影响。且所有的受访者都乐于参与生态旅游，只是基于对于生态旅游的了解有限，有 78.2% 人被访者不知如何参与实践生态旅游。

游客行为倾向如表 3–2 所示。

表3–2 游客行为倾向

项目	选项	数量	比例（%）
对于使用一次性用品的态度	拒绝使用	11	3.9
	尽量不使用	200	71.4
	无所谓	43	15.4
	坚持使用	26	9.3
饮食的选择	按个人喜好选择	184	65.7
	服务员推荐	39	13.9
	网络查询推荐	57	20.4
旅游时喜爱的烹调方式	蒸煮	65	23.2
	煎炒	78	27.9
	烧烤	87	31.1
	火锅涮菜	50	17.9
交通工具的选择	自行车	10	3.6
	公共交通工具	142	50.7
	自驾车	128	45.7
旅游时采购商品是否使用环保袋	使用商家提供的购物袋	119	42.5
	自备购物袋	91	32.5
	尽量不使用购物袋	70	25

对于使用一次性洗漱用品、餐饮用具等的态度，有 75.3% 的受访者表示不愿使用，其中有 3.9% 的受访者坚决拒绝使用一次性用品。在旅游用餐过程中，大部分游客根据个人喜好选择菜品，有 20.4% 的游客受网络推荐的影响，根据服务员的推荐选择的游客只有 13.9%。在食物的烹制喜好上，大部分的受访者偏向烧烤（占 31.1%）及煎炒（占 27.9%），选择较少油烟的蒸煮及火锅涮菜的受访者所占比例较低，分别为 23.2% 和 17.9%。从出游方式上看，游客出游的交通方式以自驾车（占 45. 7%）和公共交通工具（占 50.7%）为主。在旅游购物过程中，有 42.5% 的受访者使用商家提供的收费购物袋，使用自备购物袋的占 32.5%，有 25% 的受访者尽量不使用购物袋。由此可见，在使用一次性用品方面，游客有较强的环保意识。

对于生态旅游发展的认知和意愿如表 3–3 所示。

表3-3　对于生态旅游发展的认知与意愿

项目	选项	数量	比例（%）
对于实行生态旅游的态度	非常紧迫应立即实行	192	68.6
	应先保证旅游的质量，再谈生态旅游	79	28.2
	那是政府的事与我无关	9	3.2
实行生态旅游的阻碍因素（多选题）	需要高科技才能实现	21	7.5
	会影响旅游舒适性	19	6.8
	可能会阻碍经济的发展	28	10
	概念太抽象不具体	125	44.6
	公民缺乏相应的素质与公共道德	243	86.8
愿意参与生态补偿活动的主要因素（多选题）	个人对当地的喜欢程度	167	59.6
	当地居民的友好程度	189	67.5
	是否认证为著名的生态旅游区	83	29.6
	生态补偿组织方式	70	25
对于生态保护组织者的态度	政府机构	90	32.1
	旅游服务商	63	22.5
	本人亲身参与	127	45.4

调查发现，有 68.6 % 的旅游者认为生态旅游十分必要；有 28.2% 的旅游者认为推行生态旅游的前提是先要保证旅游的质量；仍有 3.2% 的游客对生态旅游不太关心，认为是政府的工作。生态旅游发展尚有众多负面影响因素，86.8% 的旅游者认为由于公民缺乏相应的素质与公共道德导致生态旅游发展受阻；亦有部分受访者认为是生态旅游的概念太过空泛，不够具体，影响了大众对于生态旅游的理解，从而无法参加到生态旅游的实践中，所占比例为 44.6%。

在参与生态补偿活动方面，有 67.5% 的受访者认为当地居民的友好程度有利于他们参与有益当地生态环境的补偿活动；有 59.6% 的受访者选择凭个人对于当地的喜爱程度决定是否参与为当地生态环境做贡献的活动；有 29.6% 的游客更愿意为著名的生态旅游目的地做出贡献；有少部分受访者认为生态补偿的组织形式是否能吸引他们参加也是重要因素之一，所占比例为 25%。对于生态补偿组织者的态度上，有将近半数（占 45.4%）的受访者认为他们自身是最好的生态保护活动的组织者，他们认为参与组织关于保护生态环境的活动能更好地从旅游者的角度考虑，有利于生态补偿活动的推广；有 32.1% 的受访者认为政府才是最权威的组织者；有 22.5% 的受访者认为旅游服务商是生态补偿活动组织者的最佳选择。

在调查问卷最后的开放题——对于生态旅游有何发展建议中，受访者普遍表达了自身对于生态旅游发展的热切期望以及美好祝愿，有许多受访者对于生态旅游的推广提出了自己的建议。他们认为生态旅游的概念普及是首要条件，只有增强了人们的生态旅游意识，提升了全民素质，社会大众才会身体力行地在旅游过程中关注并保护当地的自然生态环境。同时，国家应该出台相关的政策，更好地推广生态旅游。受访者还提出旅游目的地的创新开发，以及政府对于旅游目的地卫生设施的监管，也是至关重要的。

三、研究结论与建议

（一）创新推广形式，重视网络推广

根据问卷调查结果，大部分的游客通过互联网获取生态旅游的相关信息，互联网对于旅游过程中的各种行为决策有很广泛的影响。因此，应该注重生态旅游相关信息及活动在网络上的推广，通过建立公共微博、公共微信等热门的社交媒体发布生态旅游的活动信息，推广生态旅游的相关概念，与生态旅游者进行及时的互动与交流，了解游客对于生态旅游的认知以及对于生态旅游目的地的发展建议。由于参与生态旅游活动的大多是年轻的企业员工和在校学生，针对年轻群体，可以通过微电影等新媒体方式，在网络上进行生态补偿活动的推广、生态旅游目的地的介绍以及生态旅游概念的传播。

（二）因地制宜建设独特旅游区，提升生态旅游目的地

调查发现，生态旅游者出行更重视旅游目的地的自然生态环境以及特色的休闲游乐设施。旅游目的地管理者要因地制宜，抓住游客的消费需求特征，结合当地的旅游资源，有针对性地开发旅游产品。既要有当地特色，能够展现北京郊区的资源特性，又要保证产品和服务的质量。“质”“量”齐抓，全方位提升生态旅游目的地。宣传生态旅游区的优美环境和脆弱生态，倡议游客减少一次性洗漱用品、一次性餐具的使用，既能减少相关开支，亦能达到推广生态旅游概念的目的。加强对遗址遗迹等人文资源的保护，避免过度开发，将文化内涵与生态旅游相结合，推出生态文化旅游产品，打造旅游生态的旅游氛围，减少对于目的地珍稀旅游资源的消耗。

（三）开展生态补偿活动，普及生态旅游概念

目前仍有很多游客对京郊生态旅游认识不足，虽然生态补偿活动在逐渐增多，但参与者不多且推广力度不够。目前的生态补偿活动大多为植树造林，参与者多以学校或者公司为组织单位，大众自发的活动缺乏场地支持及资金支持，因此无法形成一定规模。各生态旅游目的地管理者应充分分析自身资源优势，组织生态环境保护活动，推广生态旅游概念，例如组织“京郊骑游降霾”“京郊低碳慈善”活动等，使旅游者能够自觉自发地参加对自然生态环境进行的保护和补偿活动。建立多元化机制让游客参与生态补偿活动，鼓励游客或居民对相关活动建言献策。对于有建设性的活动提议予以实施并奖励，并且为相关活动的组织开展提供场地及一定的资金支持。政府成立专门机构经营京郊生态旅游区，承担目的地自然资源管理的工作，引导京郊生态旅游活动的组织开展，普及生态旅游概念，加速京郊生态旅游的繁荣发展。

第四章　京郊旅游生态补偿研究

一、研究对象、方法及内容

（一）研究对象

本研究选取了比较典型的京郊生态旅游景区的发展模式进行研究，分别是延庆区的千家店和怀柔区的雁栖镇两个案例区。选择了北京市延庆区千家店镇下辖的下湾村和下德龙湾村，怀柔区雁栖镇下辖的官地村作为研究对象。

1. 千家店概况

千家店镇位于延庆区东部山区，黑白河、红旗甸河谷地，全镇下辖19个行政村和83个自然村，4000多户，人口10 000人，属北京市人口密度最低区域之一。千家店生态林面积将近50万亩，占延庆区生态林面积的1/4。镇内群山环抱，地质风光丰富，生态环境优良，镇域林木绿化率超过85%，四季景色变幻如画，空气中负氧离子丰富，且年平均气温为8摄氏度，年降水量为480毫米，是名副其实的避暑胜地和绿色氧吧。自2008年起，千家店镇结合北京市沟域经济建设，全面重点打造了百里山水画廊沟域经济。2010年9月，百里山水画廊以“保护生态，涵养水源”为主题，以优美田园风光和数量庞大的地质景观为基础，正式通过了国家旅游局和全国旅游景区质量等级评定委员会审批，成为全国第一个涵盖全镇域范围的“镇景合一”国家4A级旅游景区。景区总面积371平方公里，包括硅化木群、乌龙峡谷、滴水壶、朝阳寺、龙王庙、关帝庙六大景区，是集观光旅游、休闲度假、垂钓烧烤、科考健身于一体的综合性景区。千家店镇为促进旅游发展，逐步建成了辛栅子、古家窑、三道梁、下湾、下德龙湾村、花盆、秀水湾、长寿岭、龙湾大院等民俗村，吸引了数以万计的国内外游客前来观光旅游。

千家店自2001年开始发展旅游，2013年景区收入1730万元，接待游客296万人次。此次研究选取的两个调研基地分别是千家店的下湾村和下德龙湾村。截至

2013 年底，下湾村共有 26 户民俗户，总共 100 多户，400 多人，总共有 300 多个床位，26 户民俗户同时经营餐饮，小户年收入 3 万—5 万元，大户 20 万—30 万元。下德龙湾村共有 18 户民俗户，总共 88 户，300 多人，总共 300 多个床位，18 户民俗户同时经营餐饮。小户年收入 3 万—5 万元，大户 20 万—30 万元。

2. 雁栖镇概况

雁栖镇位于北京市怀柔城区，下辖 21 个行政村，46 个自然村，总面积约 156 平方公里，总人口为 1.3 万人。雁栖镇总体上南北狭长，其地形复杂多样，拥有山区、平原、丘陵三种地形，且呈阶梯状分布。镇域山地面积居多，约占总面积的 79.6%，绿化率超过 75%，这为其发展生态旅游提供了丰富的自然资源。

雁栖镇旅游规划区如图 4–1 所示。

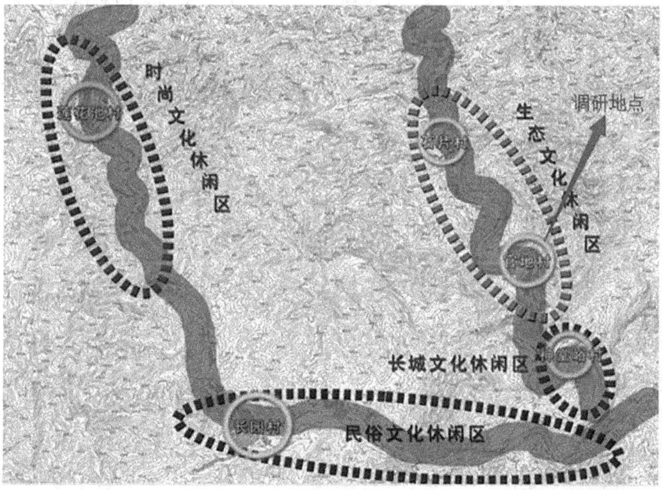

图 4–1　雁栖镇旅游规划区

雁栖镇沟域经济发展主要位于丘陵地带，下辖石片民俗村、官地民俗村、长元民俗村等 11 个行政村和神堂峪、莲花池两个自然风景区。莲花池自然风景区和神堂峪自然风景区共有 1500 户，4000 人，其中包含 500 户民俗户。镇上从事旅游相关产业的居民多达 3000 人。雁栖镇约有 112 处观光垂钓园、度假村；有 50 处休闲度假场所投资上百万元，可为 1.2 万名游客提供住宿餐饮服务。近年来，雁栖镇朝着未来发展目标前进，全面开发自身旅游资源特色，充分发挥其乡村旅游品牌效应，打造了具有雁栖特色的集游览观光、休闲度假、消遣娱乐、养老养生、乡村体验等为一体的乡村旅游模式。如今，雁栖镇已经成为京郊旅游的典范，其旅游产品丰富、旅游形式多样，产业融合加速发展，形成了具有一定规模的沟域经济产业带，为其他地区生态旅游及乡村旅游的发展提供了借鉴意义。

雁栖镇地理位置优越、交通便利且生态环境优美，拥有丰富的山水旅游资源，这些均为其发展乡村生态休闲旅游提供了便利。雁栖镇生态旅游的发展起步于1993年神堂峪自然风景区的建设，而且雁栖湖生态发展示范区的建成也进一步促进了雁栖镇生态旅游全面发展。2013年雁栖镇全年接待游客约200万人次，旅游综合收入约2.4亿元，农民人均纯收入达20 880元。

本次研究在雁栖镇选取的调研地点是官地村。官地村人口数量近60户，140多人，其中有40多户均从事民俗旅游接待活动，接待人数占全村总人数的74%，属北京市市级民俗旅游专业村。官地村全村总面积7000多亩，绿化率高达90%以上。雁栖镇神堂峪自然风景区（国家2A级风景区）位于官地村内，闻名遐迩的雁栖生态湖源于谷内，一年四季水流不止，清潭曲水随处可见。官地村内天然形成了鳄鱼潭、龙潭、鸳鸯池等优美的自然生态景观，而且潭内湖水宽阔，流水清澈，是北京市民及周边居民夏季乘凉避暑、戏水划船的重要去处。自1993年神堂峪自然风景区开放以来，官地村凭借独特的人文历史和自然景观，以及良好的生态资源，首开京郊民俗旅游先河，被誉为“京郊民俗旅游第一村”。官地村是怀柔区第一个完成旧村改造的村庄，也是北京市首批五个旧村改造试点中第一个完成改造的村庄，并于2005年8月正式对外开放。

3. 研究地点选择原因

（1）拥有良好的生态环境

良好的生态环境是保障人类生存和发展的重要物质基础，为人们提供清新的空气、干净的水源、整洁的环境、天然无公害的食品、丰富优美的自然生态景观，这些生态产品和生态服务都是人类生产生活所不能缺少的。北京延庆区千家店和怀柔区雁栖镇，作为北京的后花园，均拥有良好的生态旅游资源，生态环境极为优渥，对平衡北京生态系统起着关键作用，同时也对北京城区市民及周边游客产生了强烈的吸引力。

（2）具备生态补偿基础

千家店和雁栖镇基于其自身优渥的自然生态景观，对外产生了一定的名气和吸引力，每年大量游客前往案例区，对生态景观、生态旅游产品和旅游服务进行娱乐和消费。游客的消费表明在案例区已经产生了明显的市场交易行为，已经发生了初始阶段的市场化生态补偿。

（3）生态补偿存在缺陷

据调研发现，两处案例区在发展旅游业的同时，其天然的生态旅游景观和生态资源尚未引起足够的重视和保护，居民生态旅游发展意识薄弱。市场化的旅游生态补偿虽然已经逐步开展，但案例区提供的生态旅游产品和服务仍然停留在初级阶段，游客满意度偏低，因此仍有较大的提升空间。选取这两个案例区是因为其在市场化的生态补偿实践上均存在不足，因此产生了研究上的可行性及必要性。

（4）双案例差异化对比分析

选取两个案例点一方面是为了说明市场化生态补偿具有普适性；另一方面，由于研究对象不同（即分别为千家店和雁栖镇），具体生态补偿实现过程的影响因素（包括游客生态补偿支付意愿、居民感知的生态补偿效果、居民与游客利益关系博弈结果等）也可能不尽相同。

（二）研究方法

本次研究采用了基于游客问卷调查与基于居民问卷调查和实地走访相结合的方法进行研究，调查时间为 2014 年 5 月 1 日—3 日、2014 年 10 月 1 日—5 日。调查内容包括游客消费结构、游客和当地居民对生态旅游及生态补偿的认知等方面。千家店镇游客调查共发放问卷 550 份，收回有效问卷 516 份，问卷有效率为 93.8%，居民调查共发放 70 份，收回有效问卷 65 份，问卷有效率 92.9%；雁栖镇游客调查共发放问卷 550 份，收回有效问卷 504 份，问卷有效率为 91.6%，居民调查共发放问卷 40 份，收回有效问卷 37 份，问卷有效率 92.5%。

同时在案例区收集数据时与游客和当地居民进行面对面沟通，引导他们对案例区旅游生态补偿的支付意愿和旅游生态补偿提出感受。游客抽样对象为千家店镇下湾村和下德龙湾村，雁栖镇官地村的游客，总样本为每年案例区的总游客。问卷取样地点主要为村镇、生态风景区等景点游客聚集地，包括千家店镇滴水壶、乌龙峡谷、硅化木群景区内部，雁栖镇神堂峪景区及旅游快线车站等游客聚集地。居民抽样范围界定在千家店和雁栖镇所辖乡镇居民，总样本为千家店和雁栖镇管委会所辖乡镇总人口。取样地点主要在下湾村、下德龙湾村和官地村，这三个地区生态旅游景区数量丰富，游客在这三处旅游活动频繁，居民与旅游活动关系最为密切。

调查问卷设计方面，参照 Arrow 等给出的条件价值评估法操作指南和 Noaa 提供的原则，同时参考国内外有关条件价值评估的问卷设计经验，从千家店、雁栖镇旅游市场和游客对生态补偿认知的角度出发，先对千家店、雁栖镇生态旅游情况进行了预调研，在预调研的基础上对游客消费结构、消费值、生态补偿意愿具体额度的起点和数值间隔进行优化设计，按照改进后的问卷进行了正式调查。问卷结构主要包括四部分内容：游客基本特征（年龄、性别、收入、学历）。游客消费结构、游客生态补偿认知、游客生态补偿意愿（见附录A）。游客消费结构主要从旅游六要素——食住行游购娱六方面进行设计，具体数值在预调研基础上予以合理赋值，继而得出生态补偿意愿投标数额的额外支付区间。本研究采用支付卡式问卷，以支付卡形式给出若干标价，调研人员与游客面对面交流，引导他们提出对千家店镇旅游生态补偿的支付意愿，并让受调查的游客选择可接受的最高 WTP 标价。居民方面，问卷内容主要包括居民基本信息，居民关于生态环境认知，以及居民感知的生态补偿效应等内容（见附录B）。

信度是反映调查内容真实性的指标，Cronbach α 信度系数是目前最常用的信度系数，α 系数表示评价量表中各题目之间的内在一致性。α 系数越大，内部一致性越高。本调查中的信度检验将采用此系数。从表 4–1 可以看出，两个案例区游客生态补偿意愿量表的内部一致性系数几乎均在 0.75 以上的，表示其内部一致性很好；生态环境认知量表的内部一致性系数几乎均处于 0.65 以上的，表示其指标可以接受。整体上来说，该问卷设计具有较好可信度。

表4–1 案例区游客问卷内在一致性系数表

	项目	Cronbach α	Cronbach β	项目数
生态环境认知	生态环境关注程度	0.722	0.702	1
	生态环境是否满意	0.764	0.667	1
	生态环境保护重要性	0.795	0.677	1
	生态环境影响程度	0.652	0.698	1
	是否愿意做贡献	0.639	0.649	1
	服务质量满意度	0.779	0.661	1
	旅游设施满意度	0.659	0.674	1
生态补偿意愿	因门票而额外支付意愿比例	0.749	0.845	1
	因食材而额外支付意愿比例	0.829	0.818	1
	因住宿而额外支付意愿比例	0.785	0.795	1
	因交通而额外支付意愿比例	0.808	0.800	1
	因农副产品而额外支付意愿比例	0.877	0.805	1

注：α 为千家店数据；β 为雁栖镇数据。

从表 4–2 可以看出，两个案例区居民生态环境认知量表的内部一致性系数几乎均在 0.70 以上，表示其内部一致性较好，具有可接受性；基于居民感知的生态补偿效应量表的内部一致性系数几乎均处于 0.80 以上，个别指标在 0.70 及 0.75 左右，表示这份量表内的各指标内部一致性良好，数据具有可靠性。整体上来说，这份问卷设计具有较好可信度。

表4–2　案例区居民问卷内在一致性系数表

	项目	Cronbach α	Cronbach β	项目数
生态环境认知	生态环境关注程度	0.823	0.808	1
	生态环境是否满意	0.786	0.775	1
生态环境认知	生态环境保护重要性	0.877	0.899	1
	生态环境与生活密切程度	0.734	0.754	1
	是否愿意做贡献	0.699	0.723	1
	服务质量满意度	0.729	0.801	1
	旅游设施满意度	0.759	0.700	1
生态补偿效应	环境保护的愿望	0.829	0.815	1
	居民参与生态旅游积极性	0.819	0.800	1
	对生态环境保护的关注度	0.758	0.795	1
	外出打工的愿意	0.823	0.811	1
	外出打工人数	0.708	0.850	1
	务农人数	0.854	0.712	1
	旅游接待人数	0.836	0.809	1
	家庭总收入	0.790	0.755	1
	旅游收入变化	0.799	0.886	1
	打工收入变化	0.876	0.821	1
	自然环境变化	0.903	0.911	1
	生活环境变化	0.827	0.855	1

注：α 为千家店数据；β 为雁栖镇数据。

（三）研究内容

本次研究主要包括以下几方面内容。

①市场化生态补偿的实现过程。根据生态旅游过程中涉及的利益相关方以及市场经济原则，明确生态补偿的主客体，明晰市场化交易的生态补偿方式，全面深入阐述市场化补偿的实现过程。

②市场化生态补偿的意愿。在实地问卷调查和实地访谈的基础上，得出居民生态受偿意愿和旅游者具体愿意承担的生态补偿意愿额度，分析影响其补偿意愿的关键因素。

③市场化生态补偿的效应。在实地访谈和调研的基础上，通过观察和交流，总结出市场化生态补偿实施后居民感知的生态补偿效应，包括社会效应、经济效益和生态效应三个方面。

④市场化生态补偿的博弈分析。市场化生态补偿过程中涉及的参与主体包括居民、游客和当地政府，各参与主体都在为寻求自身利益最大化而努力。因此，在补偿过程中，居民、游客及当地政府面临着一般性的博弈策略。

二、案例区市场化生态补偿的实现

（一）市场化生态补偿主客体

1. 一般市场补偿主客体

在研究市场化生态补偿之前，由于涉及不同主体之间利益转移和财富再分配问题，因此需首先明确“谁补偿谁”，即生态补偿的主客体问题。温家宝曾经在第六次全国环境保护大会上明确指示出：生态补偿机制的建立要按照“谁开发谁保护，谁破坏谁恢复，谁收益谁补偿，谁排污谁付费”的原则，充分完善生态补偿政策。我国相关法律也确立了“谁开发，谁保护；谁污染，谁治理；谁破坏，谁恢复”的生态环境保护原则。生态补偿主客体应依据这些原则来确立。

通常说，生态效益补偿的主体是生态服务系统的所得者，而生态效益补偿的客体是生态系统服务的提供者。然而在某些时候，生态效益补偿的主体可能是获益的个人、组织抑或是某特定区域受益的全体人民以及区域人民利益的代表者——各级政府；而生态效益补偿的客体应该是提供生态系统服务功能的生态系统，为生态保护做出贡献的个人或者在特定区域由于保护生态系统而利益受损或者是在生态治理过程中利益受损的群众。

2. 案例区市场补偿主客体

千家店和雁栖镇分别于2001年和1993年开始发展旅游接待产业。两镇的旅游业凭借自身优良的自然景观、良好的生态资源、景镇合一的天然优势，获得了较好较快的发展。两镇旅游发展模式大体类似：依托优越的自然环境和天然生态景观，吸引北京市区及北京周边游客前来短期观光休闲度假。在当地政府的扶持和指导下，村民积极开展农家餐饮、住宿等接待活动，民俗文化等表演活动以及农村土特产的售卖活动。从最早期的旅游萌芽阶段到如今旅游接待成熟阶段，两镇的旅游形式总体上而言仍停留在乡村旅游范畴，远未达到生态旅游的层次。从游客的角度来看，游客旅游深度总体较浅。据调查访问得知，大部分游客只是为了短期休闲放松，呼吸新鲜空气，游客尚未形成生态旅游的意识和概念，与平日旅游形式无异；从居民角度来说，虽然他们是案例区区域生态景观的所有者，但他们的经营模式依旧停留在简单的农家接待单一层面，而且接待内容和接待形式保守落后，缺乏创新。

尽管如此，我们还是可以看出在当前的旅游交易进行过程中，游客实际上已经发生了第一次生态补偿支付。游客的到来对当地生态平衡产生了一定影响，但是也为他们来到案例区所享受到的生态景观和生活需要进行了购买支出。我们姑且称呼这个过程为第一层次的生态补偿。然而生态补偿应该是“造血式”补偿，具有可持续发展的深远意义。游客源源不绝的到来产生持续的需求，案例区无下限供给的发展模式是不长久的。生态环境因为游客的涌入会遭到一定程度的破坏，有些破坏甚至是毁灭性的不可修复的。然而最终承担后果的是在这些区域生存生活的居民，这时应该出现第二层次的生态补偿，即游客应该为当地提供更生态、更环保的生态服务买单。这是本研究的主要出发点，也是未来市场化生态补偿的发展方向。

尽管生态服务系统是生态产品和生态服务的主要输出来源，但由于生态服务系统生态内容的丰富性和生态供给形式的复杂性，使得对其输出的生态价值进行评估极其困难。所以，我们选择转向研究生态产权的所有者——居民来代表生态系统，将居民作为代理者来研究，引入到当地生态补偿的发展中。居民获得生态补偿后将投入更多的资源进行生态保护和建设，最终也直接促进了生态系统价值的实现和保护。此外，当前生态环境系统服务的供给是有限的，游客在不断享受生态系统提供服务的同时，一定程度上限制了居民享受生态环境系统价值的权益，当地居民是生态破坏的受损者；政府在生态治理过程中，在为环境保护做出努力时，因生态保护而限制经济利益发展，当地居民是生态治理过程中的受害者；一些特殊或者重要的生态保护区的居民或政府，为了实现生态系统保护，只能自身先行投入生态成本进行生态维护，如通过退耕还林还草、植树造林来提供生态服务或者生态旅游产品，或强迫停止引进有污染倾向企业的招商引资等，当地居民是做出生态保护的贡献者。

按照市场经济运行规律，依据“谁破坏、谁恢复，谁受益、谁补偿”的责任原则，总结出千家店和雁栖镇两个案例区的生态补偿主客体应该如表 4–3 所示。

表4–3 案例区生态补偿主客体说明

案例区	主客体确定依据	生态补偿主体	生态补偿客体
千家店	“受益者付费，保护者得到补偿”	千家店游客	生态环境、千家店居民
雁栖镇	“谁破坏、谁恢复，谁受益、谁补偿”	雁栖镇游客	生态环境、雁栖镇居民

（二）案例区市场化生态补偿实现过程

1. 市场化生态补偿一般机制

从环境经济学的角度分析，市场化生态补偿应该是通过利用环境保护的经济手段实现环境资源的可持续利用。生态提供者从事生态环境系统建设，努力改善生态环境，并积极提供生态系统服务，他们一方面为保护生态环境做出了贡献，另一方面提供了生态产品和生态服务。生态产品和生态服务被生态受益者购买，进而产生市场产权交易行为，生态受益者享受到了生态福利。生态受益者不应该免费享有这些生态福利，而应该需要购买，他们购买的过程也就是为生态建设和生态保护区分担生态成本，并进行补偿，这是生态补偿过程。生态提供者继而从生态建设与生态保护中得到生态补偿和经济收益，进一步投入生态建设与保护中去，努力改善区域生态环境，平衡生态系统，从而保证当地可持续的生态环境质量，这是生态反馈过程。由此形成“生态提供者提供生态产品和生态服务—生态受益者购买生态产品和生态服务—生态受益者为生态提供者提供生态补偿—生态提供者收获补偿—生态提供者加强生态建设和生态保护—生态提供者继续提供生态产品和生态服务”的良性循环机制。

2. 案例区市场化补偿的实现过程

基于案例区得天独厚的自然生态环境优势，以及当前生态补偿实践的发展阶段，可以看出案例区在生态补偿的实现过程抑或是补偿效果方面还有着巨大的提升和改进空间，所以接下来对生态补偿实施过程做进一步研究。诚然，生态提供者和生态受益者在买卖关系一开始发生时，两者之间就已经发生了第一次补偿支付的行为，即上文已经提到过的第一层次的生态补偿。第一层次的生态补偿是在市场无意识、无生态目的的情况下发生的，尽管也产生了生态补偿的结果，游客为其获得的生态景观和生态感受付费。但是，更应该将其理解成是一种初期性质的、基础层次上的补偿关系，居民提供一般旅游产品和旅游服务，游客购买一般旅游产品和旅游服务。这种交易过程中提供的旅游产品和服务存在着改进的空间，即这种交易过程尚未达到市场化生态补偿的最终目的。所谓最优效果的、具有真正意义上的市场化补偿应该是第二层次的生态补偿。

第二层次的生态补偿是指：游客和居民共同为了生态建设和生态保护的目的，居民在原来的产品和服务基础上提供更生态、更环保的旅游产品和旅游服务，游客为当地居民提供的更生态、更环保的生态服务买单进行生态补偿。这样一种有目的性的、对生态保护具有可持续性的、对当前生态系统价值有提升意义的买卖交易行为，才是未来市场化生态补偿的发展方向。

在游客原有的消费基础上，如果当地居民、当地景区、交通部门等为保护生态环境，实现可持续生态发展，采用更为绿色环保的旅游产品和旅游服务，游客应该为他们享受到的更优的生态福利进行生态补偿。

生态补偿行为的实现过程如图 4–2 所示。

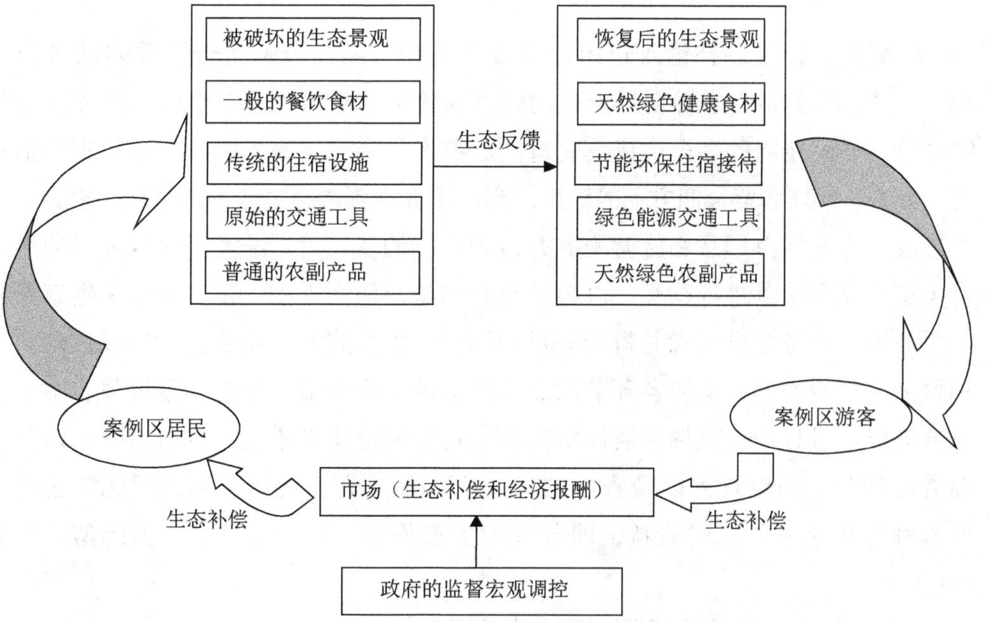

图 4–2　生态补偿行为的实现过程

由图 4–2 可知，居民和游客之间的关系完全就是交易市场中的供需买卖关系。居民提供改进后的旅游产品和服务，游客购买改进后的旅游产品和服务，较之前一般产品和服务的价格进行额外支付实现补偿目的。其中，当市场失灵时需要政府适时指导和调控，以保证交易正常有效进行。这种生态补偿过程涉及的主要经济关系就是居民和游客关系，政府只是起到了辅助关系维护的作用。只要市场运转正常，居民和游客的相互利益得到满足和平衡，这种经济关系就能一直持续下去，生态环境系统也将可持续性存在，最终实现一个良性循环的多赢局面。

市场化交易的实现过程如图 4–3 所示。

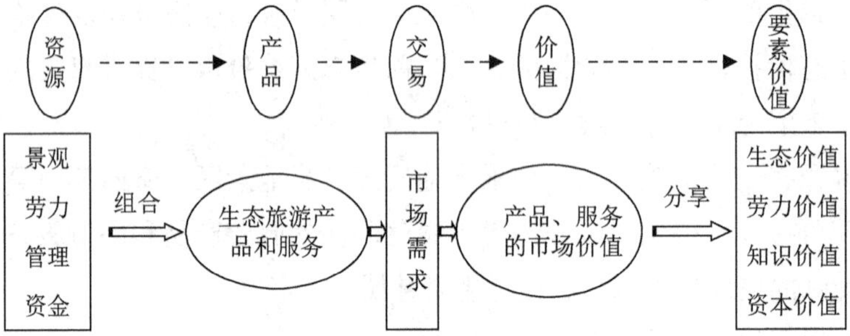

图 4–3　市场化交易的实现过程

一般而言，生态补偿难以单独体现其价值，需要分解为若干载体的价值呈现。因此，要分析生态补偿后产生的效益与价值，需对生态补偿过程流程进行分解分析。居民在向游客提供成熟完善的旅游产品和旅游服务之前，这其中包括景观、劳力、管理和资金四方面的输出。当以上四类资源通过合理的搭配、组合，生产形成了生态旅游产品和旅游服务并得到市场的认可后，游客便会以货币的形式对生态产品和服务进行购买，以满足自身的旅游消费需求。在游客购买生态产品和服务后，自身需求实现并得到满足的同时，生态旅游市场价值就得以体现。在扣除这一产品生产、销售各环节的成本后形成一定收益，便是其总价值。由于在总价值形成过程中，案例区居民所拥有的自然环境生态景观、劳动力投入以及管理者的知识、经验投入以及资本的风险投入都具有一定的贡献，因此，这四个要素都应该享有一定的收益，即分别为生态价值、劳力价值、知识价值、资本价值。

（三）市场化生态补偿实现过程的影响因素

市场化生态补偿的实现源于补偿主客体的持续生态交易的实现，因此，生态补偿效果受到补偿主客体方面的诸多因素影响，包括生态补偿主体即游客、生态补偿客体即居民以及主客体在交易过程中的利益博弈关系。

1. 游客因素

游客作为生态补偿主要参与者之一的补偿主体，其对生态补偿的认知，在市场化交易过程中对生态补偿的意愿程度，生态旅游过程中的消费结构以及补偿能力等多方面的因素对市场化生态补偿能否顺利实现起到了关键性的决定作用。生态认知决定游客对环境的关注程度、对环境保护重要性的认识程度以及对其所处生态景区生态环境满意程度的判断；在生态补偿过程中积极参与生态补偿的意愿程度影响游客是否愿意参与到生态补偿过程中以及愿意承担的生态补偿程度；在生态旅游过程的旅游消费结构反映了游客对旅游产品和旅游服务的偏好，同时能够反映出生态景区生产消费链条过程中的问题与不足；生态补偿能力涉及的是游客的经济能力，是否有条件、有实力真正地对生态补偿起到一定的作用与贡献。

2. 居民因素

一方面，居民作为生态服务系统的产权所有者以及代理人的角色，其对生态补偿进程效果影响极大。只有居民对生态旅游和生态补偿具备足够认识，同时愿意接受生态补偿并积极投入到环境保护中，使用生态改善的旅游产品、生态优化的服务设施、质量更优的服务水准，生态环境才能变得更好，生态服务才更有意义，生态补偿效果才能实现，生态服务系统价值才能长久体现出来。另一方面，居民作为另一个重要的生态补偿参与者，其对生态补偿的认知，在市场化交易过程中对生态受偿的意愿程度，以及对市场化生态补偿产生的感知效应等因素对其能否主动参与到生态补偿过程中具有重要影响。居民对生态补偿的认知影响及其对家乡环境质量的认识程度最终影响其参与生态保护的积极性，这个认知还受到年龄、性别及文化素质的影响；对生态受偿的意愿程度反映的是在生态补偿实施后居民期望的补偿程度，特别是对自己投入的时间、劳力、经历等直接成本和机会成本的补偿；对市场化生态补偿的感知效应是市场化生态补偿实现后居民对各方面所预想的变化及效果，主要包括居民思想观念变化和就业方式变化的社会效应、家庭收入变化的经济效应以及自然和生活环境变化的生态效应。

3. 游客和居民博弈因素

市场化补偿的实现还受补偿交易过程中利益相关方（游客和居民）的利益博弈结果的影响。在交易过程中，当游客和居民均实现了各自正效益时，交易是可持续的，市场化补偿将能实现；当利益相关方中的任何一方利益受损时，交易过程无法继续并走向终结，市场化补偿也将停止，生态补偿效果无法实现。

三、市场化生态补偿影响因素分析——游客因素

（一）游客样本统计情况

根据千家店和雁栖镇的游客调查问卷，得出游客人口统计特征，如表4–4所示。被访游客中，两个案例区抽样调查男女比例基本持平。年龄分布方面，游客中30—50岁的人群是来千家店和雁栖镇游玩的主要群体，千家店40—50岁的游客占比达40.7%，雁栖镇30—40岁的游客占比达51.2%，60岁以上的人群均占比等于或不足4%；学历分布方面，本科及以上学历游客均占到60%以上，初中及以下学历不足5%，游客文化素质整体偏高；月均收入分布方面，收入在1000元以下游客较少，无收入的基本上都是在校学生出来游玩，收入层次整体上偏高，为生态补偿的实现提供了经济能力保障。

表4–4　游客人口统计学常量统计特征

人口统计特征		比例α（%）	比例β（%）
性别	男	51.2	52.8
	女	48.8	47.2
年龄分布	30岁以下	14.7	16.3
	30—40岁	33.7	51.2
	40—50岁	40.7	19.8
	50—60岁	7.4	8.7
	60岁以上	3.5	4.0
学历分布	小学及以下	2.3	0.4
	初中	2.3	2.0
	高中 / 中专 / 技校	13.2	13.9
	大学专科	20.2	19.4
	大学本科	39.5	47.6
	硕士及以上	22.5	16.7

续表

人口统计特征		比例 α（%）	比例 β（%）
月均收入分布	无收入	8.1	4.8
	1000 元以下	1.9	2.8
	1001—3000 元	11.2	8.7
	3001—5000 元	24.8	24.6
	5001—8000 元	19.0	24.2
	8001—10 000 元	10.9	9.1
	10 001 元以上	24.0	25.8

注：比例 α 为千家店数据；比例 β 为雁栖镇数据。

关于游客前来案例区旅游的主要原因调查结果（见图 4–4 和图 4–5）显示，千家店和雁栖镇分别有 77.50% 和 59.50% 的游客表示前来案例区的主要原因是欣赏当地的自然山水，另有 26.70% 和 33.70% 的游客表示是为了参加户外休闲，由此可以看出两个案例区均有 90% 以上的游客来此目的都是生态自然，这也反映出案例区具有优良的自然景观吸引力。千家店乡土人文吸引了近 20% 的游客前来，雁栖镇乡土人文因素吸引游客比例为 12.70%。千家店 2.70%、雁栖镇 7.50% 的游客选择其他原因，据口头问答主要是陪同家人、朋友、公司组织团建活动等原因。

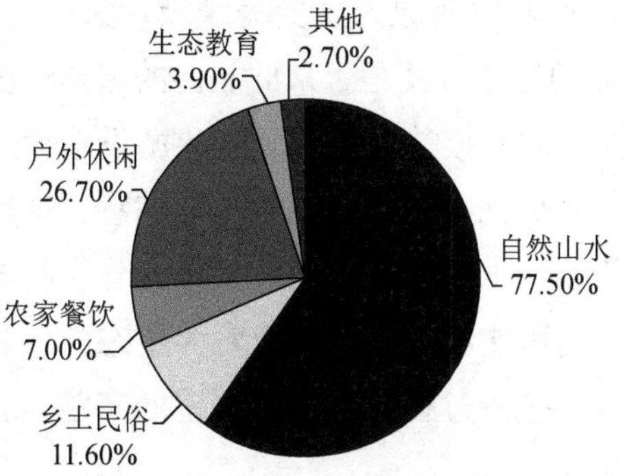

图 4–4　千家店旅游吸引因素比例

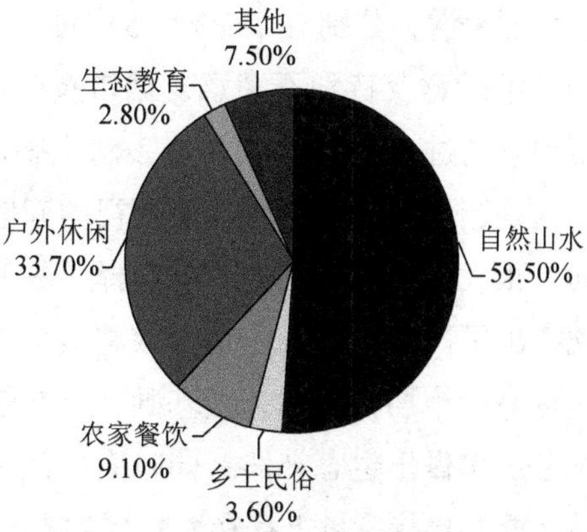

图 4–5　雁栖镇旅游吸引因素比例

（二）游客生态认知

按照一般市场化生态补偿实现机制，案例区市场补偿过程大体相同。本研究在设计案例区市场化补偿实现的思路上，首先调查了游客对生态概念的基本认知，包括日常生活中对生态环境关注程度、对当地整体生态环境满意程度、对当地生态环境保护的重要程度、生态环境好坏对其出游的影响、是否愿意为改进当地生态环境做出贡献等。调查结果如表 4–5 所示。

表4–5　案例区游客生态认知统计

生态认知维度	千家店（%）	雁栖镇（%）
日常生活中对生态环境关注程度	81.8	76.2
对当地整体生态环境满意程度	80.3	57.1
对当地生态环境保护的重要程度	96.9	96.8
生态环境对您来此地的影响程度	84.6	94.8
您是否愿意为改进当地生态环境做出贡献	90.7	86.9
您对该地旅游接待服务质量满意度如何	61.7	46.0
您对该地旅游设施满意度如何	58.5	41.7

注：每个维度设计五个由强到弱的答案梯度，表中数据为前两个梯度百分比之和。

从表 4–5 可以分析得出，游客生态觉悟及生态意识很高，近 80% 的游客都认为案例区的生态环境保护极为重要，而且千家店和雁栖镇分别有 90.7%、86.9% 的游客表示愿意为案例区的生态环境保护做出贡献。从对千家店和雁栖镇整体生态环境满意程度来看，分别有 80.3%、57.1% 的游客表示满意，也分别有 6.3%、4.8% 的游客表示不满意及特别不满意，据口头问答，这其中的原因主要为垃圾现象较明显。两镇均有超过 80% 以上的游客表示生态环境的好坏对其是否来此旅游的影响程度很大，这是当地旅游参与者亟须重视的问题。在旅游接待服务质量和旅游设施满意度方面，很大一部分比例的游客选择了一般，极少比重的游客感觉非常满意，这也明显地突出了两个案例区在生态旅游接待中所表现出的不足。这些数据充分说明案例区有良好的市场化生态补偿基础，存在较好的可实施性，游客愿意为生态产品和生态服务买单做出生态补偿。同时案例区在旅游接待过程表现出了一定的问题，表明两镇在旅游接待质量上存在着较大的提升空间。

（三）游客生态旅游消费结构

根据调研数据统计结果（见表 4–6）显示，在餐饮人均支出方面，两镇超过 95% 的游客消费均超过了 50 元，其中将近半数的游客餐饮消费在 150 元以上；在人均住宿支出方面，两个案例区50元以下只占到了3.9%和4.4%，其他消费区间的比例分布均匀，各个消费区间都有一定的人群分布；在交通人均支出方面，千家店仅7.4%的游客花费在50元以下，其余92.6%都消费在50元以上。这与千家店所处的地理位置有关，其处在延庆区的最东北部，这也反映出了千家店对远距离的游客也产生了强大吸引力。雁栖镇交通人均支出较均衡，说明对远近距离的游客都能产生一定的吸引力。在门票人均支出方面，两镇均有将近80%的游客花费在100元以下，这主要与两镇附近景点数和景点门票价格有关。

表4-6　游客生态旅游消费结构1

消费区间	餐饮人均支出 α/β	住宿人均支出 α/β	交通人均支出 α/β	门票人均支出 α/β
50元以下	5.0%/4.8%	3.9%/4.4%	7.4%/17.9%	24.0%/46.4%
50—100元	27.1%/29.4%	31.8%/14.3%	32.2%/40.1%	37.6%/30.2%
101—150元	22.9%/23.4%	24.0%/26.2%	29.8%/19.4%	11.6%/9.5%
150元以上	45.0%/42.5%	26.4%/36.9%	30.6%/22.6%	12.4%/9.9%
不住宿/没有门票		14.0%/18.3%	—	14.3%/4.0%

注：比例 α 为千家店数据，比例 β 为雁栖镇数据。

由表4-7可知，从购买当地农产品消费比例来看，两镇将近80%的人都没有消费到100元。在交谈中可知，这些游客基本上都没有购买任何当地农产品。根据游客陈述，主要是因为当地没有什么特别值得买的农产品，反映出两镇在发展和丰富乡村旅游、生态旅游经济产业链方面的薄弱甚至缺失。在游玩娱乐支付方面，游客同样表示没有任何娱乐游玩项目，旅游娱乐设施供给空白。最后从人均总花费来看，消费在500元以上的游客分别只占到了21.3%和26.6%，可以看出游客在当地消费水平极低。

表4-7　游客生态旅游消费结构2

消费区间	购买农产品人均支出 α/β	游玩娱乐上人均支出 α/β	人均总花费 α/β
100元以下	77.9%/79.4%	57.0%/54.0%	5.8%/11.5%
101—300元	15.1%/14.3%	28.3%/34.5%	43.4%/34.5%
301—500元	3.9%/4.4%	8.9%8.3%	29.5%/27.4%
500元以上	3.1%/2.0%	5.8%/3.2%	21.3%/26.6%

注：比例 α 为千家店数据，比例 β 为雁栖镇数据。

总结来看，两镇游客整体消费水平偏低，说明居民提供的旅游产品和旅游服务存在质量或者是数量的不足，没有刺激起游客的购买欲望。第一层次的生态补偿效果不太乐观，生态补偿价值并未足够实现。因此，居民亟须改进生态旅游产品质量，提升生态旅游服务，进入第二层次的生态旅游补偿，创造利益相关方效益最大化。再观察游客的消费结构，主要支出在饮食、住宿和交通三方面，其他旅游产品消费较少，从侧面反映出游客在这三方面的需求呈现刚性，生态需求也更明显。而且，游客支出比重最大的三项消费内容均是旅游必需品的消费，所以进一步可以看出两镇在丰富生态旅游产品类型方面存在严重的缺陷，这也是未来市场化生态补偿进程中迫切需要改善的问题。

（四）游客生态补偿意愿

本研究设计了具体的问卷对生态受益者的补偿意愿进行调查。前文数据显示，千家店和雁栖镇分别有 90.7%、86.9% 的游客表示愿意为案例区的生态环境保护做出贡献。所以，接下来的问卷结果是基于游客自愿为他们享受到的更优的生态福利进行生态补偿。假设在基于游客原有的消费基础上，如果当地居民、当地政府，以及交通部门等为保护生态环境，实现可持续生态发展，在旅行六要素——食住行游购娱等六方面提供更为绿色健康、环保节能的旅游产品和旅游服务，旅游者分别愿意额外支付多少钱。由于案例区并无成熟的娱乐设备设施和系统的娱乐活动，因此补偿意愿调查并未包括这一项。

1. *游客生态补偿支付意愿*

国内外对游客生态补偿 WTP 的计算方法普遍为条件价值评估法（CVM）。该法是通过对目的地游客直接进行调查，了解游客对生态环境的支付意愿或对生态旅游产品和旅游服务的选择意愿，以此评估生态系统服务功能的价值。根据调查过程中对数据获取的方式不同，以及结果处理分析的途径不同，这种方法又可区分为优先评价法、投标博弈法、比较博弈法和特尔菲法。这些方法更多适用于缺乏实际市场行为和替代市场行为对象的价值评估，特别是对公共资源或者是难以有形分割的自然资源（如水、空气、草皮植被、土地等）的价值评估。由于众多自然环境物品以及自然生态服务系统具有公共物品的属性，要获得其经济价值就需要使用到非市场物品或服务的价值评估技术。条件价值评估法是非市场价值评估技术中应用最广、影响最大的一种方法，这种方法不仅能评估某个对象的使用价值，而且能评估其非使用价值。张翼飞等通过条件价值评估研究了人们对非市场物品的支付意愿[187]，郑海霞等利用条件价值评估法进行了流域环境服务经济价值的评估[188]，陈琳等甚至认为条件价值评估法是用于环境物品和服务价值评估的唯一方法[189]。1979年和1986年，CVM法先后获得美国水利部和内政部的许可，被作为公共物品资源经济价值预估的方法之一纳入法规。尽管生态服务系统功能的价值是一个不断自我翻新、持续增值的动态过程，但是随着人口增长、资源的过度消耗、空气和水等的环境污染导致的环境恶化、城市化水平不断提高，生态环境亟须得到人们的重视和保护。这其中对生态环境的价值观和环境保护的支付意愿会受到社会文明程度、人们自身素质和收入水平的影响。条件价值评估法是通过离散变量WTP的数学期望公式来计算：$E(\text{WTP})=\sum_{i=1}^{n}A_iP_i$，其中，$A_i$为投标数值，$P_i$为受访者选择这个数值的概率，$n$为可供选择的投标数。这类方法的问卷设计采用生态补偿的具体支付额度值，然而本研究的问卷设计采用意愿支付区间的形式进行统计，计算方法略有区别。

（1）千家店游客生态补偿意愿

千家店旅游生态补偿游客支付意愿分析如表4-8所示。

表4-8 千家店旅游生态补偿游客支付意愿分析

消费结构	选项	指标量	额外支付对象	选项	指标量
餐饮人均支出	50以下	26	餐饮人均支出	10%以下	138
	50—100元	140		10%—30%	258
	101—150元	118		30%—50%	96
	150元以上	232		50%以上	24
住宿人均支出	50元以下	20	住宿人均支出	10%以下	156
	50—100元	140		10%—30%	276
	101—150元	118		30%—50%	28
	150元以上	232		50%以上	6
交通人均支出	50元以下	38	交通人均支出	10%以下	182
	50—100元	166		10%—30%	262
	101—150元	154		30%—50%	58
	150元以上	158		50%以上	14
门票人均支出	50元以下	124	门票人均支出	10%以下	248
	50—100元	194		10%—30%	234
	101—150元	60		30%—50%	26
	150元以上	64		50%以上	8

续表

消费结构	选项	指标量	额外支付对象	选项	指标量
购物人均支出	50 元以下	402	购物人均支出	10% 以下	178
	50—100 元	78		10%—30%	234
	101—150 元	20		30%—50%	90
	150 元以上	16		50% 以上	14

将表 4–8 数据运用微积分方法计算出游客在千家店旅游消费结构和具体消费额度，同时在为生态环境做贡献的目标下，相关旅游产业均采用新型旅游环保能源、食品、低耗能原材料、低污染旅游商品进行生产销售，计算出游客在旅游过程中愿意为此额外支出的费用比例。将增加的费用比例基于游客消费数值之上计算出愿意额外支出的具体费用额度，再对各项额外支付的旅游费用进行相加，得到千家店旅游生态补偿的人均愿意额外支付总额。其中 150 元以上的区间平均取值 200 来计算，额外支付比例超过 50% 的平均取值 60% 来计算。

$$PF=\frac{1}{516}\left(\int_{0}^{50}26dx+\int_{50}^{100}140dx+\int_{100}^{150}118dx+200\times232\right)=117$$

$$PA=\frac{1}{516}\left(\int_{0}^{50}20dx+\int_{50}^{100}164dx+\int_{100}^{150}124dx+200\times136\right)=83$$

$$PTR=\frac{1}{516}\left(\int_{0}^{50}38dx+\int_{50}^{100}166dx+\int_{100}^{150}154dx+200\times158\right)=96$$

$$PT=\frac{1}{516}\left(\int_{0}^{50}124dx+\int_{50}^{100}194dx+\int_{100}^{150}60dx+200\times64\right)=61$$

$$PB=\frac{1}{516}\left(\int_{0}^{50}402dx+\int_{50}^{100}78dx+\int_{100}^{150}20dx+200\times16\right)=55$$

$$PF\%=\frac{1}{516}\left(\int_{0}^{0.1}138dx+\int_{0.1}^{0.3}258dx+\int_{0.3}^{0.5}96dx+0.6\times24\right)=19.2\%$$

$$PA\%=\frac{1}{516}\left(\int_{0}^{0.1}156dx+\int_{0.1}^{0.3}276dx+\int_{0.3}^{0.5}28dx+0.6\times6\right)=15.5\%$$

$$PTR\%=\frac{1}{516}(\int_0^{0.1}182dx+\int_{0.1}^{0.3}262dx+\int_{0.3}^{0.5}58dx+0.6\times14)=17.6\%$$

$$PT\%=\frac{1}{516}(\int_0^{0.1}248dx+\int_{0.1}^{0.3}234dx+\int_{0.3}^{0.5}26dx+0.6\times8)=15.8\%$$

$$PB\%=\frac{1}{516}(\int_0^{0.1}178dx+\int_{0.1}^{0.3}234dx+\int_{0.3}^{0.5}90dx+0.6\times14)=17.6\%$$

$$WTP=PF\times PF\%+PA\times PA\%+PTR\times PTR\%+PT\times PT\%+PB\times PB\%$$
$$=117\times19.2\%+83\times15.5\%+96\times17.6\%+61\times15.8\%+55\times17.6\%=71.54（元）$$

由上述计算结果可知，游客在餐饮、住宿、交通、门票、购物方面愿意额外支付的费用分别为22.46元、12.87元、16.90元、9.64元、9.68元，总愿意额外支付费用为71.54元。

（2）雁栖镇游客生态补偿意愿

雁栖镇旅游生态补偿游客支付意愿分析如表4-9所示。

表4-9　雁栖镇旅游生态补偿游客支付意愿分析

消费结构	选项	指标量	额外支付对象	选项	指标量
餐饮人均支出	50元以下	24	餐饮人均支出	10%以下	146
	50—100元	148		10%—30%	266
	101—150元	118		30%—50%	56
	150元以上	214		50%以上	36
住宿人均支出	50元以下	114	住宿人均支出	10%以下	174
	50—100元	72		10%—30%	260
	101—150元	132		30%—50%	44
	150元以上	186		50%以上	26
交通人均支出	50元以下	90	交通人均支出	10%以下	198
	50—100元	202		10%—30%	234
	101—150元	98		30%—50%	46
	150元以上	114		50%以上	26

续表

消费结构	选项	指标量	额外支付对象	选项	指标量
门票人均支出	50 元以下	234	门票人均支出	10% 以下	270
	50—100 元	152		10%—30%	190
	101—150 元	48		30%—50%	26
	150 元以上	50		50% 以上	18
购物人均支出	50 元以下	400	购物人均支出	10% 以下	184
	50—100 元	72		10%—30%	226
	101—150 元	22		30%—50%	56
	150 元以上	10		50% 以上	38

采取与上文同样的计算方法，其中 150 元以上的区间平均取值 200 来计算，额外支付比例超过 50% 的平均取值 60% 来计算。计算公式为：

$$PF=\frac{1}{504}(\int_{0}^{50}24dx+\int_{50}^{100}148dx+\int_{100}^{150}118dx+200\times214)=114$$

$$PA=\frac{1}{504}(\int_{0}^{50}114dx+\int_{50}^{100}72dx+\int_{100}^{150}132dx+200\times186)=105$$

$$PTR=\frac{1}{504}(\int_{0}^{50}90dx+\int_{50}^{100}202dx+\int_{100}^{150}98dx+200\times114)=84$$

$$PT=\frac{1}{504}(\int_{0}^{50}234dx+\int_{50}^{100}152dx+\int_{100}^{150}48dx+200\times50)=63$$

$$PB=\frac{1}{504}(\int_{0}^{50}400dx+\int_{50}^{100}72dx+\int_{100}^{150}22dx+200\times10)=53$$

$$PF\%=\frac{1}{504}(\int_{0}^{0.1}146dx+\int_{0.1}^{0.3}266dx+\int_{0.3}^{0.5}56dx+0.6\times34)=19.7\%$$

$$PA\%=\frac{1}{504}(\int_{0}^{0.1}174dx+\int_{0.1}^{0.3}260dx+\int_{0.3}^{0.5}44dx+0.6\times26)=18.6\%$$

$$PTR\%=\frac{1}{504}(\int_{0}^{0.1}198dx+\int_{0.1}^{0.3}234dx+\int_{0.3}^{0.5}46dx+0.6\times26)=18.1\%$$

$$PT\%=\frac{1}{504}(\int_{0}^{0.1}270dx+\int_{0.1}^{0.3}190dx+\int_{0.3}^{0.5}26dx+0.6\times18)=16.1\%$$

$$PB\%=\frac{1}{504}(\int_{0}^{0.1}184dx+\int_{0.1}^{0.3}226dx+\int_{0.3}^{0.5}56dx+0.6\times38)=19.4\%$$

$$WTP= PF\times PF\%+ PA\times PA\%+ PTR\times PTR\%+ PT\times PT\%+ PB\times PB\%$$
$$=114\times19.7\%+105\times18.6\%+84\times18.1\%+63\times16.1\%+53\times19.4\%=77.6\text{（元）}$$

由上述计算结果可知，游客在餐饮、住宿、交通、门票、购物方面愿意额外支付的费用分别为 22.46 元、19.53 元、15.20 元、10.14 元、10.28 元，总愿意额外支付费用为 77.6 元。

2. 案例区生态补偿支付意愿差异分析

首先，参照国际研究成果，一般生态补偿意愿额度值为 30—80 元，两个案例区的游客生态补偿意愿值都在正常范围之内，表示本研究的统计结果有一定的科学性和准确性，具有研究参考价值。

其次，两者虽然存在差别，生态补偿意愿额度值分别为 71.54 元和 77.6 元，但是差别不大。分析其中的原因，从案例区的角度来说，两个案例区都遵循着类似的发展模式，即乡村旅游与生态旅游相结合，而且，两镇经济发展水平、生产生活消费水平、旅游接待经营内容等大体类似；从游客角度来说，旅游者选择两个案例区的目的都几近相同。据数据调查显示，千家店和雁栖镇超过 90% 的游客前来两地旅游的原因均为欣赏自然山水、户外休闲和体验农家乐。

最后，存在略微差别的原因，一方面是因为两个案例区游玩主体不同，两地的游客互不相同，毫无联系；另一方面是因为两个案例区在资源禀赋、生态环境吸引力和环境质量、当地居民的服务水平和热情程度等方面存在一定的差异。

3. 游客基本特征对补偿支付意愿的影响分析

（1）人口统计学常量对生态环境认知的影响分析——千家店

就千家店调研数据，对人口统计学常量中的性别、年龄、学历、收入与生态环境认知的关系采用独立样本 t 检验进行分析，结果如表 4–10 所示。从表中可以看出，对不同性别的检验结果显示，生态认知维度 4、5、6、7 所得 P 值均大于 0.05，由此可得性别要素对这四方面的影响是很小的。对不同年龄的检验结果显示，只有生态认知维度 3（$p=0.083$）的 P 值均大于 0.05，其他维度 P 值均小于 0.05，代表其他维度有“很强证据”不利于原假设，即拒绝原假设。说明除了维度 3，年龄不同对生态环境认知具有显著性差异；对不同学历的检验结果显示，除了维度 2 和维度 5，其他维度 P 值均小于 0.05，说明学历的不同对这些生态认知维度存在着显著差异；对不同收入的检验结果显示，生态认知维度 2、3、5 检验 P 值大于 0.05，说明不同收入在这些维度上没有显著差异，然而维度 1、4、6、7 检验 P 值均小于 0.05，说明不同收入在这些维度上存在显著差异。

表4-10　人口统计学常量对生态环境认知的影响分析——千家店

p值Sig.（2-tailed）	生态认知维度1	生态认知维度2	生态认知维度3	生态认知维度4	生态认知维度5	生态认知维度6	生态认知维度7
性别	0.034	0.044	0.042	0.086	0.064	0.587	0.179
年龄	0.000	0.043	0.083	0.000	0.001	0.035	0.007
学历	0.000	0.275	0.001	0.000	0.544	0.005	0.028
收入	0.018	0.123	0.252	0.002	0.716	0.003	0.000

注：

生态认知维度 1：在日常生活中对生态环境的关注程度；

生态认知维度 2：对该地区整体生态环境满意程度；

生态认知维度 3：对该地区生态环境进行保护的重要程度；

生态认知维度 4：该地区生态环境好坏对游客来此出游的影响程度；

生态认知维度 5：为改进当地生态环境做贡献的意愿程度；

生态认知维度 6：对该地旅游接待服务质量满意程度；

生态认知维度 7：对该地旅游设施满意程度。

根据各个生态认知维度对应的具体指标，进一步分析得出以下结论。

关于性别要素，它对生态认知如下四方面的影响很小，分别是环境影响出游程度、愿意做贡献程度、服务质量满意程度、旅游设施满意程度。也就是说，性别的差异主要起的作用一是在日常生活中对生态环境的关注程度，性别不同对环境的关注程度也不尽相同；二是对该地区生态环境满意程度，性别的差异造成对当地生态环境的期望值不同，导致最终满意度不同；三是对该地区生态环境进行保护的重要程度认识不同。根据调研结果可知，男性相比女性而言，其对生态环境的关注程度和生态环境保护重要性的认识程度更高；在生态环境满意程度方面，女性满意度更高。因为性别的不同而导致的思维方式和关注重点的差异是产生不同结果的主要原因。

关于年龄要素，它的差异在对该地区生态环境进行保护的重要程度的认识上无影响，然而在关注程度、环境满意程度、环境影响出游程度、愿意做贡献程度、服务质量满意程度接待设施满意程度方面均存在着较大的作用力，年龄不同，这六方面的生态认知也不尽相同。年龄越大的游客（如中年人、老年人）对环境的关注程度越高，愿意做贡献的积极性也越高，年龄偏小的游客在这两方面的感受不太明显。在剩余四个因素方面，它们对年龄较小的游客影响较大，中年人和老年人在这四方面感受不太明显。这其中的原因主要是年龄的不同导致认知、习惯、观念上的差异，进而产生不同的影响结果。

关于学历要素，它的差异对环境满意程度、愿意做贡献程度无影响，在关注程度、生态环境进行保护的重要程度、环境影响出游程度、服务质量满意程度以及接待设施满意程度五方面的生态认知上存在着明显区别。学历较高的游客，在关注程度、生态环境进行保护的重要程度、环境影响出游程度、服务质量满意程度以及接待设施满意程度五方面取值均较高；学历较低的游客，在这五方面的取值偏低。学历影响着游客的观念和认知，以及自身参与环保的主动性与积极性，而且未来国民整体学历水平会提升，在环境保护和旅游服务质量方面，需要不断加以提升以期应对未来更高层次的需求。

关于收入要素，它对环境满意程度、生态环境进行保护的重要程度以及愿意做贡献程度三方面的生态认知影响不大，在关注程度、环境影响出游程度、服务质量满意程度以及接待设施满意程度四方面的生态认知上存在着明显的区别。收入越高的游客对环境的关注程度、环境影响出游程度取值越高，然而收入越低的游客对服务质量满意程度以及接待设施满意程度两方面取值越高。收入的差异导致游客游玩质量和旅行期望的不同，收入越高的游客对旅游质量要求更高，收入越低的游客关注重点较狭窄，所以对环境的关注程度不如收入较高的游客明显。

（2）人口统计学常量对生态补偿支付意愿的影响分析——千家店

对人口统计学常量中的性别、年龄、学历、收入与生态补偿意愿的关系采用独立样本 t 检验进行分析，结果如表 4–11 所示。从表中可以看出，对不同性别的检验结果显示，所得 P 值均小于 0.05，由此可得性别要素对生态补偿意愿的影响很大，不同性别对生态补偿意愿上存在显著差异。对不同年龄的检验结果显示，只有维度 6 的检验 P 值小于 0.05（P=0.004），说明不同的年龄只对维度 6 存在显著差异。对不同学历的检验结果显示，只有维度 3 的检验 P 值大于 0.05（P=0.155），说明学历对维度 3 的影响很小，对其他维度均存在显著差异。对不同收入的检验结果显示，只有维度 1 的检验 P 值大于 0.05（p=0.118），说明学历对维度 1 的影响很小，对其他维度均存在显著差异。

表4-11　人口统计学常量对生态补偿支付意愿影响分析——千家店

*p*值Sig.（2-tailed）	生态补偿意愿维度1	生态补偿意愿维度2	生态补偿意愿维度3	生态补偿意愿维度4	生态补偿意愿维度5	生态补偿意愿维度6
性别	0.002	0.000	0.001	0.012	0.003	0.028
年龄	0.157	0.160	0.178	0.180	0.172	0.004
学历	0.001	0.000	0.155	0.043	0.002	0.016
收入	0.118	0.002	0.000	0.000	0.000	0.000

注：

生态补偿意愿维度1：人均预期消费；

生态补偿意愿维度2：为改善该生态景观和环境而提高门票价格愿意额外支付程度；

生态补偿意愿维度3：当地居民使用天然绿色食材，在餐饮支出上愿意额外支付程度；

生态补偿意愿维度4：当地在住宿设施上使用节能环保型产品，在住宿上愿意额外支付程度；

生态补偿意愿维度5：当地使用电车、天然气车等相对绿色能源交通，愿意额外支付程度；

生态补偿意愿维度6：当地居民生产天然绿色农副产品，在农产品购买上愿意额外支付程度。

根据各个生态补偿意愿维度对应的具体指标，进一步分析得出以下结论。

关于性别要素，它对生态补偿意愿各个维度的影响都很大，性别的差异在对生态补偿意愿上存在着明显的不同。男性相比女性游客而言，人均预期消费、为改善生态景观环境而提高门票价格的支付意愿、在住宿和交通方面愿意额外支付程度四方面取值较高，女性游客取值偏低。在针对天然绿色食材和农副产品方面，女性游客相比男性游客而言具有更明显的额外支付意愿。可以看出，女性在食品安全方面较男性游客更为谨慎，期望更加强烈；但总体来说，男性游客生态补偿意愿程度更高，参与生态补偿意愿更积极。因此，千家店在未来旅游接待中应更加重视女性游客在食品安全方面的需求，同时全面加强生态环境建设。

关于年龄要素，它对生态补偿意愿的影响较小，相比性别要素极其不明显。年龄的差异只对在农产品购买愿意额外支付程度方面产生影响，对生态补偿意愿的其他维度影响不显著。年纪偏大的中老年游客相比年龄偏小的青少年游客而言，在农产品购买意愿上表现更为突出，他们对天然绿色农副产品需求更为强烈，生态补偿额外支付意愿更为积极。因此，千家店在旅游农副产品和旅游服务供应链上应充分考虑到中老年游客的需求，适当开发拓展天然农副产品的生产和销售，并提高一定的价格进行生态补偿。

关于学历要素，其作用效应也是十分显著。除了在维度3，即在餐饮支出上愿意额外支付程度方面影响作用不大，对生态补偿意愿其他五个维度，学历不同意愿程度也不尽相同。学历越高的游客在人均预期消费、为改善生态景观环境而提高门票价格的支付意愿、在住宿和交通方面愿意额外支付程度以及对天然绿色农副产品愿意额外支付程度五个方面，额度值更高，作用更为明显。而学历较低的游客在这五方面的取值偏低，生态补偿意愿较为消极。这其中产生的差异源于学历的高低直接影响到游客的综合生态认知以及对参与环境保护重要性的认识，学历偏低的游客观念较为保守，综合素质偏低。

关于收入要素，如同学历和性别要素一般作用显著，除了维度 1，即人均预期消费方面差异不大，对生态补偿意愿其他五个维度，收入不同意愿程度也不尽相同。收入越高的游客在为改善生态景观环境而提高门票价格的支付意愿、在使用天然食材方面愿意额外支付程度、在住宿和交通方面愿意额外支付程度，以及对天然绿色农副产品愿意额外支付程度五方面，取值越高，预期参与更为积极。收入偏低的游客在这五方面的额外支付意愿相比收入更高的游客而言表现出一定的消极。收入越高的游客，可支配的自由收入更多，经济消费能力更强，因此更加具备对生态补偿的支付能力。

（3）人口统计学常量对生态环境认知的影响分析——雁栖镇

就雁栖镇调研数据，对人口统计学常量中的性别、年龄、学历、收入与生态环境认知的关系采用独立样本 t 检验进行分析，结果如表 4–12 所示。从表中可以看出，对不同性别的检验结果显示，除了生态认知维度 1 的 P 值小于 0.05，其他六个维度所得 P 值均大于 0.05，由此可得性别要素对维度 1 的影响较大，对其他六方面维度的影响很小。对不同年龄的检验结果显示，只有生态认知维度 1 和维度 6 的 P 值均小于 0.05，其他维度 P 值均大于 0.05，代表维度 1 和维度 6 有“很强证据”不利于原假设，即拒绝原假设，说明在维度 1 和维度 6，年龄不同对生态环境认知具有显著性差异；对不同学历的检验结果显示，除了维度 2，其他维度 P 值均小于 0.05，说明学历的不同对这些生态认知维度存在着显著差异；对不同收入的检验结果显示，生态认知维度 4、5 检验 P 值大于 0.05，说明不同收入在这些维度上没有显著差异，然而维度 1、2、3、6、7 的 P 值均小于 0.05，说明不同收入在这些维度上存在显著差异。

表4–12　人口统计学常量对生态环境认知的影响分析——雁栖镇

P值Sig.（2-tailed）	生态认知维度1	生态认知维度2	生态认知维度3	生态认知维度4	生态认知维度5	生态认知维度6	生态认知维度7
性别	0.002	0.400	0.382	0.308	0.471	0.384	0.568
年龄	0.000	0.427	0.387	0.477	0.631	0.049	0.856

续表

P值Sig.（2-tailed）	生态认知维度1	生态认知维度2	生态认知维度3	生态认知维度4	生态认知维度5	生态认知维度6	生态认知维度7
学历	0.000	0.200	0.002	0.013	0.006	0.025	0.003
收入	0.002	0.000	0.000	0.776	0.474	0.000	0.003

注：

生态认知维度 1：在日常生活中对生态环境的关注程度；

生态认知维度 2：对该地区整体生态环境满意程度；

生态认知维度 3：对该地区生态环境进行保护的重要程度；

生态认知维度 4：该地区生态环境好坏对游客来此出游的影响程度；

生态认知维度 5：为改进当地生态环境做贡献的意愿程度；

生态认知维度 6：对该地旅游接待服务质量满意程度；

生态认知维度 7：对该地旅游设施满意程度。

根据各个生态认知维度对应的具体指标，进一步分析得出以下结论。

关于性别要素，与千家店调研数据结果不同的是，其对生态认知维度 1 即对生态环境的关注程度作用明显。性别的差异主要起的作用是在日常生活中对生态环境的关注程度，性别不同对环境的关注程度也不尽相同，男性较女性而言，对环境的关注程度更高。性别对其他六方面维度的影响则不明显。雁栖镇游客在性别方面的差异总体来说对生态认知影响不大，而且整体生态认知程度较高。

关于年龄，与千家店调研数据结果也不尽相同。这一要素的差异只是对当地的生态环境关注程度和服务质量满意程度存在一定影响，然而环境满意程度、环境保护的重要程度、环境影响出游程度、愿意做贡献程度、以及接待设施满意程度五方面影响不太显著。年龄越大的中年、老年游客，其对生态环境的关注程度更高；年龄较小的青年游客对服务质量满意程度更高。这其中的原因是雁栖镇的老年游客对环境关注程度高、对环境质量要求高，而年轻的游客对旅游质量要求不太明显。因此未来雁栖镇的旅游发展，在接待中、老年游客对象上，服务需更严格更周到。

关于学历要素，统计结果与千家店大体相似。它的差异只对环境满意程度无影响，在关注程度、生态环境进行保护的重要程度、环境影响出游程度、愿意做贡献的程度、服务质量满意程度以及接待设施满意程度六方面的生态认知上存在着明显的区别。学历较高的游客，这六方面取值均较高；学历较低的游客，在这六方面的取值偏低。差异产生的原因如同千家店分析结果：学历影响着游客的观念和认知，以及自身参与环保的主动性与积极性。而且未来国民整体学历水平会提高，因此雁栖镇在环境保护和旅游服务质量方面，需要不断加以提升以期应对未来更高层次的需求。

关于收入要素，它对环境质量影响出游程度和愿意做贡献程度两方面的生态认知影响不大，在关注程度、环境满意程度、生态环境进行保护的重要程度、服务质量满意程度以及接待设施满意程度五方面的生态认知上存在着明显的区别。收入越高的游客，对环境关注程度、生态环境进行保护的重要程度认识越高，然而收入越低的游客对环境满意程度、服务质量满意程度以及接待设施满意程度三方面取值越高。收入的差异导致游客游玩质量和旅行期望的不同，收入越高的游客对旅游质量要求更高，收入越低的游客关注重点较狭窄，所以对环境的关注程度不如收入较高的游客那么明显。

（4）人口统计学常量对生态补偿支付意愿的影响分析——雁栖镇

对不同性别、年龄、学历、收入的生态补偿意愿得分进行独立样本 t 检验，结果如表 4-13 所示。对不同性别的检验结果显示，除了维度 1，其他维度 P 值均小于 0.05，由此可得性别要素对生态补偿意愿的影响很大，不同性别在生态补偿意愿上存在显著差异。对不同年龄的检验结果显示，只有维度 1 的 P 值大于 0.05（P=0.459），说明不同的年龄只对维度 1 不存在显著差异。对不同学历的检验结果显示，只有维度 1、2 的 P 值大于 0.05（P=0.137、P=0.186），说明除了维度 1 和维度 2，学历对其他维度均存在显著差异。对不同收入的检验结果显示，所有维度的 P 值小于 0.05，说明学历对生态补偿意愿的各个维度均影响较大。

表4-13　人口统计学常量对生态补偿支付意愿影响分析——雁栖镇

P值Sig.（2-tailed）	生态补偿意愿维度1	生态补偿意愿维度2	生态补偿意愿维度3	生态补偿意愿维度4	生态补偿意愿维度5	生态补偿意愿维度6
性别	0.723	0.000	0.000	0.010	0.000	0.000
年龄	0.459	0.000	0.000	0.002	0.001	0.000
学历	0.137	0.186	0.002	0.028	0.004	0.045
收入	0.046	0.000	0.000	0.000	0.001	0.000

注：

生态补偿意愿维度 1：人均预期消费；
生态补偿意愿维度 2：为改善该生态景观和环境而提高门票价格愿意额外支付程度；
生态补偿意愿维度 3：当地居民使用天然绿色食材，在餐饮支出上愿意额外支付程度；
生态补偿意愿维度 4：当地在住宿设施上使用节能环保型产品，在住宿上愿意额外支付程度；
生态补偿意愿维度 5：当地使用电车、天然气车等相对绿色能源交通，愿意额外支付程度；
生态补偿意愿维度 6：当地居民生产天然绿色农副产品，在农产品购买上愿意额外支付程度。

根据各个生态补偿意愿维度对应的具体指标，进一步分析得出以下结论。

关于性别要素，与千家店调研结果类似，除了维度 1 即人均预期消费无明显影响，其对生态补偿意愿其他各个维度的影响都很大，性别的差异在对生态补偿意愿上存在着明显的不同。男性相比女性游客而言，为改善生态景观环境而提高门票价格的支付意愿、在住宿和交通方面愿意额外支付程度三方面取值较高，女性游客取值偏低。在针对天然绿色食材和农副产品方面，女性游客相比男性游客而言具有更明显的额外支付意愿。结果与千家店一致，女性在食品安全方面较男性游客更为谨慎，期望更加强烈；但总体来说，男性游客生态补偿意愿程度更高，参与生态补偿意愿更积极。因此，雁栖镇在未来旅游接待中也应更加重视女性游客在食品安全方面的需求，同时全面加强生态环境建设。

关于年龄要素，调查结果与千家店不太一致，除了维度 1 即日常生活中对生态环境的关注程度无明显影响，其对生态补偿意愿其他各个维度的影响都很大，年龄的差异在对生态补偿意愿上存在着明显的不同。年纪偏大的中老年游客相比年龄偏小的青少年游客而言，在对天然绿色食材额外支付意愿和农产品购买意愿上表现更为突出，他们对食品产品的安全需求更为强烈，生态补偿额外支付意愿更为积极。在门票、交通和住宿三方面的额外支付意愿上，年龄较小的青少年游客表现更为积极。因此，与千家店相同，在旅游食品产品供应链上应充分考虑到中老年游客的需求，适当开发拓展天然农副产品的生产和销售。同时针对青少年游客，雁栖镇可适当开发出这类群体较易接受的生态旅游产品和旅游服务。

关于学历要素，其作用效应十分显著，除了在维度 1 和维度 2，即在人均预期消费和门票价格上愿意额外支付程度方面影响作用不大，对生态补偿意愿其他四个维度，学历不同意愿程度也不尽相同。学历越高的游客在使用天然食材方面愿意额外支付程度、在住宿和交通方面愿意额外支付程度、以及对天然绿色农副产品愿意额外支付程度四方面，生态补偿支付意愿更高。而学历较低的游客在这四方面的取值偏低，生态补偿意愿较为消极。这其中产生差异的原因一方面与千家店类似，源于学历偏低的游客观念较为保守，综合素质偏低；另一方面是雁栖镇景区门票价格较千家店景区更低，额外支付的增长幅度不太明显，因此雁栖镇游客对门票方面的预期差异不明显。

关于收入要素，与千家店调研数据结果大体一致，它对生态补偿意愿各个维度的影响都很大，收入的差异在对生态补偿意愿上存在着明显的不同。收入越高的游客在人均预期消费、为改善生态景观环境而提高门票价格的支付意愿、在使用天然食材方面愿意额外支付程度、在住宿和交通方面愿意额外支付程度，以及对天然绿色农副产品愿意额外支付程度六方面取值越高，预期参与更为积极。收入偏低的游客在这六方面的额外支付意愿相比收入更高的游客而言表现出一定的消极。其中原因与千家店分析结果相同：收入越高的游客，可支配的自由收入更多，经济消费能力更强，因此更加具备对生态补偿的支付能力。

4. 其他因素对游客补偿支付意愿的影响分析

除了游客基本特征对生态补偿支付意愿存在影响之外，其他因素如个人对当地的喜欢程度、当地居民的友好程度、当地是否认证为著名的生态旅游区、生态补偿组织方式等也对游客生态补偿支付意愿存在着较为明显的影响。因为游客的支付意愿不仅仅受到自身需求的影响，交易过程的完成还受到其他外在如交易环境、交易对象、交易产品的质量以及交易方式等多方面的共同作用影响。因此，在对案例区进行调研的同时也对这方面的数据进行了收集和统计。统计结果如图 4-6 和图 4-7 所示。

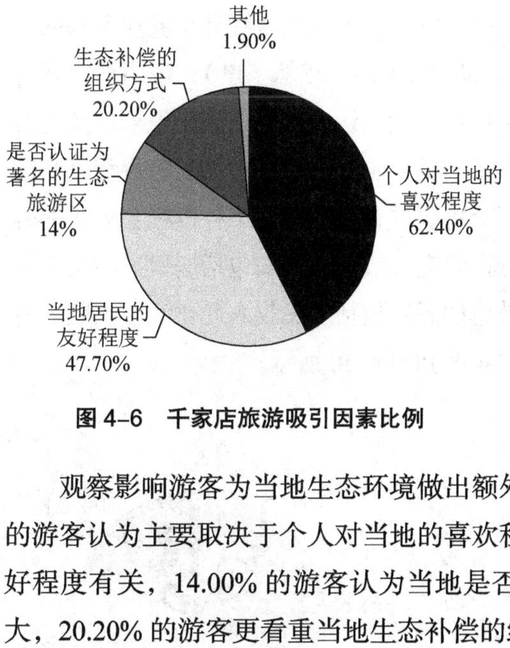

图 4-6　千家店旅游吸引因素比例

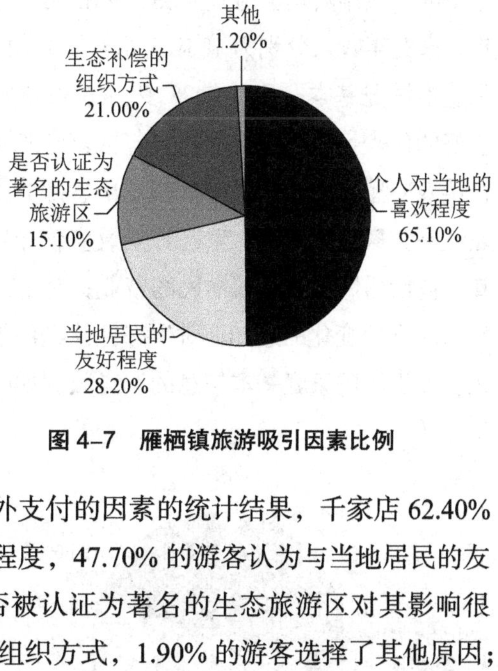

图 4-7　雁栖镇旅游吸引因素比例

观察影响游客为当地生态环境做出额外支付的因素的统计结果，千家店 62.40% 的游客认为主要取决于个人对当地的喜欢程度，47.70% 的游客认为与当地居民的友好程度有关，14.00% 的游客认为当地是否被认证为著名的生态旅游区对其影响很大，20.20% 的游客更看重当地生态补偿的组织方式，1.90% 的游客选择了其他原因；雁栖镇 65.10% 的游客认为主要取决于个人对当地的喜欢程度，28.20% 的游客认为与当地居民的友好程度有关，15.00% 的游客认为当地是否被认证为著名的生态旅游区对其影响很大，21.00% 的游客更看重当地生态补偿的组织方式，1.20% 的游客选择了其他原因。综合两个案例区的结果来看，超过 60% 的游客均认为个人对当地的喜欢程度会影响其对当地环境做出额外生态补偿的支付意愿；几近 20% 的游客认为更会看中当地生态补偿组织方式，47.70% 和 28.20% 的游客认为当地居民是否友好会影响其对当地的补偿意愿。

四、市场化生态补偿影响因素分析——居民因素

（一）居民样本统计情况

本研究采用参与性居民评估方法（PRA）进行居民调查以获取相关数据。分别在千家店选取 2 个村、雁栖镇选择 1 个村，每村抽取 25—35 户，每户调查时间为 1 小时。调查中主要由当地居民户主回答问题，其他家庭成员进行补充。由于这两镇居民数量有限，所以最终千家店和雁栖镇分别选择发放问卷 70 份和 40 份，剔除无效问卷，收回有效问卷分别为 65 份和 37 份。虽然获取的问卷数量有限，但据调查数据显示，样本户的户主年龄均值分别 47.82 岁和 46.56 岁，家庭规模分别为 3.82 人 / 户和 3.56 人 / 户，家庭年收入分别为 10 425 元 / 人和 12 208 元 / 人，这与当地统计年鉴所反映的居民基本情况基本一致（47.78 岁、46.60 岁，3.80 人 / 户、3.55 人 / 户），说明样本具有较好的代表性。调查内容主要包括家庭基本信息、生态认知、生态受偿意愿以及生态补偿效应感知四部分。家庭基本信息部分主要包括户主年龄、劳动力受教育程度和就业状态、家庭收入等；生态补偿效应感知部分主要调查居民对生态补偿社会效应的感知，包括居民的观念及居民的就业；对生态补偿生态效应的感知包括居民参与生态补偿后对环境变化的感知；对生态补偿经济效应的感知包括居民收入变化和非农收入变化。关于居民家庭基本信息的调查数据如图 4-8 和图 4-10 所示。

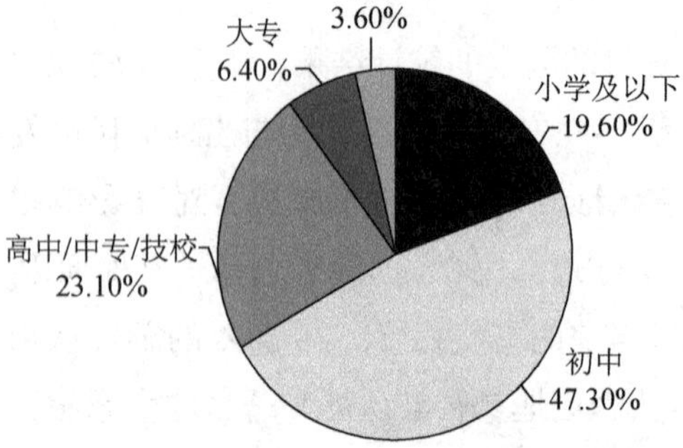

图 4-8　千家店居民学历情况

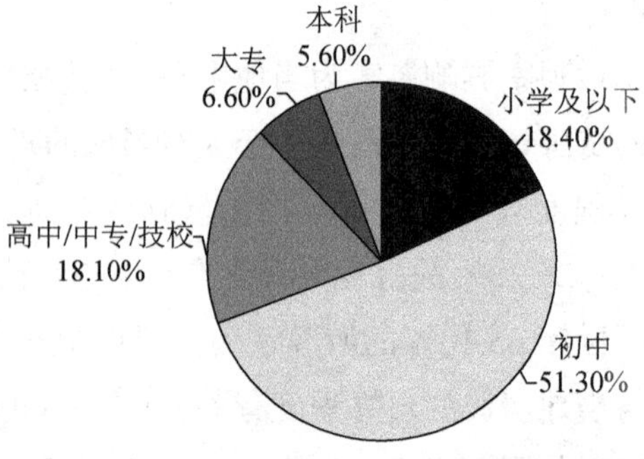

图 4-9　雁栖镇居民学历情况

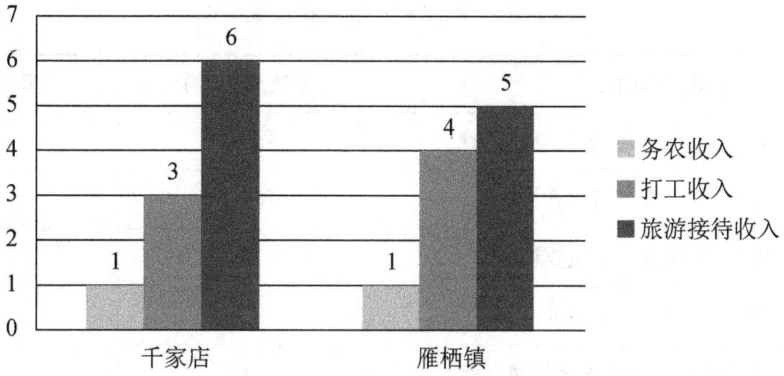

图 4-10　两镇居民家庭收入来源比例

从统计结果来看，两个案例区户主学历层次偏低，将近 65% 的居民学历在初中及以下，高中 / 中专 / 技校学历的居民比例将近 20%，将近 10% 的居民学历层次为大专及本科，这其中还包括租赁居民。由于居民文化素质普遍偏低，考虑到他们对生态旅游及生态补偿的理解及认识不足，调研人员在案例区进行调研数据统计之前，对居民均进行了详细的解释说明。关于两个案例区居民收入组成情况，千家店和雁栖镇居民收入来源均为三个组成部分：务农收入、打工收入、旅游接待收入。千家店和雁栖镇居民收入组成比例分别为：1∶3∶6；1∶4∶5。可见务农收入占比最低，主要收入来源还是打工收入和旅游接待收入。关于务农收入偏低的原因据访问得知，千家店是因为每户个人耕地面积不足 2 分地，一般种植物为玉米和蔬菜，收入极其微薄；雁栖镇情况大体相同，但雁栖镇居民享有山地野生板栗售卖权，收入较千家店相比略高。

（二）居民生态环境认知

基于居民关于生态环境的认知是居民生态补偿影响因素之一，对其进行研究与分析极具意义和价值。居民对生态的认知直接影响到其在市场化生态补偿过程中的参与程度与参与积极性，为未来市场化生态补偿的实施提供环境支撑性参考。本研究在设计案例区市场化补偿实现的思路上，首先调查了居民对生态概念的基本认知，包括日常生活中对生态环境的关注程度、对本地生态环境的满意程度、对本地生态环境保护的重要性、本地生态环境与个人生活关系的密切程度、是否愿意为改进本地生态环境做出贡献、在旅游接待中您自认为自己服务质量如何以及对本地旅游设施条件的评价 7 个维度。调查结果如表 4-14 所示。

表4–14　案例区居民生态认知统计

生态认知维度	千家店（%）	雁栖镇（%）
日常生活中对生态环境关注程度	89.7	88.2
对本地区整体生态环境满意程度	82.3	88.5
对本地生态环境保护的重要程度	96.6	97.1
本地生态环境与个人生活关系的密切程度	97.1	98.2
您是否愿意为改进本地生态环境做贡献	88.4	88.2
在旅游接待中您自认为自己服务质量如何	90.9	92.6
您觉得本地旅游设施条件如何	77.1	80.6

注：每个维度设计 5 个由强到弱的答案梯度，表中数据为前两个梯度百分比之和。

从表中数据可以分析得出，居民生态觉悟及生态意识较高，几近 90% 的游客都认为对本地区的生态环境保护极为重要，而且千家店和雁栖镇分别有 88.4%、88.2% 的居民比例表示愿意为本地区的生态环境保护做出贡献。据千家店下湾村一位村民说道："生态环境需大力加强治理，村里的垃圾、建筑垃圾、马路垃圾，挖化粪池之后就放那儿。我还是比较愿意牺牲自己的利益来共同做环境治理。还有路边花、草啥的该种就种，美化下环境。"从对千家店和雁栖镇整体生态环境的满意程度来看，分别有 82.3%、88.5% 的居民表示满意，也分别有超过 10% 的居民表示不满意及特别不满意，据交谈可知，一是因为居民认为游客的到来对他们的生活环境、自然环境造成了一定程度负面影响，二是因为案例区不科学的旅游开发破坏了当地生态环境平衡。下湾村另一位村民说道："应该由湖水带动发展旅游的，可是湖旁边还建了好些房子，养鲈鱼，把荷花都吃没了。"两镇均有超过 98% 以上的居民表示本地生态环境与他们个人生活的关系很密切，比例统计结果显示了生态补偿的实现具有良好的实现基础。在旅游接待服务质量和旅游设施满意度方面，很大一部分比例的居民选择了一般，极少比例的居民感觉非常满意，这与游客生态认知调查结果一致。由于旅游接待设施的不足以及旅游产品和旅游服务形式与内容的单一，明显降低了游客和居民在这方面的满意程度。雁栖镇官地村和千家店几位村民共同提出了一点具有建设性的意见，其中一位村民说道："咱们这应该搞个特殊经济，比方说把现在满山的杏子树改成李子（树）、枣子树啥的，搞个季节性采摘，平谷弄桃弄得挺不错的，五月底一直到十月份。"村民表达出来的想法从另一方面也反映出了当前案例区发展生态旅游所表现出的问题，这也是当下案例区未来生态补偿实施过程中亟须重视和关注的问题。就居民生态认知统计结果总体评价来说，居民愿意为提升生态产品和生态服务质量做出努力，表明未来市场化生态补偿中居民参与积极性还是值得肯定与期待的，居民的支持对市场化生态补偿的实现起着巨大的推动作用，同时也保证了补偿过程存在较好的可实施性。就目前生态旅游接待情况来看，第一层次的生态补偿过程存在一定的问题，这也表明两镇在旅游接待质量上存在着较大的提升空间。

（三）居民受偿意愿研究

1. *居民受偿意愿分析*

通过实地走访、访谈发现，案例区居民对发展生态旅游存在一定程度上的支持意愿。在问到他们对于本地发展生态旅游业的支持态度如何，超过 90% 的居民表示愿意支持家乡生态旅游的发展，极少比例的居民表示无想法或者是反对。在调查他们关于对从事本地生态旅游服务的机会时，千家店和雁栖镇分别有 78% 和 82% 的居民表示参与机会很大，说明居民对未来生态补偿发展模式较为乐观。案例区居民的发展生态旅游态度意愿的数据调查统计如图 4-11 和图 4-12 所示。

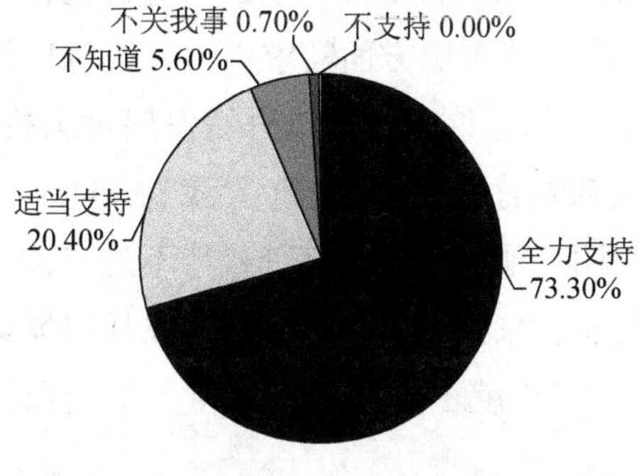

图 4-11　千家店居民对生态旅游支持态度

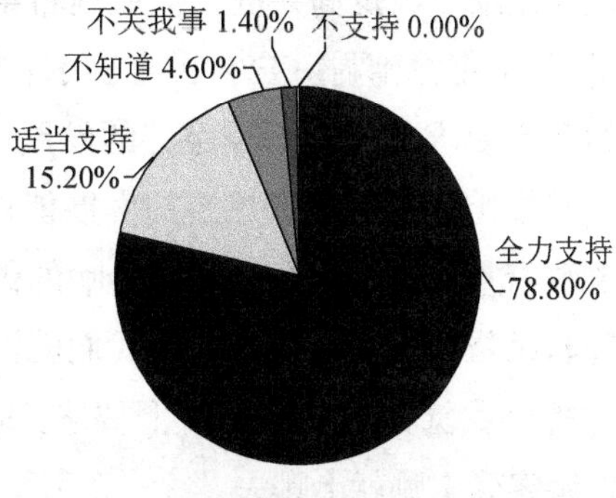

图 4-12　雁栖镇居民对生态旅游支持态度

在问到关于未来生态补偿市场化的发展形势下，他们最想从事哪种类型的旅游服务工作时，两个案例区将近 90% 的居民都表示想从事餐饮业和住宿业。然而关于其他方面如交通运输、景区服务与管理、农副产品销售以及提供娱乐休闲（如漂流、钓鱼、攀岩）等方面意愿不强烈。一方面是由于居民自身知识和管理水平的限制导致其无法从事景区管理工作；另一方面是由于居民对这些产业的认识还不够，尚不清楚如何开展娱乐休闲活动；最后是由于当下案例区这方面产业供给空白，尚未形成游客需求，居民缺乏敏锐的市场洞察力。生态补偿目的下居民意愿从事的生态旅游职业方向比例如图 4–13 和图 4–14 所示。

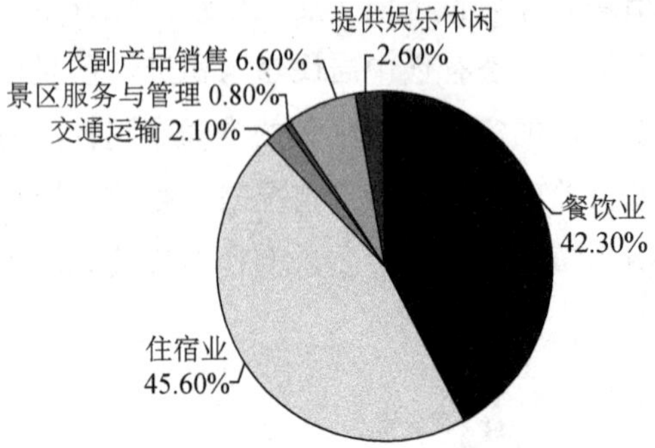

图 4–13　千家店居民意愿从事职业比例

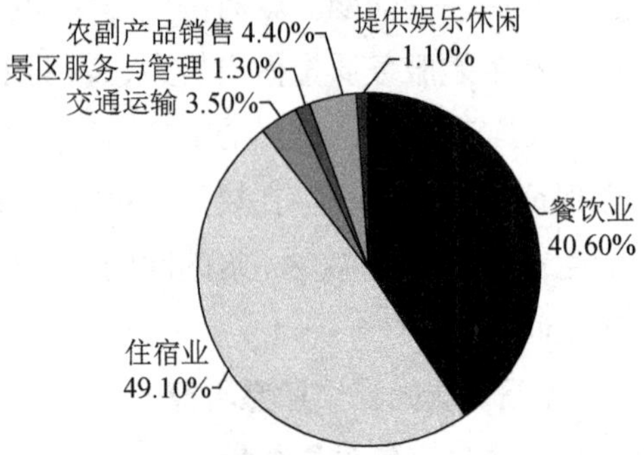

图 4–14　雁栖镇居民意愿从事职业比例

在生态受偿意愿方面，据实地走访结果显示，居民对实际受偿似乎并没有强烈的需求，他们普遍的心声都是集中在政府对当地生态旅游功能的规划和提升方面，并表示自己会不遗余力地加入生态环境建设和保护当中去。其中一位下湾村的村民这样说道："我如果做旅游的话还是比较会选旅游住宿，也不太奢望游客会额外给我多少钱，不给也行，毕竟我卖生态产品也是为咱们村子好，对自己的旅游接待也有改进和创新，我挺高兴的，但就是希望政府能把咱们村硬件、娱乐啥的再整整就很好了。"下德龙湾村一户村民也表示："对生态受偿意愿方面需求不大，毕竟这是国家的政策要求，也是当今旅游的发展趋势，我们应该主动响应号召发展生态旅游，只是希望咱们村的生态旅游的发展能做到健康有序。"他还说道："我觉着呢，这就需要政府宣传，成立个民俗协会啥的做调节用，他们下边游客都接待不过来，就去隔壁非民俗户家住去了，导致我们就没有游客上来，这个村就是这个风俗习惯最不好。所以我觉得应该严格按照要求来，非民俗户就不能做旅游接待，不能强行硬拉，游客爱上哪就上哪去。"

从对众多户居民的实地走访结果来看，居民对生态保护有着一定的认知，并对生态环境的保护和发展表示强烈的支持以及承诺自己愿意主动参与到生态建设中来；在受偿意愿方面，他们要求不高，只是希望政府能更好地发挥公共职能作用，规范旅游接待市场。居民表露出的支持和积极参与的态度，为未来市场化补偿的成功实现奠定了基础。

2. 居民参与生态补偿影响因素

尽管居民对市场化生态补偿额度尚无明确的需求，但是反映出了影响其积极参与到家乡生态补偿的因素。除了居民基本特征对参与生态补偿积极性存在影响之外，其他因素如家乡生态环境对生活影响程度、对家乡的归属感、家乡生态旅游发展前景、能否获得生态旅游认证、获得经济补偿力度、生态补偿组织方式等也存在着较为明显的影响。因为居民的生态保护意愿不仅仅受到自身需求的影响，还受到生态补偿交易过程以及补偿交易结果等多方面共同作用的影响。因此，本研究在对案例区进行调研的同时也对这方面的数据进行了收集和统计。统计结果如图 4–15 和图 4–16 所示。

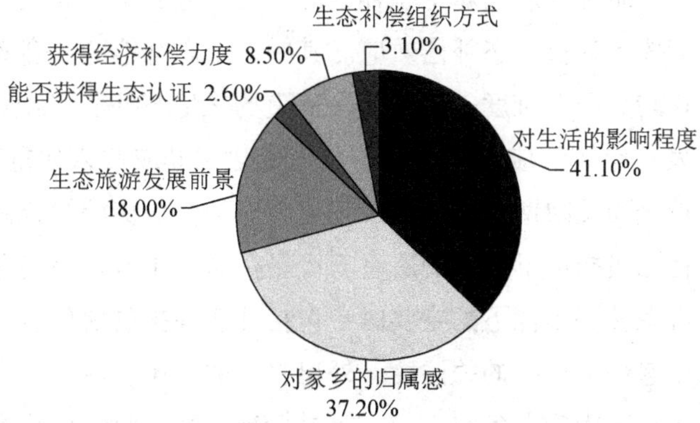

图 4–15 千家店居民参与生态补偿影响因素

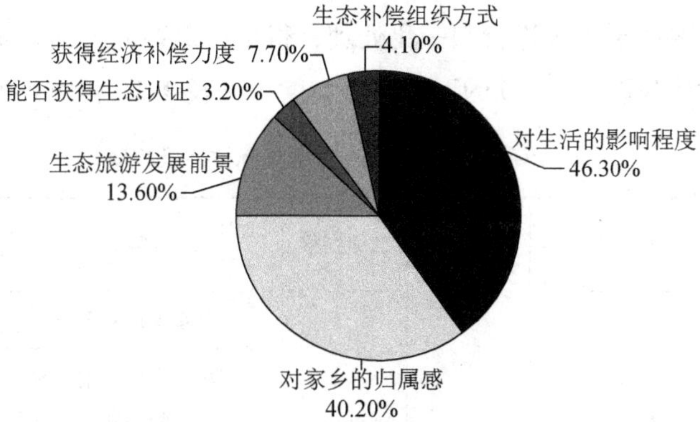

图 4–16 雁栖镇居民参与生态补偿影响因素

由调研结果可以看出，影响居民参与生态补偿的主要因素为家乡生态环境对生活的影响程度以及对家乡的归属感。千家店两个因素的数据结果分别为 41.10% 和 37.20%，雁栖镇的结果为 46.30% 和 40.20%。其中能否获得生态认证和生态补偿组织方式对居民参与生态补偿积极性的影响力度较小，均未达到 5%，这与居民关于生态的认识欠缺存在一定的关联。获得经济补偿力度这一维度影响力度也较小，尚未达到 10%，这与前文提到的居民对生态受偿意愿要求不是很强烈的结论保持一致。

（四）基于居民感知的市场化生态补偿效应

借鉴已有生态补偿效应评价的研究成果，本研究采用指标平均值对两个案例区进行生态补偿效应评价。在实际的生态补偿效应评价过程中，选择的评估对象经常受到众多不确定性因素的影响，一定样本数量的平均值作为统计结果具有一定的参考性和指导价值。本研究从居民对生态补偿的社会效应、生态效应、经济效应的感知出发，建立指标体系评价生态补偿效应。其中，生态补偿的社会效应包括居民观念和居民就业方式转变两个维度；生态效应从市场化生态补偿实施后对生态环境的影响变化角度出发；经济效应包括居民的收入变化和非农收入比重变化两个维度，最终设计出能够较全面反映两个案例区市场化生态补偿效应的综合评价指标体系和指标量化数值。将二级指标下对应的所有三级指标做因子分析最终筛选出三级指标具体维度，得出观念转变指标下的主要因子包括环境保护的愿望、居民参与生态旅游的积极性、对生态环境保护的关注度、外出打工的愿望；就业方式转变指标下的主要因子包括外出打工人数、务农人数、旅游接待人数；收入变化指标下的主要因子包括家庭总收入；非农业收入变化指标下的主要因子包括旅游收入变化、打工收入变化；环境质量变化指标下的主要因子包括自然环境变化、生活环境变化。最后将各指标下的主要因子系数进行归一化处理，得出权重系数（见表 4-15）。其中三级指标的赋值设计为数字 1—5 的五个分值梯度（见表 4-16 和表 4-17）。

表4-15　生态补偿效应评价指标体系及权重

总效应均值 α/β	一级指标	均值	方差	二级指标	三级指标	权重系数 α/β
α=3.88 β=3.79	社会效应	α=3.62 β=3.47	α=2.85 β=2.49	观念转变	环境保护的愿望	27.14%/29.32%
					居民参与生态旅游的积极性	26.57%/24.83%
					对生态环境保护的关注度	25.08%/23.19%
					外出打工的愿意	20.21%/22.66%
				就业方式转变	外出打工人数	29.57%/31.63%
					务农人数	38.45%/36.96
					旅游接待人数	30.98%/31.41%

续表

总效应均值α/β	一级指标	均值	方差	二级指标	三级指标	权重系数α/β
α=3.88 β=3.79	经济效应	α=3.92 β=3.88	α=1.22 β=1.96	收入变化	家庭总收入	100%/100%
				非农收入变化	旅游收入变化	47.24%/46.42%
					打工收入变化	51.76%/53.58%
	生态效应	α=4.12 β=4.01	α=1.62 β=1.66	环境质量变化	自然环境变化	65.22%/60.47%
					生活环境变化	34.78%/39.53%

注：α、β 值分别对应千家店数据和雁栖镇数据。

表4-16　生态补偿效应评价指标

	补偿效应评价值				
数值	5 > Y>4	3< Y ≤ 4	2< Y ≤ 3	1< Y ≤ 2	0< Y ≤ 1
评价结果	高	较高	中	较低	低

表4-17　生态补偿主要因子指标的评价结果

一级指标	主要因子指标	农户问卷答案百分比α/β				
		增加很多5	增加4	不变3	减少2	减少很多1
社会效应	环境保护的愿望	30.24%/24.32%	56.72%/60.81%	10.67%/11.87%	2.27%/3.00%	0/0
	居民参与生态旅游积极性	31.75%/32.34%	39.67%/40.52%	23.68%/22.88%	3.97%/4.02%	0.92%/0.24%
	对生态环境保护的关注度	25.28%/31.12%	47.12%/42.66%	30.71%/21.89%	2.01%/3.32%	2.10%/1.01%
	外出打工的愿意	6.11%/5.34%	13.28%/16.72%	40.26%/34.99%	27.51%/30.81%	12.84%/12.59%
	外出打工人数	7.25%/7.47%	16.36%/25.21%	36.05%/36.27%	29.92%/23.10%	9.42%/7.95%
	务农人数	9.92%/5.27%	6.82%/15.3%	33.81%/37.02%	22.38%/25.6%	27.07%/16.8%.
	旅游接待人数	20.18%/24.41%	42.82%/29.31%	23.09%/28.12%	10.21%/9.08%	3.7%/9.08%
经济效应	家庭总收入	32.29%/20.82%	36.26%/44.11%	17.10%/20.93%	8.73%/10.20%	4.62%/3.94%
	旅游收入变化	0.32%/17.02%	32.16%/40.06%	23.30%/28.71%	12.11%/13.02%	2.11%/1.01%
	打工收入变化	4.11%/7.34%	11.02%/16.27%	45.45%/37.23%	30.00%/20.21%	9.42%/7.95%

续表

一级指标	主要因子指标	农户问卷答案百分比α/β				
		增加很多5	增加4	不变3	减少2	减少很多1
生态效应	自然环境变化	41.66%/37.89%	40.29%/38.92%	8.72%/15.78%	9.08%/7.21%	0.25%/0.2%
	生活环境变化	40.08%/39.37%	37.02%/35.90%	11.12%/10.32%	7.28%/11.19%	4.5%/3.22%

注：α、β 值分别对应千家店数据和雁栖镇数据。

千家店和雁栖镇居民感知到的生态补偿效应的总效应均值分别为 3.88 和 3.79；其中千家店居民认为生态补偿的生态效应为 4.12，生态补偿的经济效应次之，效应均值为 3.92，社会效应最低，效应均值为 3.62；雁栖镇居民认为生态补偿的生态效应为 4.01，生态补偿的经济效应次之，效应均值为 3.88，社会效应最低，效应均值为 3.47。两个案例区的调研数据结果充分说明，生态补偿实施的主要效果都是能提升当地的环境质量，其次分别是缓解贫困、促进就业等经济效应和提高居民生态意识等社会效应。

1. 市场化生态补偿社会效应

根据调查数据显示，千家店和雁栖镇两个案例区市场化生态补偿的社会效应均值分别为 3.62 和 3.47，虽然低于经济效应和生态效应，但是仍然体现了生态补偿对当地社会发展的作用。调查发现，生态补偿的社会感知效应主要体现在居民观念的转变，尤其是生态保护观念的转变，两个案例区的居民在环境保护愿望、参与生态旅游积极性和生态环境关注度具有了显著提升。在就业方式转变方面，两个案例区的统计结果均显示出会有更多的居民放弃原有的务农、打工等就业方式，转变到从事生态旅游接待就业形式中来。千家店和雁栖镇分别有 63%、53.72% 的居民增长率选择从事旅游接待，体现了生态旅游这种市场的生态补偿在促进就业、改善劳动资源结构等方面的作用。

对比两个案例区在社会效应方面的差异，在环境保护的愿望、居民参与生态旅游积极性、对生态环境保护的关注度三方面，即观念影响方面差异不大，区别主要集中在就业方式转变方面。在从事旅游接待的人数变化上，千家店和雁栖镇分别有 63%、53.72% 的居民增长率，相差将近 10%；务农和打工减少的人数，千家店分别比雁栖镇多 7% 和 8%，可以看出千家店居民从事生态旅游的积极性更高，更愿意改变原来的就业方式回到家乡从事旅游接待活动。分析其原因：一是千家店地理位置，离市区较远，居民对于需经常往返市区和家乡的就业方式极易产生疲乏心理；

二是由于千家店农业收入主要来源于五谷杂粮的种植，收入极少，雁栖镇的务农收入还来源于山地的租金和山地野生板栗的销售收入；三是由于千家店生态旅游资源丰富，发展生态旅游基础好，对市区及周边城市居民能产生较强的持续吸引力。对比而言，雁栖镇的交通条件和地理区位条件更加便利。南北方向101国道、范崎路贯通全镇，东西方向沙通铁路连接内外；此外，京承高速公路的开通将雁栖镇纳入北京半小时经济圈，会通路的建设也让雁栖镇对外联络更加方便快捷。这些道路建设大大缩短了居民外出的车程。所以，雁栖镇居民对于当天往返的打工方式并不排斥，甚至觉得挺不错。

2. 市场化生态补偿经济效应

千家店和雁栖镇两个案例区市场化生态补偿的经济效应比较明显，均值分别为3.92和3.88。调查中发现，居民参与生态旅游市场化生态补偿后，家庭总收入和非农收入发生显著变化。千家店和雁栖镇分别有69.55%和64.93%的居民表示参与生态补偿后家庭收入有了提升；而非农收入的变化则主要体现在打工收入的减少和旅游收入的增加。基于生态旅游的市场化生态补偿的实施不仅加快了居民增收，也拓宽了居民的收入方式。

对比两个案例区在经济效应方面的差异，千家店69.55%的居民认同家庭收入的增加，高于雁栖镇的64.93%，此外千家店旅游收入增加的居民比例和打工收入减少的居民比例也均高于雁栖镇的比例。可见，千家店更加期待市场化生态补偿的旅游模式出现。特别是在打工收入的差异方面，千家店居民态度转变尤为明显，相比外出打工求职的生存模式，他们更加倾向于回到家乡从事旅游接待服务。据对千家店居民访谈得知，他们更愿意回到家乡从事旅游活动的原因，是因为常年外出极其不便，打工收入较好的为2—3万元/年，一般情况为1万元/年左右，所以外出打工也是无奈之举，毕竟务农收入更少。另外，传统的旅游接待方式、模式已经固化，缺乏新的创意和接待模式，所以收入也不太理想。他们认为，市场化生态补偿模式的旅游接待是一个新概念，更加接近当下的旅游趋势和游客需求，未来市场前景好，因此比较看好这种旅游模式。相比雁栖镇居民，政府补偿和外界组织团体或个人形式的租地征地（2005年，官地村集体给予每家每户8万元用以房屋翻新改造实现新农村建设；2002年起，龙资经贸有限公司、翠谷园林绿化有限公司、华熙房地产有限公司三家大型公司对官地村土地进行了为期50年的租赁，一次性给予每人2万元的口粮补助），已经给予了他们优厚的资金补偿；同时雁栖镇借助优越的地理位置、便利的交通条件和优美的自然生态环境以及丰富的旅游资源，全面发展乡村休闲旅游业，打下了坚实的产业基础，雁栖镇居民认为当下的旅游发展形势已经很好。

3. 市场化生态补偿生态效应

根据调查数据显示，千家店和雁栖镇两个案例区市场化生态补偿的生态效应较另外两方面的效应相比最高，即生态补偿对生态环境的影响是最主要的。两个案例区的生态效益均值分别为 4.12 和 4.01，效应非常明显。其中千家店和雁栖镇分别有 81.95% 和 76.81% 的居民认为自然环境会变好，分别有 77.1% 和 65.27% 的居民认为生活环境会变好。总体来看，居民认同市场化生态补偿的旅游发展对当地环境的改善作用，尤其是自然环境的改善。但是在社会环境上，不少居民表示出了担心，认为游客源源不断地到来会增加当地资源的消耗，为他们的生活空间、生存资料带来负面影响。

对比两个案例区在生态效应方面的差异，千家店 81.95% 的居民认为自然环境会变得更好，相比雁栖镇 76.81% 的数据，千家店多出 5.14%；在生活环境的变化方面，千家店 77.1% 的居民较雁栖镇 65.27% 的居民，多出比例达 11.83%。这与千家店居民对生态补偿有着更高的期许存在一定的联系。据对两个案例区的居民走访结果显示，千家店居民似乎更加欢迎外地游客的到来，他们其中的大部分居民认为自然环境和生活环境因为生态补偿的实现只会变得更好，经济效益也会实现得更快。雁栖镇存在一定比例的居民认为实施生态补偿之后自然环境愈加受重视，环境质量在一定程度上得到保障，并能实现可持续发展；然而由于大规模游客的到来会压缩他们的活动空间，同时游客的到来会产生更多的生活垃圾，对村子建设造成一定的破坏，种种负面效应会对其生活环境产生负面影响。

五、案例区生态补偿主客体的博弈分析

在明确补偿主体和补偿对象后，生态补偿过程中利益相关方的利益需求博弈就成了市场化生态补偿的主要分析部分。虽然双方都有加强环境保护和提升生态质量的意识，以及希望有进一步实现补偿的实践，但补偿者作为资金的提供者当然会希望尽量少补偿，被补偿者作为资金的接受者或受益方当然会希望尽量多地得到补偿，这是市场条件下交易双方不变的行为原则。由于生态补偿案例区的当地政府既是利益的代表者、受益方，又是现实中生态补偿运行过程的协调者与监督者，其在市场化生态补偿进程中发挥着多种作用。在我国市场机制尚未健全的情况下，市场

化补偿的成功实现无疑带有明显的行政主义色彩，需要政府在生态补偿过程中、在市场失灵的状况下积极发挥宏观调控的作用。

（一）博弈论相关概念

世界充满矛盾，博弈论主要研究对象是带有对抗性质的模型，其产生有极其深刻的思想根源，内容十分丰富，是人类文明的产物，也推动、加速着人类文明的进程。在社会活动中一部分人因共同利益而结盟以对抗另一部分人，这类对抗、竞争、冲突、联盟、合作、谈判现象称为“对策现象”，从而“博弈论”亦称“对策论”。

我国博弈论的思想最早源于两千多年前，如我国春秋时期的《孙子兵法》，其中描述的政治思想、军事理论与治国谋虑就蕴藏着丰富深刻的博弈思想，还有经典历史事例如田忌赛马。博弈论萌芽时期的运用是在数学领域，数学家齐默多 zermole 于 1912 年在其一篇论文中将决策论应用于国际象棋中，随后波雷尔在决策分析中运用了“最优策略”，并且提出了若干预设性的讨论。1928 年德国数学家 Von-Neumann 初步创立了二人零和博弈论（Zero-sum Two Person Games），最终证明了 Borel 预设的结论。此后 1944 年又与 Morgenstern 共同出版了《博弈论和经济行为》一书，第一次给博弈（Game）以明确的数学描述。它其中创立的对策论的科学体系被视为博弈论研究的真正起点，从此博弈论开始为人们普遍接受。

20 世纪 50 年代进入博弈论的发展期，Nash 和 Shapley 于 1950 年提出了“讨价还价”模型，Gillies 和 Shapley 于 1952—1953 年提出了“核”作为合作博弈中的重要概念，使合作博弈达到顶峰。Melvin Dresher 和 Merrill Flood 于 1950 年在美国兰德公司进行了“囚徒困境（Prison’s Dilemma）”实验，奠定了现代非合作博弈的基石。Selten 在 20 世纪 60 年代后将纳什均衡概念引入了动态分析，并发现了一种新的研究领域“精练纳什均衡”。20 世纪 70 年代成果众多，如“微分博弈”“民间定理”“强均衡”“颤抖手均衡”等，代表性的有 Harsanyi 于 1973 年提出的“混合策略”的不完全信息解释及 1976 年 Aumann 提出的“共同知识”等。

20 世纪八九十年代博弈论开始迈进成熟阶段时期，其发展进入了前所未有的辉煌阶段。博弈论理论开始在经济学世界发挥中举足轻重的构建解释作用，同时逐步以一种主流的经济学的面貌呈现。这时期产生的重要成果主要有“序列均衡”“《进化与博弈论》”“可理性化”等，代表性成果包括 1981 年 Kohlberg 提出的“顺推归纳法（Forward Induction）”，以及福德伯格（Fudenberg）和泰勒尔（Tirole）于 1984 年提出的精练贝叶斯均衡（Perfect Bayesian Equilibrium）[190]。

博弈论是指多个决策主体之间行为结果能产生相互作用时，各决策主体依据自身掌握的信息及对自身能力的认知，做出有利于自己结果的一种决策行为[191]。它是指个人或是组织在特定的环境条件和规则约束下，凭借自身所掌握的信息，做出最优策略和最优行动并予以实施，最终获得某个相对应结果的过程。博弈理论模型现已广泛应用到各种类型的利益主体间的行为关系研究中，用来明确利益相关者的行为原理，并对博弈结果展开分析与讨论，最终得出相关结论和启示。在市场经济条件下，各市场活动参与主体会依据自身需求、能力、信息和市场变化做出有利于自身结果出现的选择。市场经济相比计划经济而言，它重视的是凭借“看不见的手”来实现众多资源的最优配置。传统经济学坚持市场规则总是会将个人利己行为的最大化转变为集体、社会利益的最大化，而博弈论中的“囚徒困境”却揭示了这种论断的矛盾，即个人理性并不总能带来集体理性，这时出现了纳什均衡与帕累托的冲突。类似说，从个人需求出发的行为也并不总是能满足个人的极大化需求，有时也会出现相反的结果。作为公共资源的自然生态环境系统，由于公共物品的外部性，其经济价值自身无法在市场交换中体现出来，因此，各参与主体为了获得利益，会倾向于无限制地开发利用自然生态环境资源。然而在这一活动中，生态环境自身无法通过价格和竞争机制来实现它的最优配置，因此，需要政府动用行政权力来影响各补偿主体的行为，使其能在补偿合作中做出理性的利益选择，从而实现帕累托最优。

（二）市场化生态补偿的博弈分析

1. 基本假设和参数

（1）基本假设

在案例区市场化生态补偿中，案例区生态资源的保护者即居民，生态环境的补偿者即游客，两者为博弈双方。根据“经济人”的假设，双方都是理性的主体，并且游客和居民都清楚对方的策略和收益，即市场信息是透明的。在这种情况下，游客和居民都会追求自身利益最大化，从而达到个体理性的纳什均衡。

（2）变量设定

案例区居民有两种策略选择：保护和不保护；案例区游客也有两种策略选择：补偿和不补偿；案例区的地方政府也有两种策略选择：协调和不协调（见表 4-18）。根据各主体选择不同的策略产生的不同收益，建立如下变量：B 为居民选择保护策略时所获得的收益，C 为案例区居民保护的直接成本和因保护而丧失的机会成本；b_1 为游客在生态保护实施后所收获的生态收益，c_1 为游客所获得的生态收益所支付的补偿费用或者是消费成本。

表4-18　三方博弈策略

参与方	策略集
居民	保护与不保护
游客	补偿与不补偿
当地政府	协调与不协调

2. 市场化生态补偿的博弈模型

（1）补偿主客体的收益函数

根据对补偿主客体收益和成本变量的设定，可以列出主客体收益函数如下：①当居民选择保护策略时所获得的收益为 B，直接成本和因保护而丧失的机会成本为 C，居民收益函数 $f_1=B-C$；②游客在生态保护实施后所收获的生态收益为 b_1，在获得的生态收益后所支付的补偿费用或消费成本为 c_1，游客收益 $f_2=b_1-c_1$。

（2）市场化生态补偿的博弈模型

市场化生态补偿过程中涉及的参与主体包括居民、游客和当地政府，各参与主体都在为寻求自身利益最大化做努力，因此在补偿过程中，居民、游客及当地政府面临着一般性的博弈策略。居民和游客策略选择如图 4-17 所示。

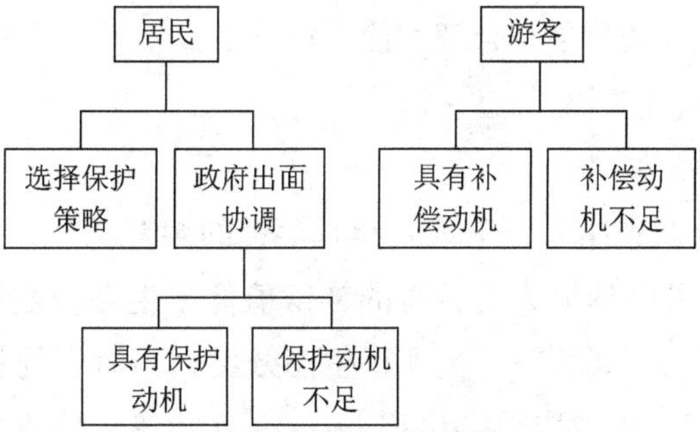

图 4-17　居民和游客策略选择示意图

3. 市场化生态补偿博弈结果分析

从博弈模型可以看出补偿主客体的博弈策略共有四种（见表 4-19）：①游客不补偿，居民不保护；②游客不补偿，居民保护；③游客补偿，居民不保护；④游客补偿，居民保护。

表4-19 游客与居民的博弈支付矩阵

游客＼居民	保护	不保护
补偿	$B-C>0$；$b_1-c_1>0$	$B-C \leqslant 0$；$b_1-c_1>0$
不补偿	$B-C>0$；$b_1-c_1 \leqslant 0$	$B-C \leqslant 0$；$b_1-c_1 \leqslant 0$

依据上述支付矩阵，可以得出在市场化生态补偿过程中，当居民和游客均产生效益，即 $B-C>0$、$b_1-c_1>0$ 时，市场化补偿状态可持续进行下去；当游客产生效益而居民产生 0 效益甚至是负效益，即 $B-C \leqslant 0$、$b_1-c_1>0$ 时，因居民处于损益状态导致市场化生态补偿无法持续下去，这时居民可以适当提高生态旅游产品和旅游服务价格，或者政府参与协调干涉给予居民一定比例的资金补偿 b_2，直达至 $B+b_2-C>0$ 的状态，如未达到这一状态调整过程将继续保持下去；当居民产生效益而游客产生 0 效益甚至是负效益，即 $B-C>0$、$b_1-c_1 \leqslant 0$ 时，因游客处于损益状态导致市场化生态补偿无法持续下去。这时市场出现失灵，需要政府利用行政手段加以干涉，强制居民降低产品和服务价格，直至达到 $B-C>0$、$b_1-c_1>0$ 状态，实现市场平衡；当居民和游客均产生 0 效益甚至是负效益，即 $B-C \leqslant 0$、$b_1-c_1 \leqslant 0$ 时，这时市场处于一种不健康发展状态，交易双方市场需要重新洗牌进行大规模的调整。居民需改善产品质量和服务效率，游客需提升消费质量并调整消费观念，政府需加强对市场环境的监控，保证交易市场的公平与合理，使市场处于良性循环发展状态。

（三）案例区的实证分析

1. 案例区生态补偿概况

结合前文的数据调查结果，千家店和雁栖镇的游客生态补偿意愿额度值分别为 71.54 元和 77.6 元，可以理解为当游客的补偿值低于生态补偿意愿额度值时，游客生态效益将会出现 $b_1-c_1>0$ 状态，实现正生态效益；当游客的补偿值超过生态补偿意愿额度值时，游客生态效应将会出现 $b_1-c_1 \leqslant 0$ 状态，导致游客效益损益，市场化生态补偿无法持续进行。关于居民的生态受偿意愿，由于调研访问得知他们对实际的生态补偿要求并不强烈，甚至可以没有，所以导致本研究尚未得出居民具体愿意的受偿额度值，无法进行准确的比较与分析。但是在实际生态旅游接待情况中，居民一定会计算出自身生态效益，并会影响其下一步的生态补偿策略。为进行继续分析以对未来研究学者提供一定的参考，本研究姑且假设千家店和雁栖镇居民的生态受偿意愿额度值分别为 D_1 和 D_2。可以理解为当居民的受偿值超过生态受偿意愿额度值时，居民生态效应将会出现 $B-C>0$ 状态，居民实现正生态效益；当居民的受偿值低于生态受偿意愿额度值时，居民生态效应将会出现 $B-C \leqslant 0$ 状态，居民出现生态效益损益。

2. 案例区生态补偿博弈分析

首先假设千家店和雁栖镇游客实际补偿值分别为 P_1、P_2，居民实际受偿值为 A_1 和 A_2。基于千家店和雁栖镇的游客生态补偿意愿额度值分别为 71.54 元和 77.6 元，以及居民的生态受偿意愿额度值分别为 D_1 和 D_2，可以发现千家店和雁栖镇在市场化生态补偿决策博弈过程中决策结果将会出现表 4–20 所示的四种情形：

表4–20　千家店市场化生态补偿决策博弈

居民 千家店α/雁栖镇β 游客	保护	不保护
补偿	α：$P_1 \leqslant 71.54$、$A_1 \geqslant D_1$	α：$P_1 \leqslant 71.54$、$A_1<D_1$
	β：$P_1 \leqslant 77.6$、$A_2 \geqslant D_2$	β：$P_1 \geqslant 77.6$、$A_2<D_2$
不补偿	α：$P_1>71.54$、$A_1 \geqslant D_1$	α：$P_1>71.54$、$A_1<D_1$
	β：$P_1>77.6$、$A_2 \geqslant D_2$	β：$P_1>77.6$、$A_2<D_2$

情形一：游客的补偿值低于生态补偿意愿额度值，且居民的受偿值高于生态受偿意愿额度值，即 $P_1 \leqslant 71.54$、$A_1 \geqslant D_1$、$P_1 \leqslant 77.6$、$A_2 \geqslant D_2$ 时，市场化生态补偿是平衡状态。游客将继续为其享受到的生态福利进行补偿，居民将继续提供生态旅游产品和旅游服务，这一过程将循环下去。

情形二：游客的补偿值低于生态补偿意愿额度值，且居民的受偿值低于生态受偿意愿额度值，即 $P_1 \leqslant 71.54$、$A_1<D_1$ 且 $P_1 \leqslant 77.6$、$A_2<D_2$ 时，市场化生态补偿处于失衡状态，居民处于损益状态，导致市场化生态补偿无法持续下去。这时候居民可以适当提高生态旅游产品和旅游服务价格，或者政府参与协调干涉给予居民一定比例的资金补偿，直至到 $P_1 \leqslant 71.54$、$A_1 \geqslant D_1$ 且 $P_1 \leqslant 77.6$、$A_2 \geqslant D_2$ 状态，如未达到这一状态调整过程将继续下去。

情形三：游客的补偿值高于生态补偿意愿额度值，且居民的受偿值高于生态受偿意愿额度值，即 $P_1>71.54$、$A_1 \geqslant D_1$ 且 $P_1>77.6$、$A_2 \geqslant D_2$ 时，市场化生态补偿处于失衡状态，因游客处于损益状态导致市场化生态补偿无法持续下去。这时市场出现失灵需要政府利用行政手段加以干涉，强制居民降低产品和服务价格，直至达到 $P_1 \leqslant 71.54$、$A_1 \geqslant D_1$ 且 $P_1 \leqslant 77.6$、$A_2 \geqslant D_2$ 状态，实现市场平衡。

情形四：游客的补偿值高于生态补偿意愿额度值，且居民的受偿值低于生态受偿意愿额度值，即 $P_1>71.54$、$A_1<D_1$ 且 $P_1>77.6$、$A_2<D_2$ 时，游客和居民均出现生态损益，这时候市场处于一种不健康发展状态。案例区的生态旅游市场需要重新洗牌，进行大规模的调整，居民需改善产品质量和服务效率，游客需提升消费质量并调整消费观念，案例区地方政府需加强对市场环境的监控，保证交易市场的公平与合理，使市场处于良性循环发展状态。

3. 基于博弈结果对市场化生态补偿的建议

根据游客与居民博弈的四种结果，我们发现只有情形一是有效的，其他三种结果都是无效的，游客或者居民出现了效益损益，生态补偿参与者缺乏补偿动机最终导致市场化生态补偿无法实现。在市场经济条件下，卖方市场需完全以买方市场为导向，基于消费者需求生产提供相对应的旅游产品和旅游服务。因此，居民在保证自己获得正效益的同时，更应该积极满足游客的需求，为游客带来正效益，这样的交易状态才是平衡与可持续的，进而才能培育持续的目的地吸引力和市场购买力，生态旅游经济交易活动才能进行下去。市场化生态补偿的实现完全依赖于市场交易过程的实现，市场化生态补偿的效果也完全依赖市场交易的买卖程度。案例区要想实现良好生态补偿目的，需从以下几个方面做出改进。

（1）扩展旅游消费链条，激发游客消费能力

根据案例区的游客消费结构可知，千家店和雁栖镇分别有 77.9%、79.4% 的人没有消费到 100 元来购买当地农产品。据游客方面陈述所知，其原因是因为当地没有什么特别值得购买的农产品，最终导致整体上的人均花费偏低，阻碍了游客的消费能力。同样表现出消费空白的是游玩娱乐支出，游客普遍反映没有发现任何娱乐项目。因此，案例区应培育出具有“当地品牌、自身特色”的生态旅游产品（包括特色农产品、当地特色旅游商品、新颖独特的旅游服务等）和创新性的娱乐游玩项目，全方位拓展旅游消费链条，从而为提高游客消费水平创造机会，促进案例区旅游实现高创收。

（2）促进生态环境保护，实现绿色旅游经营

据调查结果显示，分别有 77.5% 的千家店游客和 59.9% 的雁栖镇游客前来案例区旅游的主要原因是欣赏当地的自然山水，另有 26.7% 和 33.7% 的游客是为参加户外休闲，由此可知 90% 以上的游客来此目的都是因为生态自然，反映出了案例区具

有优良的自然景观吸引力。同时，如今游客生态环保意识和需求也逐渐强烈，案例区应在先天优越的自然环境基础上进一步做好生态环境保护工作，保证自然生态的可持续。环境保护工作不仅要对自然环境进行生态保护，还需贯穿到旅游行业发展的方方面面。逐步使用新型旅游环保能源、食品、低耗能原材料、低污染旅游商品代替传统高耗能、高污染的能源和食材，在游客可接受的额外支付意愿水平内，逐渐实现旅游“食住行游购娱”六要素的绿色经营。

（3）丰富旅游活动内容，延长游客停留时间

案例区目前的旅游发展模式还尚未摆脱不成熟的乡村旅游发展模式，经营内容主要是传统的“吃农家饭＋住农家院”，游客活动内容单一。据走访观察可知，游客闲暇时间大多在农家院里观看，并无特殊旅游活动内容。这种现象导致的结果是游客大体停留时间都只在1—2天之内，少有超过3天以上。案例区内值得一看的旅游景点其实并不多，加之很多资源利用不尽完善，如千家店下湾村的村边两座秃山资源完全未加以利用，导致游客活动范围受局限。加上民俗村农家乐活动形式单一，无法对游客产生持续吸引力，从而影响游客停留时间。为延长游客在案例区旅游时间，需不断延伸案例区民俗村“农家乐”品牌的潜在价值，充分发挥村内镇内所有的娱乐休闲作用，丰富游客在案例区旅游的活动内容，创新特色旅游活动形式，激活旅游项目的内在潜力，增加旅游附加值。

（4）规范当地旅游接待，提升旅游服务质量

据对居民和游客的调查结果显示，案例区旅游发展存在诸多问题。游客普遍抱怨停车困难的问题，甚至有游客说“绕着村子跑了一圈也不知道能把车停哪儿”。千家店游客还反映千家店在旅游接待中存在乱收费、过高收费的问题，旅游接待服务质量也是被游客诟病的问题之一。从两个案例区的问卷统计结果来看，在旅游接待服务质量和旅游设施满意度方面，很大一部分比例的游客选择了一般，极少比重的游客感觉非常满意，突出了案例区生态旅游接待反映出的问题。案例区居民也表示，当地的旅游接待市场混乱，非民俗户参与旅游接待活动现象极为常见。为实现案例区生态旅游的可持续发展，首先需规范案例区内的旅游接待，严格按照民俗户标准批准接待游客资格，同时对民俗户进行监督管理，严厉打击宰客、乱收费等现象；其次，全面整治规划案例区停车场，扩大泊车容量，实现游客有序停车；最后，适时对民俗接待户进行旅游服务教育培训，全面提升旅游服务水平，提高旅游服务质量，将案例区旅游服务打造成对外产生强大吸引力的有力助手。

（5）培养特殊旅游经济，形成持续旅游吸引力

案例区发展生态旅游仅仅依靠当前有限的自然资源不足以实现长久经营，这就需盘活当前的旅游经济现状，培育特殊旅游经济。北京平谷素有“中国桃乡”之称，先后被国家林业局授予“中国名特优经济林桃之乡”。2010 年，平谷区大桃面积 22 万亩，占全市 46.8%，大桃收入 9.447 亿元，占全市大桃总收入的 74%。中国桃乡已然成为平谷最亮的一张名片。案例区可借鉴此发展模式，培育生产某种适宜果蔬，如大棚蔬菜、特色果园等，同时开展案例区季节性果蔬采摘活动吸引游客。游客来了不仅可以欣赏优美的自然风光，还可以品尝、购买当地特色果蔬。这样一方面丰富了游客的活动内容，另一方面还延伸拓展了案例区生态旅游经济产业链，这无疑对案例区旅游培育持续吸引力具有推动作用。

六、研究结论与展望

（一）主要结论

通过总结现有的研究成果，结合相关文献和实地调研内容，本次研究得出了以下结论。

（1）依据市场经济运行规律，总结出了案例区生态补偿的主客体分别是当地的游客和居民，并在此基础上构建了市场化生态补偿的实现过程，即游客和居民共同为了生态建设和生态保护的目的，居民在原来的基于旅行六要素——食住行游购娱的产品和服务基础上提供更生态、更环保的旅游产品和旅游服务，游客为当地居民提供的更生态、更环保的生态服务埋单进行生态补偿，在旅游产品和服务买卖交易行为发生之后便实现了生态价值、劳力价值、知识价值、资本价值四方面的总价值。

（2）通过研究，总结出了影响市场化生态补偿实现的三大因素，即生态补偿的主体游客、生态补偿的客体居民和主客体在交易过程中的利益博弈关系，并对游客、居民两大主要因素进行了实证研究。其中，游客因素包括游客对生态补偿的认知、在市场化交易过程中对生态补偿的意愿程度、生态旅游过程中的消费结构以及补偿能力；研究证明两个案例区的游客对生态补偿的认知均较好，且游客支付意愿额度值较合理。居民因素包括居民对生态补偿的认知，在市场化交易过程中对生态受偿的意愿程度，以及对市场化生态补偿产生的感知效应等；实践表明两个案例区的居民均认为生态补偿的生态效应最高，经济效应次之，社会效应最低。

（3）根据两个案例区的生态补偿过程，建立了一般主客体的博弈模型，如表

4–21 所示。两个案例区只有在游客的补偿值低于生态补偿意愿额度值，且居民的受偿值高于生态受偿意愿额度值，即 $P_1 \leqslant 71.54$、$A_1 \geqslant D_1$，$P_1 \leqslant 77.6$、$A_2 \geqslant D_2$ 时，市场化生态补偿处于一个平衡状态。游客将继续为其享受到的生态福利进行补偿，居民将继续提供生态旅游产品和旅游服务，这一过程将循环下去。

表4–21　游客与居民的博弈模型

游客 \ 居民	保护	不保护
补偿	$B-C>0$、$b_1-c_1>0$	$B-C \leqslant 0$、$b_1-c_1>0$
不补偿	$B-C>0$、$b_1-c_1 \leqslant 0$	$B-C \leqslant 0$、$b_1-c_1 \leqslant 0$

由一般主客体博弈模型进一步得出案例区游客与居民的博弈模型，发现只有在游客的补偿值低于生态补偿意愿额度值，且居民的受偿值高于生态受偿意愿额度值，即 $P_1 \leqslant 71.54$、$A_1 \geqslant D_1$ 且 $P_1 \leqslant 77.6$、$A_2 \geqslant D_2$ 时，市场化生态补偿处于一个平衡状态。游客将继续为其享受到的生态福利进行补偿，居民将继续提供生态旅游产品和旅游服务，这一过程将循环下去。

（4）提出了促进生态补偿实现的相关建议

为促进案例区市场化生态补偿的顺利实现，提高生态补偿主客体生态效应提出了相关的对策建议：扩展旅游消费链条，激发游客消费能力；促进生态环境保护，实现绿色旅游经营；丰富旅游活动内容，延长游客停留时间；规范当地旅游接待，提升旅游服务质量；培养特殊旅游经济，形成持续旅游吸引力。

（二）需要进一步研究的问题

本次研究借鉴一定的标准对两个案例区的市场化生态补偿过程中的主客体进行了明确界定，构建了市场化的生态补偿过程；对市场化生态补偿实现的影响因素进行了分析，并建立了主客体市场化交易的博弈模型。但是，生态补偿机制的建立是一个持续的过程，具有复杂性和系统性，而本次研究时间较短，获取的数据有限，因此仍然存在很多不足，需要在日后进一步探讨、研究。

①市场化生态补偿实现过程极为复杂，居民和游客的参与性还受到众多因素如资源条件、市场需求或自然灾害、经济危机等各方面的影响。而且本次研究居民方面的调研样本有限，一定程度上会影响调研结果的准确性。在今后的研究中需要进一步完善研究设计，增加调研案例类型和样本数量。

②现实中由于利益相关主体的不同，案例区存在多种生态补偿方式，难以构建

适合所有生态补偿方式的单一博弈模型。博弈主体可能会涉及其他方面，如当地景区管理公司、土地租用模式以及当地政府态度等。理想情况下的模型可能并不完全契合案例区的现实情况，相关参数的选择也需要进一步斟酌，因此主客体双方之间博弈模型的普适性仍有待研究。

③由于数据资料获得程度有限，许多问题无法通过量化的方式研究和表达，在今后进一步的研究中，需进行更加细致、翔实、准确、有目的性的实地调查和现场采访，获取更加科学可靠的一手数据，增强研判和结论的科学性，提高研究结果的理论和应用价值。

第三部分

青海湖旅游生态补偿案例研究

青海湖享有“中国最美湖泊”美誉，不仅是青海省极为重要的旅游资源之一，而且是我国最大的内陆咸水湖和世界著名的湿地自然保护区，生态地位十分重要。由于独特的地理位置和气候条件，其旅游资源极其丰富。自20世纪80年代旅游资源开发以来，青海湖依托良好的自然生态环境和独特的人文生态系统，旅游业有了较大发展。近年来，随着西部旅游业的崛起，青海湖作为青海省景区中的一颗璀璨的明珠已经逐渐成为青海旅游的支柱，生态旅游发展迅猛。

青海湖作为我国内陆重要的湿地保护区，在经历了过去一些年简单、粗放又疯狂的开发后，生态环境保护和旅游业发展面临着一些问题和困难。目前，青海湖地区主要存在着沙漠化不断扩大、草地退化严重、生物多样性减少、渔业资源衰竭等生态环境问题。在这种情况下，发展以统筹人与自然和谐为原则的生态旅游，显得更为可行和十分必要。正确处理好青海湖生态环境保护与旅游业持续发展的关系具有重要的理论和实际意义，也将对青海全省乃至全国生态旅游发展产生示范引领作用。

第五章　青海湖旅游生态补偿与居民生计提升研究

一、研究对象、方法及内容

（一）研究对象

本次研究于 2017 年 8 月 16 日—9 月 1 日前往青海省进行问卷调查工作。由于 7、8 月是青海湖旅游旺季，游客量较大，调研人员提前一周到达案例区，开展正式调研前的准备工作，并随机抽取了若干居民进行访谈。根据调查目的和研究内容，最终选取青海湖风情小镇、新村、下蛇村、莫热村、元者村、大仓村等六个典型案例村（见图 5-1）。之所以选取上述六个村落，一方面由于这些村落距离二郎剑景区较近，其经济发展与生态环境都在景区辐射范围内，具有一定的关联性和代表性；另一方面，上述村落居民多数从事旅游经营活动，是青海湖地区旅游从业人员居住密集区域，因此选取这些村落居民作为调查样本使研究更具有典型性。

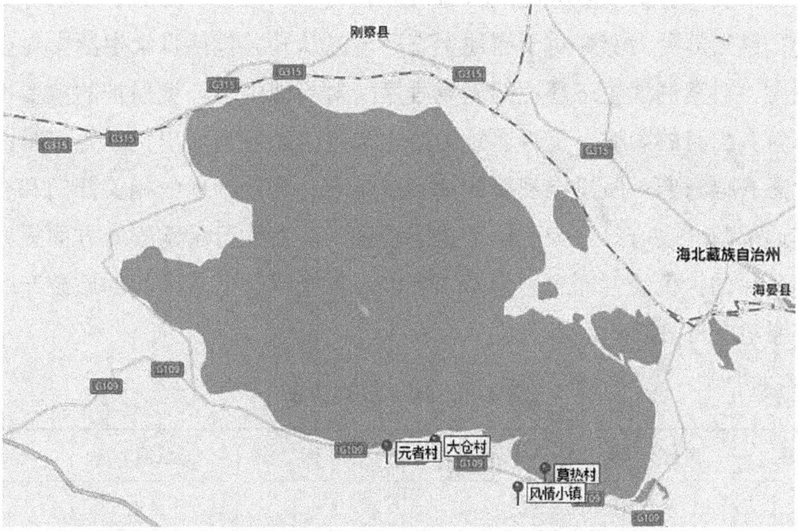

图 5-1　调研地点图

（二）研究方法

本次问卷调研主要采取随机抽样法，对青海湖六个典型案例村的居民以及前来二郎剑景区和青海湖周边旅游景区（包括茶卡盐湖、日月山、鸟岛等景区）观光旅游的游客进行问卷调研。最终统计，本次调研共发放250份居民问卷，收回236份，回收率为94.4%；共发放游客问卷320份，回收307份，回收率为95.9%。

1. 问卷设计与调查内容

本次调研在结合案例地实际情况以及国内外相关研究基础上，采用结构式访谈的调查问卷，调查当地居民对青海湖旅游生态环境的感知认识以及生态补偿过程中的受偿意愿和方式。问卷共包括四部分（附录D）：第一部分为居民的基本情况调查；第二部分为居民生计资本情况；第三部分为居民对青海湖生态旅游的认知；第四部分为居民对旅游生态补偿的感知。问卷的第三、四部分共涉及37项指标，采用里克特5级量表形式将每一项按程度进行划分，分别是“1＝完全不认同、2＝不认同、3＝一般认同、4＝认同、5＝非常认同”（见表5-1）。问卷调研过程中不局限于问卷本身所涉及的内容，深度访谈使调研得到了更多具体有用的信息，比如规划管理的不合理之处、机会不均衡、补偿不全面等问题。这些实地访谈的问题对研究的进一步开展起到了重要作用。

同时，针对青海湖的游客设计了专门的游客调查问卷，共包括四部分：第一部分为游客的基本特征，包括性别、年龄、学历、收入、来青海湖旅游的原因；第二部分为旅游消费，包括该游客此次来青海湖在餐饮、住宿、交通、门票等方面的人均日消费；第三部分为游客对于当地生态环境的认知，包括日常生活中对生态环境的关注程度、对案例区生态环境的满意程度、对当地生态环境保护的重要性、生态环境好坏对其出游的影响、是否愿意为改进当地生态环境做出贡献等。第四部分为游客的生态补偿意愿，假设在现有的消费基础上，如果当地的相关部门和企业，如居民、交通部门、政府等，为了保护生态环境，从食住行游购娱6方面提升产品质量，采纳环保的绿色经营理念，为游客提供环保健康、低碳节能的旅游产品和服务时，游客愿意支付的额外费用。

表5-1　里克特5点量表

认可程度	完全不认同	不认同	一般	认同	非常认同
量度	1	2	3	4	5

2. 数据分析与方法

本次调研收集到居民游客有效问卷共 543 份，借用 SPPSS 24.0 统计软件对其进行数据整理分析。首先对数据进行编码录入，经过多次抽样核对、检验、修改后，运用相关数据分析方法进行分析。具体分析方法如下所示。

①描述性统计分析。描述性统计分析作为最基本的分析方法，通过表格、图表等形式对居民和游客的基本特征进行分析，揭示居民和游客相关数据的分布特征。

②信度分析。采用 Cronbach α 信度系数法，计算居民调查问卷中居民生态补偿感知因子的 α 系数，检验问卷量表的内部一致性。

③效度分析。运用 KMO 检验和 Bartlett 球形检验对数据进行效度分析，检验调研数据的可靠性和有效性，以及验证数据是否能够进行因子分析。

④因子分析。运用主成分分析法对居民生计资本和生态补偿感知因子进行因子分析，通过对其因子降维，提炼出各维度的生计资本变化以及居民对旅游生态补偿的感知类别和利益诉求。

⑤独立样本 t 检验。本次研究运用独立样本 t 检验判定居民相关基本特征与生计资本变化、生态旅游影响感知、生态补偿感知之间的差异性，以及游客相关基本特征与生态环境认知、生态补偿支付意愿之间的差异性。

⑥单因素方差分析法。通过运用单因素方差分析法（ANOVA）判断游客基本特征对生态环境认知和生态补偿支付意愿的影响是否显著。

⑦条件价值评估法。通过问卷调查，测量游客或服务者在假设性市场内对生态服务改善的补偿意愿或者对生态服务质量损失的接受赔偿意愿。本研究将对游客的生态补偿支付意愿进行条件价值评估分析，得出游客对生态改善措施的最大补偿意愿（WTP）。

（三）研究内容

本次研究主要包括三项内容。

①生态旅游对当地居民生计影响的研究。采用因子分析、相关分析和独立样本 t 检验等数据分析方法，利用数据统计软件，纵向对比生态旅游发展前后当地居民生计资本的变化，横向对比从事旅游业与未从事旅游业居民的生计资本差别，进而总结出生态旅游对居民生计方式的影响。

②居民旅游生态补偿感知研究。从居民角度出发，通过运用均值、标准差统计分析和因子分析，总结出旅游生态补偿感知的类型，并探究居民在生态补偿过程中的利益诉求。

③游客生态补偿支付意愿研究。在实地问卷调查和实地访谈的基础上，运用条件估值法（CVM）和单因素方差分析法（ANOVA）对青海湖旅游者生态补偿意愿及支付水平进行分析，分析影响其补偿意愿的关键因素。

二、生态旅游对居民生计影响研究

（一）居民生计资本的变量选取与因子综合得分

1. 居民生计资本的变量选取

调研人员于 2017 年 8 月对青海湖进行了调研，通过入户调查方式掌握了生态补偿前后居民的家庭、生产、生活情况，获得居民生计变化第一手资料。同时，在调研过程中遵从不重复调研的原则，同一家庭仅允许一人参与调查，保证调研数据的代表性、独立性和全面性。结合参考文献及实际数据获取的条件，借鉴 Sharp[192]、史俊宏等[193]提出的可持续生计分析框架，选取了 5 个维度、14 个变量作为本次研究生计资本的衡量指标。

①自然资本。调研区域样本居民拥有的自然资本主要为农地和草场资源、牲口数量和房屋。此处，选择四项指标衡量居民的自然资本，分别是农地草地总面积、牲口数量、房屋面积和住房套数。

②物质资本。选取家中饮用水来源、主要使用能源、耐用品数量 三个指标。家中饮用水来源、主要使用能源是居民的直接物质资本，直接作用于居民的生产生活；耐用品数量则代表了居民的间接物质资本，体验了居民家庭的抗风险能力。

③人力资本。选取人均健康水平、劳动力占家庭总人口比例两个指标。劳动力是一个家庭的无形财富，通常决定着这个家庭的人力资本水平。

④金融资本。选取家庭年纯收入、主要收入来源、资金支持户数（若家庭发生经济困难可获得资金支持的户数）三个指标，直接衡量家庭金融资本状况。

⑤社会资本。社会资本包括两个指标，即家庭中是否有党员或村干部或企业老板、月通信费用。通常来说，党员、村干部或企业老板人际交往广泛，社会关系相比普通居民更加复杂，拥有的社会资源也就更多；月均通信费一般用来衡量社会交际成本，是居民对外联系频繁与否的体现。

生计资本衡量指标及总样本夸察变量情况如表 5-2 所示。

表5–2　生计资本衡量指标及总样本考察变量情况

指标	变量	含义	当地旅游发展之前	当地旅游发展之后
自然资本	农地草地总面积	耕地和草场实际面积（亩）	1.02	1.05
	牲口数量	家中饲养各种牲口总数（头）	1.04	0.96
	房屋面积	房屋建成面积（平方米）	0.86	0.97
	住房套数	拥有住房套数（套）	0.82	0.97
物质资本	主要使用能源	0= 柴草、煤炭、沼气；1= 天然气、电	0.26	0.44
	饮用水来源	1= 河水或湖水；2= 井水；3= 自来水；4= 纯净水	0.56	0.47
	耐用品数量	电视机、热水器、汽车、电话、摩托车 / 电动车、洗衣机、照相机、冰箱、电脑、空调等 10 种耐用品的拥有种类	1.41	1.67
人力资本	人均健康水平	1= 非常差；2= 比较差；3= 一般；4= 比较好；5= 非常好	0.70	2.71
	劳动力比	16—59 岁人口占比	—	0.18
金融资本	家庭纯收入	由种植业纯收入、养殖业纯收入、非农经营性收入、工资性收入、转移性收入、财产性收入等加总（元）	4.71	7.50
	主要收入来源	1= 在家种地；2= 放牧；3= 外出打工；4= 从事旅游业收入；5= 其他	1.39	0.99
金融资本	资金支持户数	若家庭发生经济困难可获得资金支持（户）	0.77	0.96
社会资本	家庭成员是否有党员、村干部或企业老板	0= 否；1= 是	0.89	1.74
	月通信费用	1=50 元以下；2=50—100 元；3=100—200 元；4=200 元以上	1.39	1.58

2. 居民生计资本的因子综合得分计算

因子分析是将上述居民生计资本因子进行综合概括，从而提炼出具有概括性的综合因子，减少变量数量，对提出系统性、针对性的措施较为有利。

根据表 5–3 可知，各项生计资本变量的 KMO 均大于 0.5，Bartlett 球形检验的

P 值均为 0.000，说明可采用因子分析对各项生计资本变量进行分析说明。通过因子旋转计算，我们可以得到居民生态旅游发展前后各自的因子综合得分，因子综合得分的变化则直接反映了生计资本在生态旅游发展前后的变化。综合考虑因子的初始特征值（0.8 以上）、碎石图和累积贡献率（70% 以上），自然资本、物质资本、人力资本、金融资本、社会资本的公因子提取数分别为 2、2、1、2、1，这些公因子可以代表原始数据的绝大部分信息。采用方差最大正交旋转法进行因子旋转，得到因子旋转载荷阵，总方差贡献率分别达到 83.81%、72.13%、72.03%、78.67% 和 73.66%。

表5–3　各项生计资本因子分析适合性检验

项目	自然资本	物质资本	人力资本	金融资本	社会资本
KMO 值	0.567	0.614	0.522	0.601	0.703
Bartlet 球形检验（卡方值）	1201.584	190.198	13.740	404.541	276.043
Bartlet 球形检验（P 值）	0.000	0.000	0.000	0.000	0.000
公因子提取数	2	2	1	2	1
累积方差贡献率（%）	83.81	72.13	72.03	78.67	73.66

（二）生态旅游发展前后生计资本相关关系分析

1. 各项生计资本增减变化分析

运用两配对样本 t 检验方法，对青海湖生态旅游发展前后居民各项生计资本的因子综合得分进行分析，研究两者的综合得分是否一致。表 5–4 的检验数据表明，在青海湖生态旅游发展之后，当地居民物质资本、金融资本以及社会资本显著大于生态旅游发展之前，而自然资本在生态旅游发展前后没有显著变化。图 5–2 为生态补偿前后生计资本因子综合得分变化雷达图，从图上可以看出每项生计资本均值的变化方向和变化幅度。由于调查时间有限，本次调研未能获得青海湖居民人力资本变化的数据，因此，将其生态旅游发展前后的均值假设为 0，暂不做分析。

表5-4　征地前后各项生计资本两配对样本t检验

项目	自然资本		物质资本		金融资本		社会资本	
	均值	标准差	均值	标准差	均值	标准差	均值	标准差
生态补偿前	0.042	0.860	–0.539	0.279	–0.695	0.771	–0.059	0.300
生态补偿后	–0.042	0.970	0.539	1.499	0.695	0.955	0.059	0.709
Sig.（双侧）	0.021		0.000		0.000		0.003	

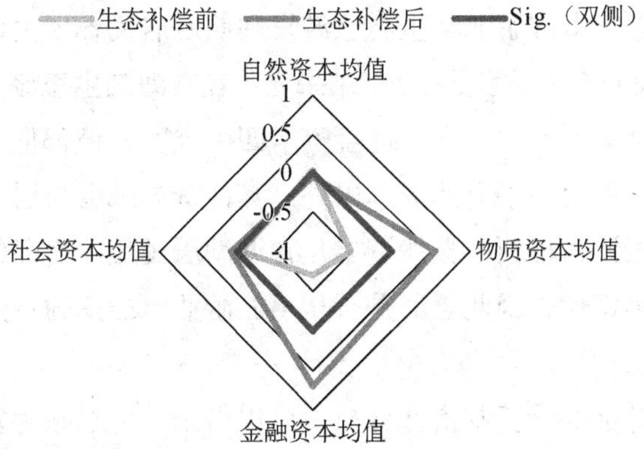

图 5–2　生态补偿前后居民生计资本因子综合得分变化

上述因子综合得分的差值反映了青海湖生态补偿前后居民生计资本的变化。由表 5–5 可以看出，青海湖生态旅游发展后，居民的自然资本大多保持不变，但是居民的物质资本、金融资本和社会资本却普遍增加，超过 70% 的居民表示生态旅游的发展带来了物质、金融、社会资本的增加。在实地调研中发现，青海湖生态旅游发展后部分居民积极转行参与旅游工作，但家庭原有的农地、草场、牲口依然保留，由其家属经营，因此自然资本变化不大。而随着经营旅游业带来的收入增加，使居民增强了购买力，从而普遍提升了当地居民的物质资本。居民物质资本和金融资本大部分增加的同时，仍然有个别居民下降，结合样本基本背景述性分析，有 1/5 的居民从事旅游业时间不满 1 年，居民从事旅游经营投入的成本短时间并未回本或获得利润，由此带来的物质资本和金融资本下降。

表5–5 生态旅游发展前后居民各项生计资本增减变化（%）

项目	自然资本	物质资本	金融资本	社会资本
增加	12.3	83.9	71.6	83.9
不变	79.2	14.4	27.5	14.4
减少	8.5	1.7	0.8	1.7

2. 居民是否从事旅游业对生计资本变化的影响

通过对居民是否从事旅游业与生态旅游发展前后居民各项生计资本变化的关系进行独立样本 t 检验分析（见表 5–6），结果显示在青海湖生态旅游发展之后，居民的物质资本、金融资本、人力资本、社会资本四个维度 P 值都低于 0.05，只有自然资本维度高于 0.05，说明除了自然资本以外，其他资本维度与居民是否从事旅游业存在显著关系。根据调查推断，自然资本是青海湖居民赖以生存的基础资本，并且在一定时期内具有稳定性，因此居民是否从事旅游业对居民的自然资本不具备显著影响。

通过进一步对各项生计资本指标分析，可以得出：生态旅游发展之后，居民是否从事旅游业对居民的物质资本、金融资本有显著影响。从事旅游业的居民通过经营旅游业获得收入，其收入构成中不仅有第一产业收入，还有很大一部分第三产业收入；而未从事旅游业的居民收入仅依靠自然资源等第一产业的收入构成，二者收入来源与构成不同。收入的多少直接决定了居民金融资本和物质资本拥有的数量。因此在青海湖生态旅游发展后，从事旅游业的居民物质资本、金融资本高于未从事旅游业的居民。另外，青海湖生态旅游发展之后，居民是否从事旅游业对居民的人力资本、社会资本有显著影响。由于从事旅游业需要更多的人力资源和社会资源，因为从事旅游业的居民在经营旅游业后不知不觉扩大了自己的人力资源和社会资源，相比较不需要太多人力资源和社会资源的传统农业经营，拥有更多的人力资本和社会资本。

表5–6　居民是否从事旅游业对生计资本变化感知的影响分析

检验结果		方差方程的 Levene 检验		均值方程的 *t* 检验						
		F	Sig.	*t*	df	Sig.（双侧）	均值差值	标准误差值	差分的 95% 置信区间 下限	差分的 95% 置信区间 上限
生态旅游发展之后耕地自然资本	假设方差相等	0.000	0.989	0–0.026	234	0479	–0.003 78	0.143 42	–0.286 33	0.278 77
	假设方差不相等			0–0.026	168.378	0.479	–0.003 78	0.143 41	–0.286 90	0.279 34
生态旅游发展之后居民物质资本	假设方差相等	1.526	0.218	5.635	234	0.000	1.205 49	0.213 94	0.784 00	1.626 99
	假设方差不相等			5.233	136.518	0.000	1.205 49	0.230 37	0.749 94	1.661 04
生态旅游发展之后居民金融资本	假设方差相等	35.458	0.000	5.634	234	0.000	5.419 95	0.961 95	3.524 76	7.315 15
	假设方差不相等			7.151	207.760	0.000	5.419 95	0.757 96	3.925 67	6.914 24
生态旅游发展之后居民社会资本	假设方差相等	1.864	0.174	5.173	234	0.000	0.568 39	0.109 88	0.351 91	0.784 87
	假设方差不相等			5.225	173.303	0.000	0.568 39	0.108 78	0.353 68	0.783 10
生态旅游发展之后居民人力资本	假设方差相等			–1.675	234	0.095	–4.197 71	2.505 56	-9.134 04	0.738 62
	假设方差不相等	0.830	0.363	–1.641	158.610	0.003	–4.197 71	2.557 98	-9.249 80	0.854 39

3. 生计资本相关关系分析

除了对生态旅游发展前后各项生计资本的增减变化分析外，还需要分析生态旅游发展前后居民生计资本结构的变化。各项生计资本之间的相关关系反映了居民生计资本的结构，因此通过比较其相关性的变化，分析生态旅游发展前后居民的生计资本结构是否存在差异。计算 Pearson 相关系数需满足两个条件：变量为连续变量且正态分布。经过前期的因子综合得分计算后，各项生计资本变量已满足上述条件，具体相关性变化分析如表 5-7 所示。

表5-7 生态旅游发展前后居民生计资本相关性变化

变量		生态旅游发展之前		生态旅游发展之后		绝对值大小变化
		相关系数	显著性检验	相关系数	显著性检验	
自然资本	物质资本	−0.046	0.486	−0.039	0.556	—
自然资本	人力资本	0.101	0.121	0.119	0.069	—
自然资本	金融资本	0.255	0.000	0.206	0.001	—
自然资本	社会资本	−0.194	0.003	−0.079	0.225	—
物质资本	人力资本	−0.076	0.243	−0.126	0.054	—
物质资本	金融资本	0.002	0.981	0.215	0.000	—
物质资本	社会资本	0.121	0.063	0.302	0.000	—
人力资本	金融资本	−0.074	0.256	−0.112	0.087	—
人力资本	社会资本	−0.148	0.023	−0.132	0.043	—
金融资本	社会资本	0.106	0.103	0.301	0.000	—

注：由于调查数据的缺失，表格中只包含生态旅游发展后人力资本的数据，生态旅游发展前人力资本因子综合得分用生态旅游发展后的数据代替。

通过分析可以明显看出，青海湖生态旅游发展前自然资本和金融资本相关显著性较高，而在生态旅游发展之后相关显著性有所降低。其原因是在生态旅游发展之前，当地居民主要的家庭收入来源依托于自然资源，拥有自然资本的数量决定了金融资本。生态旅游发展后，一部分居民转行投入了旅游经营工作，居民家庭收入来源也由过去的单一的农耕劳作收入方式转变成多层次的第一产业和第三产业相结合的收入方式，导致金融资本的增加或减少不仅仅依赖于自然资源，由此自然资本与金融资本的相关性降低。在生态旅游发展之后，自然资本与其他各项生计资本的相关性也极低，其中居民自然资本与物质资本、社会资本在生态旅游发展前后相关系数均为负数，说明在一定程度上自然资本的减少反而会带来物质资本和社会资本的增加。此外，对比青海湖生态旅游发展之前，在生态旅游发展后物质资本和金融资本、物质资本和社会资本、金融资本和社会资本的相关性显著上升；人力资本与物质资本、金融资本的相关性极低，人力资本与社会资本为负相关，说明人力资本减少后可能会带来社会资本的增加。综合来看，青海湖生态旅游发展后居民的自然资本与金融资本、社会资本的相关性降低，物质资本与金融资本、社会资本的相关性上升。前者意味着生态旅游给当地居民带来了一定的经济收入和物质实惠，后者意味着金融资本和社会资本对改变居民物质生活的影响作用加强。

在对居民各项生计资本之间的相关关系分析之后，还需要对生态旅游发展前后同一生计资本的相关性进行分析。表 5-8 的检验结果表示，生态旅游发展前后居民的金融资本存在极强的相关关系，自然资本和社会资本存在强相关关系，物质资本则存在中等程度的相关关系。数据表明，生态旅游的发展使青海湖居民自然资本、物质资本和社会资本在一定时期内出现了明显的变化，而金融资本却变化较小，具有一定的稳定性。

表5-8 生态旅游发展前后居民各项生计资本相关性

类型	相关系数	显著性检验
自然资本	0.738	0.000
物质资本	0.566	0.000
金融资本	0.853	0.000
社会资本	0.603	0.000

（三）生态旅游对居民生计资本影响总结

针对上述具体分析，得出结论如下所示。

①从整体上看，青海湖生态旅游发展后，居民的物质资本、金融资本、社会资本显著大于旅游发展前水平。

②生态旅游发展对居民的自然资本影响不明显。与金融资本和物质资本不同，由于自然资本是居民固有资本，因此在考察期内具有稳定性。这一结论与上文猜测的在旅游发展之后自然资本与其他各项生计资本相关性降低的原因基本一致。

③青海湖生态旅游发展后居民的自然资本与金融资本、社会资本的相关性降低，物质资本与金融资本、社会资本的相关性上升。这意味着生态旅游给当地居民带来了一定的经济收入，同时金融资本和社会资本对改变居民物质生活的影响作用加强。

④青海湖生态旅游发展之后，居民是否从事旅游业对居民的自然资本无显著影响，而对其他四项资本具有显著影响。从事旅游业的居民的物质资本、金融资本、

人力资本、社会资本明显高于未从事旅游业的居民。

⑤相关性数据分析表明，生态旅游发展前后各项生计资本关系紧密，且均为正向相关关系。但是生态旅游发展对不同的生计资本影响程度不同。

⑥研究青海湖生态旅游发展前后居民各项生计资本的变化情况，既可以帮助我们了解生态旅游发展对居民生计资本的影响，也可以为政府等相关部门提供理论依据，辅助其制定生态旅游发展及生态补偿措施，从而有针对性地提升居民的生计能力。政府制定生态补偿政策目的之一便是减少居民因发展生态旅游带来的损失和成本，提升居民的生计能力，从而使居民有能力有精力保护青海湖周边的生态环境，促进当地生态旅游的可持续发展。另外，同一生态补偿政策对同一地区不同居民的生计能力影响包括正向影响和负向影响，生态补偿政策必须区别对待不同居民家庭，给予更多的补偿选项。

三、居民对旅游生态补偿感知研究

（一）样本基本特征

1. 样本基本背景述性统计分析

根据本次发放的居民调查问卷，得出居民调查样本基本特征，如表 5–9 所示。

表5–9　青海湖居民调查样本基本特征

变量	特征	百分比（%）	变量	特征	百分比（%）
性别	男	55.5	是否从事旅游业	是	64.8
	女	44.5		否	35.2
年龄	25 岁以下	18.2	从事旅游业时间	1 年以下	20.9
	25—34 岁	30.5		1—3 年	36.0
	35—44 岁	22.9		3—5 年	28.1
	45—54 岁	21.2		5 年以上	15.0
	55 岁以上	7.2	从事哪种服务	旅游接待	52.3
学历	小学及以下	24.9		旅游兜售	36.6
	初中	34.5		旅游行政	4.6
	高中 / 中专 / 技校	23.3		其他	6.5
	大学专科	10.8			
	大学本科及以上	6.5			

本次调查的236位青海湖当地居民中，性别以男性为主，占55.5%；年龄以中年为主，其中25—44岁的居民超过50%；学历以初中为主，占34.5%，其次为小学及以下，占24.9%。根据研究需要，对居民是否从事过旅游业，以及从事旅游业的时间及类型进行了调查分析。其中，64.8%接受调查的居民都曾经或者现在从事旅游业，从事的主要类型为旅游接待和旅游兜售，分别占比52.3%、36.6%，从事旅游的时间多数集中在1—5年。

2. 数据分析信度检验

本研究运用SPSS 24.0软件，采用Cronbach α信度系数法对各指标的信度、效度进行检测。分析发现，观测变量的Cronbach α系数高于0.7（见表5-10），说明所搜集的社区居民对当地旅游发展和生态补偿的感知数据具有较高的可信度和科学性。

表5-10 案例地居民问卷标准化信度检验

Cronbach α	项数
0.725	37

（二）结果与分析

1. 居民对旅游发展的影响感知分析

运用均值和标准差统计分析居民对当地旅游发展所带来的影响感知。在结合案例地实际情况以及国内外相关研究的基础上，以杨主泉、张志明、王丽娜的《社区居民对旅游生态补偿的感知研究——以阳朔县为例》[194]为参照，本研究共选取了17个指标对居民旅游发展影响感知进行分析，其中X1—X6主要是经济方面的感知因子，包括正向和负向两方面感知因子；X7—X12是生活方面的感知因子；X13—X17是生态环境负向因子。

根据已有的研究方法，一般认为总体等级评分值在［1.0，2.5）内表示反对，在［2.5，3.5）内表示中立，在［3.5，5.5］内表示赞成。从表5-11居民感知调查中可以发现，X1、X2、X7、X8、X9、X10、X12、X15、X17九项指标的均值超过了3.5，即当地居民对此感知强烈。其中正向指标为X1、X2、X7、X8、X9、X10、X12，说明居民比较认同旅游发展对当地的经济拉动、生活质量提升与幸福感增强、教育条件改善与教育水平提高以及环境改善作用；而负向指标X15、X17则表明居民对由旅游开发带来的生态环境压力和交通拥挤表示强烈的不满。另外，介于3.0—0.5的感知指标分别有X6、X11、X13、X16，表示社区居民对这些指标存在一般认同，指标 X6 说明居民认为旅游开发对当地原有的农业经济结构带来了一定影响。在实地访谈中，居民谈到旅游开发改变了当地的农作物构成，过去青海湖主要农业生产作物为小麦、玉米、青稞等，而现在青海湖农作物构成中青稞、油菜花等农作物比例大幅度增长。指标 X11 表示旅游开发后给当地居民带来了一定的幸福感；负向指标 X13、X16 表明社区居民对旅游影响了生活环境、带来的生态环境污染和水质破坏感到不满意，即旅游"飞地"现象严重，但是旅游所带来的负面效益却由当地人承受，存在严重的不平衡和不公平问题，这与实地访谈所得的信息大体相符。X3、X4、X5、X14 为均值在 2—3 的感知指标，其中 X3、X4、X5 三项指标的均值表明旅游开发并未造成当地种植收入、放牧收入明显减少，发展旅游也并没有带来很多的额外成本；X14 为负向指标，说明居民并不认为旅游发展为当地带来了不文明现象和行为。

同时，在所有的指标中，变异系数大多介于 0.2—0.4，说明数据具有相对较小的离散性，数据的集中度较好，能够反映大部分居民的意见（见表 5-11）。

表5-11 居民对当地旅游影响的感知描述

感知因子	均值	标准差	离散系数	偏度	峰度
X1 旅游对当地的经济带动效益	3.8051	0.974 21	0.256	−0.547	0.068
X2 旅游开发后物价上涨很快	3.6441	1.023 35	0.281	−0.467	−0.256
X3 旅游开发减少了种植的收入	2.7669	1.040 01	0.376	−0.047	−0.471
X4 旅游开发减少了放牧的收入	2.6271	0.046 14	0.018	0.075	−0.660
X5 旅游开发使得付出额外的成本	2.9958	1.085 68	0.362	−0.092	−0.549
X6 旅游开发改变了原有的农业经济结构	3.1102	2.542 53	0.817	13.472	197.934
X7 旅游改善了当地的生活质量和生产水平	3.5932	0.960 83	0.267	−0.529	0.220
X8 旅游开发对当地卫生环境有很好地改善	3.5339	2.209 00	0.625	10.107	135.331
X9 旅游改善了当地教育条件及教育水平	3.5381	1.045 06	0.295	−0.316	−0.432
X10 旅游改善了当地道路交通情况	3.6398	0.955 13	0.262	−0.317	−0.177
X11 旅游发展增强了当地的幸福感	3.4661	1.024 65	0.296	−0.387	−0.227
X12 旅游开发后转行从事了旅游的相关工作	3.5212	0.995 51	0.283	−0.229	−0.276

续表

感知因子	均值	标准差	离散系数	偏度	峰度
X13 旅游影响了生活环境	3.3686	1.033 33	0.307	−0.320	−0.361
X14 旅游使当地不文明行为增多	2.8941	1.119 18	0.387	0.137	−0.679
X15 游客的进入使生态环境压力变大	3.5763	0.962 33	0.269	−0.450	0.034
X16 旅游开发使空气和水质变差了	3.4703	1.096 98	0.316	−0.470	−0.349
X17 旅游占用了交通、土地资源，使交通变得拥挤	3.6059	1.068 61	0.296	−0.511	−0.186

综合而言，居民关于旅游开发对当地产生的影响感知中，正面影响主要集中在经济带动（$M = 3.8051$）>改善道路交通情况（$M = 3.6398$）>改善生活质量（$M = 3.5932$）>改善卫生环境（$M = 3.5339$）等，负面影响主要集中在以下几个方面：物价上涨（$M = 3.6441$）>交通拥挤（$M = 3.6059$）>生态环境压力大（$M = 3.5763$）>水质污染（$M = 3.4703$）。

通过对居民是否从事旅游业与生态旅游影响感知的关系进行独立样本 t 检验分析（表 5–12），结果表明居民是否从事旅游业对于“旅游对当地的经济带动效益”（P=0.001）、“旅游发展增强了当地的幸福感”（P=0.002）、“旅游开发后转行从事了旅游的相关工作”（P=0.000）、“旅游开发使空气和水质变差了”（P=0.036）四项维度显著相关。根据各个生态旅游影响认知维度对应的具体指标，可以进一步分析得出：对比未从事过旅游业的居民，该类居民更加认可旅游对当地的经济效益具有带动作用，而且对于旅游发展增强了当地的幸福感感知更加强烈。这是由于从事旅游工作的居民通过经营旅游业获得更多的收入，更为直观地受惠于旅游业。并且随着金融资本、物质资本的增加，当地居民的社会资本也不断增加，无形中增强了居民的幸福感。另外，目前从事旅游业或曾经从事过旅游业的居民大多是以前从事农耕或者依托打工为生的当地居民，在当地生态旅游发展后转行从事旅游工作。最后，从事旅游工作的居民对于旅游开发带来的空气水质污染感知更为明显。由此可见，关于生态旅游影响，目前从事旅游业或曾经从事过旅游业的居民比未从事过旅游业的居民感知更为强烈。

表5-12 居民是否从事旅游业对生态旅游影响的感知差异分析

检验结果		方差方程的 Levene 检验		均值方程的 t 检验						
		F	Sig.	t	df	Sig.（双侧）	均值差值	标准误差值	差分的 95% 置信区间 下限	差分的 95% 置信区间 上限
X1 旅游对当地的经济带动效益	假设方差相等	3.690	0.056	3.408	234	0.001	0.442 71	0.129 91	0.186 78	0.698 65
	假设方差不相等			3.324	156.749	0.001	0.442 71	0.13317	0.17967	0.70575
X2 旅游开发后物价上涨很快	假设方差相等	1.219	0.271	1.801	234	0.073	0.250 10	0.138 85	−0.023 45	0.523 64
	假设方差不相等			1.864	185.696	0.064	0.250 10	0.134 15	−0.014 55	0.514 75
X3 旅游开发减少了种植的收入	假设方差相等	3.379	0.067	−0.045	234	0.464	−0.006 38	0.142 08	−0.286 30	0.273 54
	假设方差不相等			−0.047	193.682	0.462	−0.006 38	0.135 18	−0.272 98	0.260 23
X4 旅游开发减少了放牧的收入	假设方差相等	0.302	0.583	0.267	234	0.790	0.038 11	0.142 90	−0.243 41	0.319 64
	假设方差不相等			0.271	176.327	0.787	0.038 11	0.140 62	−0.239 40	0.315 62
X5 旅游开发使得付出额外的成本	假设方差相等	0.642	0.424	0.960	234	0.338	0.142 14	0.148 03	−0.149 50	0.433 78
	假设方差不相等			0.982	179.805	0.327	0.142 14	0.144 67	−0.143 33	0.427 61
X6 旅游开发改变了原有的农业经济结构	假设方差相等	0.930	0.336	1.045	234	0.297	0.504 45	0.482 84	-.446 81	1.455 71
	假设方差不相等			1.377	178.171	0.170	0.504 45	0.366 24	−0.218 28	1.227 18
X7 旅游改善了当地的生活质量和生产水平	假设方差相等	1.390	0.240	0.600	234	0.349	0.078 75	0.131 16	−0.179 66	0.337 16
	假设方差不相等			0.585	156.397	0.459	0.078 75	0.134 56	−0.187 05	0.344 54

续表

检验结果		方差方程的 Levene 检验		均值方程的 t 检验					差分的 95% 置信区间	
		F	Sig.	t	df	Sig.（双侧）	均值差值	标准误差值	下限	上限
X8 旅游开发对当地卫生环境有很好地改善	假设方差相等	3.189	0.075	−0.659	234	0.211	−0.198 60	0.301 50	−0.792 61	0.395 41
	假设方差不相等			−0.512	90.461	0.310	−0.198 60	0.387 95	−0.969 27	0.572 07
X9 旅游改善了当地教育条件及教育水平	假设方差相等	0.851	0.357	1.658	234	0.099	0.23537	0.14194	−0.04427	0.51502
	假设方差不相等			1.622	157.968	0.107	0.235 37	0.145 11	−0.051 24	0.521 99
X10 旅游改善了当地道路交通情况	假设方差相等	0.065	0.799	1.158	234	0.248	0.150 64	0.130 11	−0.105 70	0.406 98
	假设方差不相等			1.151	165.571	0.251	0.150 64	0.130 87	−0.107 75	0.409 03
X11 旅游发展增强了当地的幸福感	假设方差相等	0.066	0.797	3.072	234	0.002	0.421 61	0.137 24	0.151 22	0.692 00
	假设方差不相等			3.074	168.628	0.002	0.421 61	0.137 17	0.150 82	0.692 40
X12 旅游开发后转行从事了旅游的相关工作	假设方差相等	0.022	0.881	3.691	234	0.000	0.487 99	0.132 21	0.227 52	0.748 46
	假设方差不相等			3.562	152.001	0.000	0.487 99	0.136 99	0.217 34	0.758 65
X13 旅游影响了生活环境	假设方差相等	0.023	0.880	0.210	234	0.834	0.029 69	0.141 16	−0.248 41	0.307 78
	假设方差不相等			0.212	172.298	0.832	0.029 69	0.140 03	−0.246 71	0.306 08
X14 旅游使当地不文明行为增多	假设方差相等	0.753	0.387	−0.339	234	0.735	−0.051 89	0.152 86	−0.353 05	0.249 26
	假设方差不相等			−0.345	176.809	0.730	−0.051 89	0.150 28	−0.348 46	0.244 67

续表

检验结果		方差方程的 Levene 检验		均值方程的 *t* 检验						
		F	Sig.	*t*	df	Sig.（双侧）	均值差值	标准误差值	差分的 95% 置信区间	
									下限	上限
X15 游客的进入使生态环境压力变大	假设方差相等	1.133	0.288	1.395	234	0.164	0.182 69	0.130 92	−0.075 25	0.440 63
	假设方差不相等			1.454	189.183	0.148	0.182 69	0.125 65	−0.065 16	0.430 54
X16 旅游开发使空气和水质变差了	假设方差相等	3.849	0.051	2.006	234	0.036	0.298 05	0.148 59	0.005 31	0.590 80
	假设方差不相等			2.101	191.865	0.036	0.298 05	0.141 87	0.018 24	0.577 87
X17 旅游占用了交通、土地资源，使交通变得拥挤	假设方差相等	0.126	0.723	1.315	234	0.190	0.191 27	0.145 45	−0.095 29	0.477 84
	假设方差不相等			1.344	179.144	0.181	0.191 27	0.142 34	−0.089 60	0.472 15

表5-13　居民对生态补偿的感知

感知因子	均值	标准差	离散系数	偏度	峰度
Y1 旅游发展应该给予一定补偿	4.0212	0.978 26	0.243	−1.060	1.156
Y2 希望获取资金上的补偿	4.0381	0.842 13	0.209	−0.504	−0.259
Y3 希望从门票中按比例获得提取	3.5297	1.089 20	0.309	−0.475	−0.420
Y4 希望参与旅游工作获得收入	3.9153	0.994 25	0.254	−0.929	0.642
Y5 认为自己已经得到了一定的生态补偿	2.0466	0.994 64	0.486	0.586	−0.412
Y6 希望社区发展与旅游业形成产业链	3.5720	0.975 83	0.273	−0.467	0.177
Y7 希望建立市场化生态补偿机制	3.8898	0.906 56	0.233	−0.471	−0.080
Y8 希望景区和政府给予更多的人文关怀	3.9619	0.910 12	0.229	−0.710	0.284
Y9 希望开展知识培训提高服务知识	3.8263	0.980 40	0.256	−0.765	0.321
Y10 希望给弱势群体更多的关注	4.0805	0.844 18	0.207	−0.625	−0.059
Y11 希望获得更多的发言权	3.9280	0.926 62	0.236	−0.471	−0.389
Y12 希望组织社区团体代表社区利益争取权益	3.7712	0.953 48	0.253	−0.329	−0.433

续表

感知因子	均值	标准差	离散系数	偏度	峰度
Y13 希望政府和景区通过捐助实物补偿	3.5720	2.834 27	0.793	12.424	177.722
Y14 希望政府和景区对当地的水电、交通等提供扶持	3.9831	0.884 70	0.222	−0.636	0.102
Y15 对污染行为实行惩罚，保护行为实行奖励	3.9619	0.937 76	0.237	−0.548	−0.345
Y16 应提供资金和技术改善当地卫生清洁	3.9703	0.915 10	0.230	−0.680	0.183
Y17 对青海湖水质定期进行清理	4.1737	2.742 79	0.657	13.105	191.050
Y18 政府和景区应该维护青海湖的生物多样性	4.1907	3.447 12	0.822	13.716	203.031
Y19 希望得到税收优惠和资金补助的方式从事农家乐等获得补偿	4.0466	0.998 91	0.247	−0.766	−0.298
Y20 景区和政府需要积极履行社会责任，通过组建基金等方式回馈社会和环境	4.0508	0.930 32	0.229	−0.677	−0.179

2. 居民对旅游生态补偿的感知分析

从表 5-13 的均值、方差、离散系数等分析青海湖居民对旅游生态补偿的感知。其中，Y1—Y5 是期望通过经济补偿方式的感知因子，Y6—Y12 是期望通过社区提高话语权方式的感知因子，Y13—Y20 是期望通过政府对生态环境进行保护方式的感知因子。在 20 个旅游生态补偿感知指标中，只有 Y5 的均值低于 2.5，说明社区居民对当前自己所获得的补偿很不满意，认为自己没有得到应有的或足够的旅游生态补偿。而相比较而言，Y1 得到了居民的普遍赞同，均值为 4.0212，说明居民对获得补偿额度已经达成一种共识，并且迫切希望能够实现生态补偿。

在居民期望的经济利益补偿方式调查中，期望均值最大的两项指标为 Y1（$M=4.0212$）、Y19（$M=4.0466$）表明社区居民最期望政府和景区能够提供税收优惠和资金补助。实地考察中也发现，多数居民表示没有资金从事农家餐馆和住宿，多数的农家乐餐馆以及乡村宾馆都是外地人投资经营的，当地居民只能靠出卖土地和劳动力获取短期和微薄的收益。而 Y10（$M=4.0805$）的均值也较高，反映了社区居民普遍认同应给予弱势群体更多的关注。同时通过分析各项经济补偿方式指标发现，Y2（$M=4.0381$）> Y13（M=3.5720）> Y3（$M=3.5297$），居民更偏向于资金补偿，其次是实物补偿和从门票中提取补偿。居民普遍更期望直接获得资金补偿表明当地居民更偏向于从经济效益出发。

Y6—Y20 指标的均值均超过 3.5，其共性是表达了居民对当地政府、景区以及其他相关组织的期待，渴望得到其帮助和扶持，包括居民权利、人文关怀、公平公正、基础设施等多个方面。其中 Y17、Y18、Y20 三项指标的均值均在 4.0 以上，说明当地居民生态环境保护意识很强，认为政府和景区应该践行社会责任，定期对青海湖水质进行清理，维护青海湖生物多样性。表明居民对由政府、景区牵头、全民共同参与青海湖生态环境保护的生态补偿模式高度认可。此外，调研中也发现，当地参与旅游相关行业的居民都缺乏相关保障，政府和景区的管理仅局限在经济利益管理方面，但是诸如人文关怀和补偿机制等都存在漏洞。

总体来看，案例地的居民在生态补偿感知上没有表现出太大的差异，都希望能够得到政府和景区的更多补偿和扶持，尤其是资金上的补偿。实地调研也发现，几乎所有居民都认同如果有机会希望通过从事旅游业增加经济收入，其中目前从事旅游业或曾经从事过旅游业的居民比起未从事过旅游业的居民更期望能够获得一定的补偿。调研人员在去调研的同时，正好赶上青海湖为减少污水排湖对沿湖居所进行整改排水道。通过居民访谈得知，当地绝大多数宾馆旅店招待所已两三次进行封店整改，何时改好何时营业。整改期间，当地经营旅游住宿业的居民并未收到政府或景区关于整改费用及整改期间经营损失的补偿。部分居民对此颇有怨言。另外，通过访谈得知当地沿湖经营旅游宾馆、酒店的居民一直是自发进行自家门口水域白色垃圾的清理。居民希望通过补偿能够促进其保护青海湖生态环境的积极性。因此，为了调动青海湖居民的积极性，促进青海湖生态旅游的可持续发展，当地政府、景区及其他相关组织需要尽快制定行之有效的生态补偿措施。为了进一步明确青海湖当地的生态补偿方式，使其更有针对性、科学性、全面性和合理性，下一步需要对居民生态补偿感知进行聚类分析。

通过对居民是否从事旅游业与生态补偿感知的关系进行独立样本 t 检验分析（见表 5-14），结果显示在生态补偿感知维度所对应的所有具体指标中除了“旅游发展应该给予一定补偿”“希望从门票中按比例获得提取”“认为自己已经得到了一定的生态补偿”“希望获得更多的发言权”“希望政府和景区通过捐助实物补偿”“希望社区发展与旅游业形成产业链”六个维度 P 值高于 0.05，其他维度 P 值均低于 0.05，说明除了以上六个维度，其他维度与居民是否从事旅游业存在显著关系。据调查显示及数据分析，大部分居民都认为旅游发展应该给予一定的补偿，赞同社区发展与旅游业形成产业链，希望在旅游建设过程中获得更多的发言权。另外，多数认为自己没有得到应有的或足够的旅游生态补偿，而在期望的经济利益补偿方式调查中，当地居民更偏向于直接经济效益的补偿，对其他形式的补偿也很关注。因此，这六项指标与居民是否从事旅游业不具备显著关系。

表5-14　居民是否从事旅游业对生态补偿感知的影响分析

检验结果		方差方程的 Levene 检验		均值方程的 *t* 检验						
		F	Sig.	*t*	df	Sig.（双侧）	均值差值	标准误差值	差分的 95% 置信区间	
									下限	上限
Y1 旅游发展应该给予一定补偿	假设方差相等	1.427	0.233	1.082	234	0.281	0.144 18	0.133 31	−0.118 46	0.406 83
	假设方差不相等			1.118	184.850	0.265	0.144 18	0.129 01	−0.110 34	0.398 71
Y2 希望获取资金上的补偿	假设方差相等	1.032	0.311	2.482	234	0.014	0.281 83	0.113 56	0.058 10	0.505 57
	假设方差不相等			2.449	162.001	0.014	0.281 83	0.115 09	0.054 56	0.509 10
Y3 希望从门票中按比例获得提取	假设方差相等	1.218	0.271	1.628	234	0.105	0.240 89	0.147 96	−0.050 63	0.532 40
	假设方差不相等			1.673	182.015	0.096	0.240 89	0.143 98	−0.043 21	0.524 98
Y4 希望参与旅游工作获得收入	假设方差相等	13.817	0.000	4.103	234	0.000	0.538 31	0.131 19	0.279 84	0.796 78
	假设方差不相等			3.810	136.487	0.000	0.538 31	0.141 28	0.258 93	0.817 69
Y5 认为自己已经得到了一定的生态补偿	假设方差相等	0.485	0.487	−0.977	234	0.329	−0.132 53	0.135 61	−0.399 69	0.134 63
	假设方差不相等			−1.005	182.330	0.316	−0.132 53	0.131 88	−0.392 73	0.127 67
Y6 希望社区发展与旅游业形成产业链	假设方差相等	2.426	0.121	1.045	234	0.297	0.138 99	0.133 00	−0.123 05	0.401 02
	假设方差不相等			1.095	192.318	0.275	0.138 99	0.126 87	−0.111 25	0.389 23
Y7 希望建立市场化生态补偿机制	假设方差相等	5.763	0.017	1.791	234	0.050	0.220 33	0.123 01	−0.022 01	0.462 68
	假设方差不相等			1.969	215.790	0.050	0.220 33	0.111 91	−0.000 25	0.440 92

续表

检验结果		方差方程的 Levene 检验		均值方程的 t 检验						
		F	Sig.	t	df	Sig.（双侧）	均值差值	标准误差值	差分的 95% 置信区间	
									下限	上限
Y8 希望景区和政府给予更多的人文关怀	假设方差相等	1.849	0.175	2.241	234	0.026	0.275 69	0.123 02	0.033 32	0.518 07
	假设方差不相等			2.201	159.884	0.029	0.275 69	0.125 25	0.028 34	0.523 05
Y9 希望开展知识培训提高服务知识	假设方差相等	7.296	0.007	3.953	234	0.000	0.512 56	0.129 68	0.257 08	0.768 04
	假设方差不相等			3.765	146.449	0.000	0.512 56	0.136 15	0.243 49	0.781 63
Y10 希望给弱势群体更多的关注	假设方差相等	3.202	0.075	3.415	234	0.001	0.384 36	0.112 56	0.162 61	0.606 12
	假设方差不相等			3.214	141.601	0.002	0.384 36	0.119 60	0.147 92	0.620 80
Y11 希望获得更多的发言权	假设方差相等	1.259	0.263	1.927	234	0.055	0.241 99	0.125 60	−0.005 46	0.489 43
	假设方差不相等			1.883	157.707	0.061	0.241 99	0.128 48	−0.011 78	0.495 75
Y12 希望组织社区团体代表社区利益争取权益	假设方差相等	1.114	0.292	2.756	234	0.006	0.353 26	0.128 20	0.100 69	0.605 82
	假设方差不相等			2.846	184.636	0.005	0.353 26	0.124 11	0.108 39	0.598 12
Y13 希望政府和景区通过捐助实物补偿	假设方差相等	1.336	0.249	1.178	234	0.240	0.454 92	0.386 06	−0.305 68	1.215 51
	假设方差不相等			1.530	190.973	0.128	0.454 92	0.297 41	−0.013 171	1.041 54
Y14 希望政府和景区对当地的水电、交通等提供扶持	假设方差相等	1.386	0.240	2.110	234	0.036	0.252 62	0.119 73	0.016 73	0.488 50
	假设方差不相等			2.102	166.559	0.037	0.252 62	0.120 18	0.015 35	0.489 89
Y15 对污染行为实行惩罚，保护行为实行奖励	假设方差相等	0.028	0.867	2.323	234	0.021	0.294 28	0.126 66	0.044 74	0.543 81
	假设方差不相等			2.340	171.778	0.020	0.294 28	0.125 78	0.046 00	0.542 55

续表

检验结果		方差方程的 Levene 检验		均值方程的 t 检验					差分的 95% 置信区间	
		F	Sig.	t	df	Sig.（双侧）	均值差值	标准误差值	下限	上限
Y16 应提供资金和技术改善当地卫生清洁	假设方差相等	0.576	0.449	2.491	234	0.013	0.307 35	0.123 39	0.064 25	0.550 45
	假设方差不相等			2.478	165.961	0.014	0.307 35	0.124 01	0.062 51	0.552 19
Y17 对青海湖水质定期进行清理	假设方差相等	0.516	0.473	1.667	234	0.037	0.621 07	0.372 50	−0.011 28	1.354 95
	假设方差不相等			2.171	188.512	0.031	0.621 07	0.286 09	0.056 73	1.185 41
Y18 政府和景区应该维护青海湖的生物多样性	假设方差相等	0.376	0.540	1.862	234	0.014	0.870 23	0.467 48	−0.050 78	1.791 23
	假设方差不相等			2.450	179.597	0.015	0.870 23	0.355 19	0.169 34	1.571 11
Y19 希望得到税收优惠和资金补助的方式从事农家乐等获得补偿	假设方差相等	4.345	0.038	4.219	234	0.000	0.555 08	0.131 55	0.295 90	0.814 26
	假设方差不相等			4.058	150.535	0.000	0.555 08	0.136 78	0.284 83	0.825 34
Y20 景区和政府需要积极履行社会责任，通过组建基金等方式回馈社会和环境	假设方差相等	1.872	0.173	3.169	234	0.002	0.394 36	0.124 45	0.149 17	0.639 55
	假设方差不相等			3.095	157.333	0.002	0.394 36	0.127 41	0.142 70	0.646 02

根据检验结果进一步分析得出：目前从事旅游业或曾经从事过旅游业的居民生态补偿感知更为强烈，更希望通过参加旅游工作获得更多的收入，以及获得更多的资金补偿。另外，目前从事旅游业或曾经从事过旅游业的居民更加认同政府进行生态环境保护、青海湖水质维护与污染监管以及保护青海湖的生物多样性等社会性环境效益补偿问题。目前从事旅游业或曾经从事过旅游业的居民的生态补偿感知意识较强烈，因为这部分居民对于生态环境变化更为敏感，而且其收入主要依托于当地

的生态环境，因此对于生态补偿的感知更为明显。

3. 生态补偿指标的因子分析

通过运用 SPSS 24.0 统计软件对指标进行检测（见表 5-15）显示，KMO 值为 0.727，因此通过了 KMO 检验；Bartlett 球度检验统计量为 1457.988，检验的 P 值为 0.000，具有高度显著性，说明各变量间相关关系较强，适合做因子分析。

表5-15　KMO和Bartlett的检验

取样足够度的 Kaiser-Meyer-Olkin 度量		0.727
Bartlett 的球形度检验	近似卡方	1457.988
	df	190
	Sig.	0.000

通过上述指标检验后，对变量进行因子分析，提取共性因子，实现降维目的。公因子提取采用主成分分析法，特征值默认大于 1，否则表明此公因子的解释力度不如原始因子的解释力度。在 SPSS 运算设计过程中，选用方差最大正交旋转法对因子载荷矩阵进行正交旋转，使每次因子所具有的最高载荷的变量数最小，以突出各因子的实际含义（见表 5-16）；同时，在此基础上进行因子萃取，设定因子载荷大于或等于 0.5 的变量可以被萃取；最后，利用方差最大正交旋转使因子的含义更加清楚，以便对因子进行命名和解释，并基于因子萃取提取公因子，如表 5-17 所示。

表5-16　旋转后的因子载荷矩阵

指标	成分					
	1	2	3	4	5	6
Y1 旅游发展应该给予一定补偿	0.382	0.091	0.313	0.065	−0.371	−0.127
Y2 希望获取资金上的补偿	0.232	0.013	0.512	0.200	−0.278	0.093
Y3 希望从门票中按比例获得提取	0.366	0.074	0.553	0.288	0.035	0.231
Y4 希望参与旅游工作获得收入	0.502	−0.002	0.451	0.029	0.242	−0.016
Y5 认为自己已经得到了一定的生态补偿	−0.088	0.261	0.044	−0.324	0.071	0.606
Y6 希望社区发展与旅游业形成产业链	0.553	−0.099	0.008	−0.514	−0.170	−0.017
Y7 希望建立市场化生态补偿机制	0.573	−0.130	0.151	−0.433	−0.060	−0.173
Y8 希望景区和政府给予更多的人文关怀	0.526	0.017	0.203	0.123	−0.267	−0.004

续表

指标	成分					
	1	2	3	4	5	6
Y9 希望开展知识培训提高服务知识	0.507	0.020	0.002	0.051	–0.052	–0.179
Y10 希望给弱势群体更多的关注	0.568	–0.090	–0.298	0.264	–0.310	–0.045
Y11 希望获得更多的发言权	0.580	–0.128	–0.274	0.261	–0.070	0.313
Y12 希望组织社区团体代表社区利益争取权益	0.564	–0.098	–0.241	0.330	–0.009	0.386
Y13 希望政府和景区通过捐助实物补偿	0.053	0.051	–0.256	0.435	0.314	–0.444
Y14 希望政府和景区对当地的水电、交通等提供扶持	0.552	–0.021	–0.227	–0.043	–0.035	–0.224
Y15 对污染行为实行惩罚，保护行为实行奖励	0.614	–0.119	–0.256	–0.268	0.100	0.149
Y16 应提供资金和技术改善当地卫生清洁	0.633	0.023	–0.354	–0.030	0.040	0.090
Y17 对青海湖水质定期进行清理	0.198	0.956	–0.077	–0.007	–0.025	–0.004
Y18 政府和景区应该维护青海湖的生物多样性	0.188	0.948	–0.091	–0.046	0.016	–0.058
Y19 希望得到税收优惠和资金补助的方式从事农家乐等获得补偿	0.406	0.015	0.213	0.206	0.622	0.037
Y20 景区和政府需要积极履行社会责任，通过组建基金等方式回馈社会和环境	0.563	–0.099	0.121	–0.275	0.463	0.020

表5–17　因子萃取与旋转结果

成份	初始方差贡献率			旋转平方后方差贡献率		
	特征值	各因子方差贡献率	累计贡献率（%）	特征值	各因子方差贡献率（%）	累积贡献率（%）
1	4.378	21.888	21.888	2.532	12.660	12.660
2	1.984	9.918	31.807	2.345	11.726	24.385
3	1.538	7.690	39.497	2.018	10.090	34.476
4	1.333	6.666	46.163	1.795	8.973	43.448
5	1.200	6.001	52.164	1.626	8.130	51.579
6	1.099	5.493	57.658	1.216	6.079	57.658

根据特征值大于1这一标准，表5-16共提取了6个共因子，累计方差贡献率为57.658%。说明这些公因子可解释总体变量57.658%的信息，因子分析的效果可行，能够较好地反映总体信息的内容。

根据上述分析将各指标因子进行分类，以明确社区居民对旅游生态补偿的不同利益诉求。在表5-16中，第一类公因子明显高于其他指标因子的共有13项，为Y1、Y4、Y6、Y7、Y8、Y9、Y10、Y11、Y12、Y14、Y15、Y16、Y20，从各因子的详细内容可以发现，整体内容涵盖了参与性补偿、扶助补偿，旅游与社区的协调发展、对弱势群体的扶持、社区与旅游一体化、公共技能培训以及对基础设施的完善等方面，以维护其利益和长久发展，这集中反映了社区居民期望能够得到社会效益补偿，因此将这13项指标定义为社会效益补偿。第二类公因子中明显高于其他指标因子的共有2项，分别为Y17、Y18，这些因子主要表达了社区居民认同政府进行生态环境保护、青海湖水质维护与污染监管以及保护青海湖的生物多样性等问题，因此将这两项指标定义为环境效益补偿。第三类公因子中，Y2、Y3是明显高于其他几个指标因子的，主要内容包括直接性资金补偿、门票提成补偿这些因子，反映了社区居民期望能够得到经济层面的旅游生态补偿，因此将这两项指标定义为经济效益补偿。第四、五、六类公因子中都只有一个指标，分别是Y13、Y19、Y5。这些因子包含的内容有：希望政府和景区通过捐助实物补偿、希望得到税收优惠和资金补助的方式从事农家乐等获得补偿、认为自己已经得到了一定的生态补偿。

综上所述，提取出的6类共因子综合概括了青海湖居民对旅游生态补偿的态度。其中既包括居民在生态补偿过程中的利益诉求，也流露出了居民对目前青海湖生态旅游发展与生态补偿的不满。同时，这也为青海湖当地政府、景区以及相关组织建立生态补偿机制提供了方向。

四、游客生态补偿意愿测评

（一）游客样本统计情况

根据游客调查问卷，得出游客基本人口统计特征，如表5-18所示。本次调查的307位青海湖游客中，女性比例高于男性，为54.70%；年龄以中青年为主，其中34岁以下的居民超过70%；学历以大学本科和专科为主，分别占48.20%和19.20%，其次为硕士及以上学历，占16.00%，而初中学历仅占2.60%，游客文化素质整体偏高。月均收入方面，大部分样本收入介于1001—8000元之间，低于1000元的游客不足 6%，而无收入的游客大多为在校学生。收入水平偏中等，具备实现生态补偿的经济基础。

表5–18　青海湖游客统计学常量统计特征

变量	特征	百分比	变量	特征	百分比
性别	男	45.30%	个人月均收入	无收入	14.00%
	女	54.70%		1000 元以下	5.90%
年龄	25 岁以下	33.20%		1001—3000 元	19.20%
	25—34 岁	43.60%		3001—5000 元	29.60%
	35—44 岁	12.40%		5001—8000 元	17.30%
	45-54 岁	8.80%		8001—10 000 元	5.90%
				10 000 元以上	8.10%
	55 岁以上	2.00%	职业	公务员	3.90%
学历	初中	2.60%		企事业单位人员	23.50%
	高中 / 中专 / 技校	14.00%		专业人员 / 技术人员 / 教师	19.50%
	大学专科	19.20%		工人	3.60%
	大学本科	48.20%		农民	1.00%
	硕士及以上	16.00%		学生	20.80%
				军人 / 警察	0.30%
				自由职业者	15.60%
				其他	11.70%

关于游客前来青海湖旅游的主要原因调查结果（见图 5–3）显示，有 58.30% 的游客表示当地的自然风光是吸引其来青海湖旅游的主要原因；14.30% 的游客表示前来青海湖旅游是为了参加生态教育；另有 11.10% 的游客因为参与户外休闲而选择青海湖。从游客的出游动机可以看出，青海湖的生态自然是吸引游客的主要因素，约有 80% 的游客受其影响。青海湖优良的自然生态美景已经成为其最具竞争力的旅游产品。据访谈得知，来青海湖旅游的其他原因包括陪同家人、朋友、公司组织团建活动等。

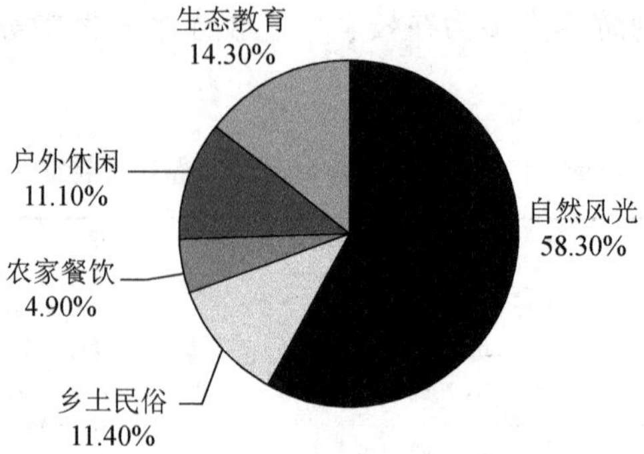

图 5-3　吸引游客前来旅游的主要因素

（二）游客生态认知

对青海湖游客进行调研时，首先调查了游客的生态认知情况，共包括七个维度。数据结果如表 5-19 所示。

表5-19　青海湖游客生态认知调查统计

生态认知维度	“认同”百分比（%）	“一般”百分比（%）	“不认同”百分比（%）
日常生活中对生态环境关注程度	75.6	22.8	1.6
对当地整体生态环境满意程度	70.7	25.0	4.3
当地生态环境保护的重要程度	93.5	31.6	6.5
生态环境对出游的影响程度	92.6	3.3	4.1
您是否愿意为改进当地生态环境做贡献	85.0	14.0	1.0
您对该地旅游接待服务质量满意度如何	55	36.2	8.8
您对该地旅游设施满意度如何	48.5	45.3	6.2

注：每个维度设计五个由强到弱的答案梯度，表中第一列数据为前 2 个梯度百分比之和；第三列数据为后 2 个梯度百分比之和。

从表 5-19 可以分析得出，近 80% 的游客在日常生活中对生态环境的关注程度很高，而且 93.5% 的游客认为对当地生态环境进行保护是非常重要的，说明游客生态觉悟及生态意识很高，且 85% 的游客表示愿意为青海湖的生态环境保护做出贡献。从对青海湖整体生态环境的满意程度来看，虽然大部分游客表示满意，但仍有 1/4 的游客表现出了不满的态度。其中主要原因是青海湖周边垃圾较多，破坏游客的整体感受。如今，旅游目的地的生态环境已经成为影响游客出游的重要因素，超过 90% 的游客认为当地的生态环境的好坏会影响其出游选择，不得不引起目的地旅游参与者的重视。针对青海湖的旅游接待服务质量和旅游设施，两者均有一半的游客表示认同，一半的游客认为一般或不满，极少比重的游客选择了非常认同。这一结果说明旅游服务质量和旅游设施仍然是青海湖旅游发展的短板，尚未满足大多数游客的需求，存在很大的提升空间。其中不足的地方包括：首先，很多游客提出景区周边食宿环境较差，并且价格不合理；其次，景区附近道路交通路况较差，停车场设计不够合理、管理混乱，导致“乱停乱放”现象严重影响交通；另外，景区基础设施较差，如垃圾桶摆放数量位置不合理、公共卫生间较少且收费等；此外，景区缺乏特色讲解，使游客逛之乏味；最后，还有游客提到当地服务人员素质较低、态度较差，既包括了景区工作人员，也包括了周边经营旅游业的商贩。

总结青海湖游客的生态认知情况：随着旅游消费升级，游客越来越关注旅游目的地的生态环境，环保意识不断增强，不仅追求目的地的环境质量，也对旅游服务和设施质量提出了更高的要求，青海湖的游客也不例外。游客的生态认知是其是否愿意参与生态补偿的重要体现，这些调查结果说明青海湖的游客具有参与生态补偿的主观能动性，愿意通过购买生态产品和服务实现生态补偿，青海湖具备实现市场化生态补偿的基础。

（三）游客生态旅游消费结构

游客生态旅游消费结构调研数据（见表 5-20）显示，90% 以上的游客人均餐饮日支出超 50 元，超 50% 的游客人均餐饮日支出达 100 元；住宿人均日支出普遍较高，46.9% 以上的游客超过 150 元 ，只有 2.3% 的游客不足 50 元；在交通人均日支出上，仅 6.2% 的游客花费在 50 元以下，其他消费区间的比例分布均匀，各个消费区间都有一定的人群分布，其中消费 150 元以上的游客占到了 41.0%；在门票支出方面，90% 以上的游客人均日花费在 50 元以上 ，这主要与景点门票价格有关。青海湖主要有两个景区，其中青海湖景区门票为 100 元 / 人、茶卡盐湖景区门票为 70 元 / 人。

表5-20　游客生态旅游消费结构1

消费区间	餐饮人均日支出（%）	住宿人均日支出（%）	交通人均日支出（%）	门票人均日支出（%）
50 元以下	9.1	2.3	6.2	4.7

续表

消费区间	餐饮人均日支出（%）	住宿人均日支出（%）	交通人均日支出（%）	门票人均日支出（%）
50—100 元	36.8	11.4	26.4	23.1
101—150 元	23.8	32.3	26.4	28.3
150 元以上	30.3	46.9	41.0	40.7
不住宿 / 没有门票	0.0	7.1	0.0	3.2

从购买当地农产品消费比例（见表 5-21）来看，70% 的游客消费都集中在 300 元以下，仅有不到 10% 的游客消费超过 500 元。据访谈所知，青海湖特产有限，没有什么值得购买的旅游产品，因此游客基本上都没有购买任何当地农产品。但根据游客陈述，当地有一些价格低廉受游客喜爱的藏族特色食物，所以在此方面会有一些小的支出。游客消费的低迷也从侧面反映出青海湖旅游产品的缺失，旅游要素开发不足，难以满足游客需求。在游玩娱乐人均日支出上，各个消费区间都有一定的比例分布，这得益于青海湖风情小镇有部分酒吧等休闲场所。最后从人均总花费来看，消费在 500 元以上的游客占到了 65.8%，可以看出当地的旅游物价水平较高，游客在当地消费能力较强。

表5-21 游客生态旅游消费结构2

消费区间	购买农产品人均支出（%）	游玩娱乐人均日支出（%）	人均日总花费（%）
100 元以下	43.6	21.8	2.6
101—300 元	30.3	36.5	14.7
301—500 元	16.3	23.1	16.9
500 元以上	9.8	18.6	65.8

（四）游客生态补偿意愿分析

根据游客生态认知调查可知，85% 的游客对青海湖的生态保护持积极态度，愿意为其做出贡献。基于这一基础，对游客进行生态补偿意愿调研。假设在现有的消费基础上，如果青海湖当地的居民、政府、景区等相关部门和组织为了保护生态环境，采取更加健康、环保的方式，从食住行游购娱六方面全面提升旅游产品和服务，游客为购买生态福利而愿意支付的额外消费费用。

1. 游客生态补偿支付意愿

目前，在学术界用于研究支付意愿的主要方法为条件价值评估法，也称意愿价值评估法（Contingent Valuation Method，CVM），最初用来研究流域生态环境的选择价值和非使用价值。条件价值评估法的主要原理是构建一个假想市场，通过询问被调查对象，测量人们对生态服务改善措施的最大补偿意愿，即 WTP；以及人们对生态服务质量受损的最小受偿意愿，即 WTA。条件价值评估法与传统市场价值法的区别在于：前者基于被调查对象的回答得出结论；后者基于市场行为得出结论。从目前的研究和实践来看，条件价值评估法是评估环境等公共物品非使用价值的唯一方法。WTP 的计算公式为：$E(\mathrm{WTP})=\sum_{i=1}^{n}A_iP_i$，其中，$A_i$ 为投标数值，P_i 为受访者选择这个数值的概率，n 为可供选择的投标数。计算 WTP 通常使用具体的额外支付费用值，本次研究采用了额外支付费用区间，因此对计算方法进行了略微修正。需要说明的是，调研期间由于整改排水管道，青海湖当地政府停止了景区周边的娱乐项目，因此暂不对其进行分析。

青海湖旅游生态补偿游客支付意愿调查分析如表 5-22 所示。

表5-22　青海湖旅游生态补偿游客支付意愿调查分析

消费结构	选项	指标量	额外支付对象	选项	指标量
餐饮人均支出	50 元以下	28	餐饮人均支出	10% 以下	105
	50—100 元	113		10%—30%	153
	100—150 元	73		30%—50%	37
	150 元以上	93		50% 以上	12
住宿人均支出	50 元以下	7	住宿人均支出	10% 以下	124
	50—100 元	35		10%—30%	140
	100—150 元	99		30%—50%	33
	150 元以上	144		50% 以上	10
交通人均支出	50 元以下	19	交通人均支出	10% 以下	138
	50—100 元	81		10%—30%	122
	100—150 元	81		30%—50%	37
	150 元以上	126		50% 以上	10

续表

消费结构	选项	指标量	额外支付对象	选项	指标量
门票人均支出	50 元以下	14	门票人均支出	10% 以下	149
	50—100 元	71		10%—30%	117
	100—150 元	87		30%—50%	30
	150 元以上	125		50% 以上	11
购物人均支出	50 元以下	134	购物人均支出	10% 以下	124
	50—100 元	93		10%—30%	139
	100—150 元	50		30%—50%	34
	150 元以上	30		50% 以上	10

运用微积分计算上表数据，从而得出游客愿意额外支出费用的比例；结合现有的各项人均消费支出，计算出游客每项旅游消费的愿意额外支出费用；将各项愿意额外支出费用加和，便是游客在青海湖旅游生态补偿过程中愿意额外支出的总费用，即 WTP。为了方便计算，对于 150 元以上的区间均采用 200 进行计算，对于超过 50% 的比例均采用 60% 进行计算。

$$PF=\frac{1}{307}\left(\int_{0}^{50}28dx+\int_{50}^{100}113dx+\int_{100}^{150}73dx+200\times93\right)=137$$

$$PA=\frac{1}{307}\left(\int_{0}^{50}7dx+\int_{50}^{100}35dx+\int_{100}^{150}99dx+200\times144\right)=154$$

$$PTR=\frac{1}{307}\left(\int_{0}^{50}19dx+\int_{50}^{100}81dx+\int_{100}^{150}81dx+200\times126\right)=151$$

$$PT=\frac{1}{307}\left(\int_{0}^{50}14dx+\int_{50}^{100}71dx+\int_{100}^{150}87dx+200\times125\right)=149$$

$$PB=\frac{1}{307}\left(\int_{0}^{50}134dx+\int_{50}^{100}93dx+\int_{100}^{150}50dx+200\times30\right)=96$$

$$PF\%=\frac{1}{307}\left(\int_{0}^{0.1}105dx+\int_{0.1}^{0.3}153dx+\int_{0.3}^{0.5}37dx+0.6\times12\right)=26.4\%$$

$$PA\%=\frac{1}{307}(\int_{0}^{0.1}124dx+\int_{0.1}^{0.3}140dx+\int_{0.3}^{0.5}33dx+0.6\times10)=25.0\%$$

$$PTR\%=\frac{1}{307}(\int_{0}^{0.1}138dx+\int_{0.1}^{0.3}122dx+\int_{0.3}^{0.5}37dx+0.6\times10)=24.4\%$$

$$PT\%=\frac{1}{307}(\int_{0}^{0.1}149dx+\int_{0.1}^{0.3}117dx+\int_{0.3}^{0.5}30dx+0.6\times11)=23.3\%$$

$$PB\%=\frac{1}{307}(\int_{0}^{0.1}124dx+\int_{0.1}^{0.3}139dx+\int_{0.3}^{0.5}34dx+0.6\times10)=25.1\%$$

$$WTP=PF\times PF\%+PA\times PA\%+PTR\times PTR\%+PT\times PT\%+PB\times PB\%$$
$$=137\times26.4\%+154\times25.0\%+151\times24.4\%+149\times23.3\%+96\times25.1\%=170.325\text{（元）}$$

由上述计算结果可知，游客在餐饮、住宿、交通、门票、购物方面愿意额外支付的费用分别为36.17元、38.50元、36.84元、34.71元、24.11元，总愿意额外支付费用为170.325元。参照国际研究成果，一般生态补偿意愿额度值在30—80元的范围内，由此可见案例区的游客生态补偿意愿值较高，分析其原因，可能是因为青海湖整体物价偏高，分子较高导致数值偏高。另外，由于调查样本总体学历及收入水平较高，因此愿意额外支付费用的额度偏高。

2. 游客基本特征对补偿支付意愿的影响分析

（1）游客基本特征对生态环境认知的影响分析

采用独立样本 t 检验和单因素ANOVA检验分析游客基本特征和生态环境认知的关系，检验结果如表5-23所示。将性别、年龄、收入指标分别与生态认知七个维度相检验，所得 P 值均大于0.05，由此可见，性别、年龄、收入的差异对游客生态补偿认知的影响并不显著。四个指标中仅有学历的检验结果显示，在日常生活中对生态环境的关注程度（P=0.042）、对案例区的生态环境进行保护的重要程度（P=0.016）和案例区的生态环境好坏对游客来此出游的影响程度（P=0.006）三个维度的 P 值小于0.05，其他均大于0.05。说明不同学历在上述三个维度上存在显著差异。

表5-23 游客基本特征对生态环境认知的影响分析

P值 Sig.	在日常生活中对生态环境的关注程度	对该地区整体生态环境满意程度	对该地区生态环境进行保护的重要程度	该地区生态环境好坏对游客来此出游的影响程度	为改进当地生态环境做贡献的意愿程度	对该地旅游接待服务质量满意程度	对该地旅游设施满意程度
性别	0.096	0.285	0.385	0.109	0.340	0.267	0.181
年龄	0.148	0.350	0.289	0.113	0.339	0.178	0.266
学历	0.042	0.805	0.016	0.006	0.086	0.152	0.087
收入	0.213	0.074	0.125	0.127	0.416	0.393	0.245

根据各个生态认知维度对应的具体指标，进一步分析总结如下。关于性别要素，其对生态认知的各个方面的影响都很小，几乎没有。关于年龄要素，其对生态认知的各个方面也不具有明显的影响。关于收入要素，在上述检验结果中，其对生态认知的各个方面的影响都很小。关于学历要素，它的差异对环境满意程度、愿意做贡献的程度、对旅游接待服务质量和旅游设施满意程度无影响，在关注程度、生态环境进行保护的重要程度、环境影响出游程度三方面的生态认知上存在着明显的区别。学历较高的游客，通常对这三方面的取值较高，反之亦然。学历代表着游客的受教育程度，也是一个人观念和认知的体现。学历越高的人通常越容易意识到环保重要性，具有参与环保的积极性。而对旅游接待服务质量和旅游设施满意程度无影响的分析结果则说明青海湖在旅游设施与服务上的不足，以至于各个学历层次对于其满意度无差异。据口头调查，多数游客对于目前旅游服务体系存在诸多不满意。未来青海湖需要持续改进旅游服务和旅游设施，以满足不断升级的游客消费需求。

（2）游客基本特征对生态补偿支付意愿的影响分析

采用独立样本 t 检验和单因素 ANOVA 检验分析游客基本特征和生态补偿支付意愿的关系，检验结果如表 5-24 所示。从表中可以看出，对不同性别的检验结果显示，除了“人均预期消费” P 值小于 0.05（P=0.001），其他所有生态补偿认知所得 P 值均大于 0.05，可见性别要素对游客生态补偿认知方面的影响较小。对不同年龄的检验结果显示，在人均预期消费方面（P=0.013）和在餐饮支出上愿意额外支付程度（P=0.047）两个维度 P 值小于 0.05，其他维度所得 P 值均大于 0.05，说明年龄差异对这两个维度具有显著影响。对不同学历的检验结果显示，所有生态补偿支付意愿维度除了人均预期消费所得 P 值小于 0.05（P=0.010），其他 P 值均大于 0.05，说明学历的不同对游客生态补偿认知方面的影响较小。此外，对不同收入的检验结果显示，为改善该生态景观和环境而提高门票价格愿意额外支付程度（P=0.050）和在农产品购买上愿意额外支付程度（P=0.019）两个维度的 P 值小于 0.05，其他均大于 0.05。说明不同收入在上述两个维度上存在显著差异。

表5-24　游客基本特征对生态补偿支付意愿的影响分析

P 值 Sig.	人均预期消费	为改善该生态景观和环境而提高门票价格愿意额外支付程度	当地居民使用天然绿色食材，在餐饮支出上愿意额外支付程度	当地在住宿设施上使用节能环保型产品，在住宿上愿意额外支付程度	当地使用电车、天然气车等相对绿色能源交通，愿意额外支付程度	当地居民生产天然绿色农副产品，在农产品购买上愿意额外支付程度
性别	0.001	0.306	0.173	0.337	0.059	0.138
年龄	0.013	0.082	0.047	0.396	0.159	0.284
学历	0.010	0.268	0.368	0.312	0.361	0.209
收入	0.346	0.050	0.408	0.108	0.118	0.019

根据各个生态补偿支付意愿维度对应的具体指标，可以进一步分析总结如下。关于性别要素，对于生态补偿支付意愿的其他方面均没有显著影响，唯独对人均预期消费具有显著影响，说明人均预期消费额度受性别影响。根据调查结果显示，男性的人均预期消费普遍高于女性。这一结果符合性别消费差异。关于年龄要素，人均预期消费额度和在餐饮支出上愿意额外支付程度受年龄影响较大，其他维度均无影响。据调查，年纪越大人均预期消费越低。不同年龄阶段的人消费理念不同，年纪偏大的消费群体通常崇尚节约的理念。此外，在对餐饮额外支出意愿上，年龄较大的游客更具有积极性，更加追求饮食的天然性、绿色性和安全性。关于学历要素，对人均预期消费具有显著影响，而对其他方面均没有明显的影响。关于收入要素，其差异对提高门票价格愿意额外支付程度和农产品购买愿意额外支付程度具有显著影响，其他方面没有显著影响。通常收入越高的游客在门票额外支付程度和农产品购物额外支付意愿程度两方面更为积极。相比低收入游客群体，高收入游客经济基础好，消费能力强，具有实现生态补偿的支付能力。

3. 其他因素对游客补偿支付意愿的影响分析

影响游客补偿支付意愿的因素有很多，除了上述提到的游客基本特征外，还包括很多外在因素。例如：个人对当地的喜欢程度、当地居民的友好程度、当地是否认证为著名的生态旅游区、生态补偿组织方式。本次调研对这些影响因素也进行了简单的统计分析，结果如图 5-4 所示。

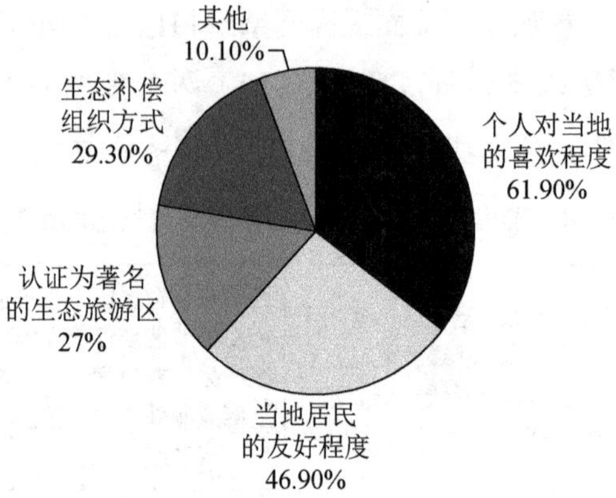

图 5-4　青海湖游客影响因素比例

图 5-4 显示，有 61.9% 的游客认为个人喜欢程度是影响其补偿支付意愿的重要因素；46.9% 的游客更加看重当地居民的友好程度，通常更倾向于对居民友好度高的旅游目的地进行生态补偿。此外，分别有 29.3% 和 27% 的游客选择了生态补偿的组织方式和是否认证为著名的生态旅游区。由此可见，青海湖旅游生态补偿的实现不仅有赖于游客和当地居民的参与意愿，而且需要政府、企业等相关组织积极配合，出台、制定相关的规定、措施，提供更多的生态补偿渠道和方式。

另外，针对未来青海湖生态环境保护主体选择，调研人员在对案例区进行调研时对这方面的数据也进行了收集和统计。根据图 5-5 统计所示：青海湖 75.6% 的游客更加倾向于由政府机构作为主体对生态环境进行保护；34.9% 的游客倾向于由基金会等其他社会组织作为主体保护生态环境；19.9% 的游客倾向于本人亲身参与生态环境保护；仅有 4.2% 的游客倾向于其他。

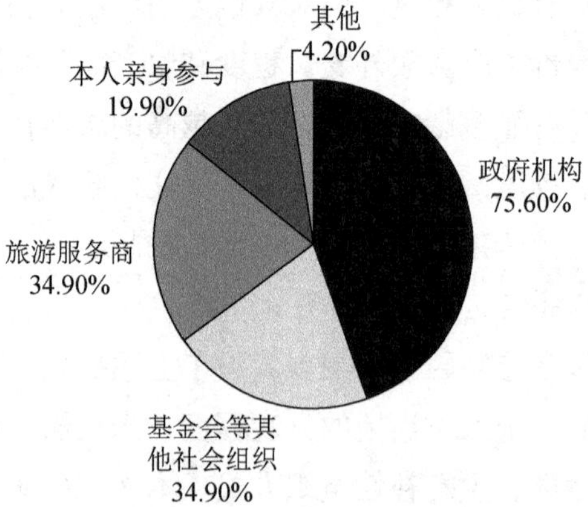

图 5-5　针对未来生态环境保护主体倾向

五、研究结论与展望

（一）讨论与结论

1. 讨论与分析

青海湖作为国际重要湿地之一，近年来生态旅游发展迅速，同时引起国内外各界广泛关注，但目前缺少关于当地居民旅游生态补偿感知和游客旅游生态补偿支付意愿的研究。本研究在结合案例地实际情况以及国内外相关研究基础上，尝试通过不同角度全方位的研究青海湖旅游生态补偿。主要从以下几方面进行分析讨论。

①从主题方面分析，青海湖生态旅游的社会科学研究多集中在景区形象打造、开发建设、标准制定等方面，对生态补偿问题关注较少，尤其是基于生态旅游的市场化生态补偿方式。本研究以此为切入点，在国内外相关研究基础上，确立了本研究的研究主题。通过研究居民和游客两个对立统一的利益群体的旅游生态补偿意愿，多角度深层次地探析青海湖旅游生态补偿现状。

②从理论方面分析，本研究以生态补偿理论为基础，结合参考文献及实际数据获取的条件，将可持续生计框架引用到旅游业中，参考 Sharp、史俊宏的可持续生计分析框架，选取了 5 个维度、14 个变量作为本次研究生计资本的衡量指标，进行纵横向交叉分析，对比分析生态旅游发展前后居民的生计资本变化情况以及从事旅游业的居民与未从事旅游业的居民生计资本变化差异。

③从方法层面分析，研究旅游生态补偿不仅要研究受偿对象居民，同时还要研究补偿主体之一的游客。本研究采用结构式访谈的问卷设计，设计居民调查问卷和游客调查问卷，两份调查问卷皆包含四部分内容。其中，居民调查问卷第三、四部分共涉及 37 项指标，采用里克特 5 级量表形式将每一项按程度进行划分，在参考了杨主泉等对阳朔县旅游生态补偿感知的研究后，根据预调研，结合青海湖具体情况，对“青海湖居民渔业收入”“青海湖居民家庭均承包堰塘”等部分问题做了删减，对“青海湖居民家庭使用能源”等问题做了部分调整。游客调查问卷主要通过“剥洋葱式”层层深入的方式进行调查。首先为对比游客支付意愿差别，对游客统计学常量特征进行调查总结；其次对游客生态认知以及生态旅游消费结构进行统计，为生态补偿意愿分析提供依据，奠定基础；最后运用条件估值法（CVM）揭示游客最大补偿 WTP，评估青海湖游客生态补偿意愿额度，并从基本特征和其他因素两方面入手对其影响因素进行分析。

④从内容方面分析，从居民、游客两个角度出发，首先以居民为研究对象，研

究了生态旅游对居民生计资本的影响以及居民旅游生态补偿感知情况；其次以游客为研究对象，对游客旅游生态补偿意愿进行测评，了解青海湖游客生态补偿支付意愿和支付水平。通过层层递进的研究思路全面地研究青海湖旅游生态补偿。

2. 主要结论

通过一系列数据分析，结合相关文献资料，本次研究得出了以下主要结论。

（1）通过对青海湖生态旅游发展前后居民各项生计资本变化的研究，发现生态旅游的发展会使当地居民的生计资本结构发生变化，对居民生计资本各个维度的影响具有差异性。同时，研究发现居民是否从事旅游业对各项生计资本的影响差异显著，从事旅游业的居民在经营旅游业后不知不觉增加了金融资本、物质资本、人力资本和社会资本。

（2）当地居民对旅游生态发展带来的影响感知强烈，其中既有正面影响，如带动经济发展、改善生活质量等；也有一些负面影响，如物价上涨、生态环境压力大等。然而，当地居民在承受旅游的负面影响时却没有收到相应的旅游生态补偿，居民普遍渴望得到直接经济效益的补偿。

（二）研究不足与展望

青海湖旅游生态补偿与居民生计提升是一个复杂的研究领域，难以在一次调研中得出全面的结论。因此，本次研究在今后依然需要持续的完善、补充。

①扩大样本数量，提升数据的准确性和全面性。研究结论是否具有普遍性，很大程度上由样本的数量来决定。由于青海湖当地常住居民有限，本次研究仅以青海湖地区六个典型村的 236 户居民为例，样本数量仍有待扩充。未来还需要采集其他地区的样本资料对本研究结论进行验证，尽量减少样本数据的局限性。

②进一步完善生计资本指标的选取、测算方法。本研究主要参考了可持续生计框架中生计资本指标的选取标准和测算方法。但由于案例地的特殊性，并不是所有的指标均适合本次研究，因此需要进一步商榷。例如，青海湖周边地区经济落后，可持续生计框架中提到的空调、热水器等常用物品，几乎家家都没有，无法作为量化分析指标。因此，生计资本指标的测量也需要因地制宜，根据调研区的具体现实情况进行修正。

③深入探究生态补偿对居民生计资本与生计策略关系的影响。根据现有研究情况可知，生计资本决定生计策略，居民生计资本与生计策略之间的关系密不可分。旅游的发展已经使居民的生计资本发生变化，在这种情况下居民会选择什么样的生计策略，生计资本是否仍然主宰着生计策略，对于这些方面的研究今后有待深入探求。

第六章　青海湖地区生态旅游发展中社区增权与优化

一、研究对象、方法及内容

（一）研究对象

青海湖，藏语名为“措温布”（意为“青色的海”），位于青藏高原东北部、青海省境内，是我国最大的内陆湖、咸水湖。本研究案例地为位于青海湖南岸的江西沟乡。江西沟系蒙古语“江斯”的谐音，意为“有冠顶珠的山沟”，位于海南藏族自治州共和县，东西长51公里，辖莫热、元者、大仓3个行政村和26个农牧业合作社，1个社区居委会。其中农业合作社4个，共有农牧户1614户，农牧民6386人，其中牧业户1217户5300人，分别占全乡总户数和总人口的75%和83%；共有藏族、汉族、蒙古族、回族、撒拉族、土族6个民族，藏族占总人口的85%以上。全乡经济以畜牧业为主，兼营种植业、旅游业。

江西沟乡绵延数十公里，下辖三个行政村沿109国道分布，莫热村处于东部，大仓村位于中部，元者村相对靠西边。莫热村东西长约24公里，范围内有众多地区靠近湖边草场，地势平坦，另二郎剑景区位于莫热村境内，有参与旅游得天独厚的地理优势；大仓村东西长16公里，所拥有的草场距离青海湖有一定的距离；元者村东西长11公里，村东界距离二郎剑景区约29公里。在青海湖的旅游发展中，征用江西沟乡莫热村七、八社的土地10 945.36亩，其中耕地1388.89亩，草地7643.47亩，退耕还林225亩，退耕还草1000亩，天然灌木林688亩，涉及牧民85户364人。

本次调研集中在江西沟乡的三个村：青海湖核心景区——二郎剑所在的莫热村，离核心景区距离稍远但餐饮住宿业态较集中的大仓村，以及距离最远、居民参与旅游较少的元者村。近年来，这三个村的产业结构由以往以畜牧业为主、兼营种植业转向以旅游业为主，不少居民在参与旅游后得到实利，渴望从旅游的边缘得利者转变成为旅游的核心参与者。国内大型生态景区、乡村旅游区基本都呈现出“核心—外围”的旅游发展和社区居民参与的圈层式结构，选择这三个参与旅游程度不同的村作为案例地，对于一般大型生态景区、乡村旅游区的社区增权研究都具有一定参考价值和启示意义。

（二）研究方法

①问卷调查法：为了获取一手资料，借鉴 Scheyvens[195] 增权框架设计了访谈问卷，就青海湖旅游发展对当地社区居民造成的各方面影响进行了调查，充分掌握了当地社区在旅游发展中的参与程度、心理状态等情况，为增权理论本土化提供了实际资料。

②数理统计分析法：本研究用使用 SPSS 24.0 工具对问卷所获得信息进行数据分析。对问卷调查统计数据利用信度分析、探索性因子分析、回归分析等方法进行整理分析。

③访谈法：在进行问卷调查的基础上，采用访谈法进行数据补充，丰富论文数据。

④扎根理论分析法：采用扎根理论分析访谈获得的数据，从上而下梳理江西沟乡地区旅游增权结构维度。

⑤案例分析法：本研究在理论研究的基础上，以江西沟乡为例进行分析论证，通过实地调查、访谈以及问卷等方法分析当地居民的权利状态，结合个案的实际情况，提出实现江西沟乡社区居民增权的主要途径和具体对策。

（三）研究内容

本次研究在对访谈内容扎根分析的基础上，借鉴 Scheyvens 的四维增权框架，结合国内外学者已有的关于旅游增权感知的相关测量指标，参考陈志永[196]、张彦[197]等学者的问卷内容，设计了青海湖周边社区增权情况的调查问卷（附录 E），并对江西沟乡的居民进行问卷发放。对问卷收集的数据进行信效度检验、探索性因子分析、回归分析，研究青海湖周边社区增权状况。并基于现状研究，从多个方面提出增权路径。

二、青海湖周边社区旅游增权结构的扎根分析

由于青海湖地处高寒藏区、周边社区少数民族混居，藏民居多，研究情形与现

有的增权研究略有差别，因此，首先运用扎根理论对案例地现有的结构维度进行梳理，从而根据实地情况确定最终增权调查量表。

扎根理论研究法是一种定性研究方法，由 Anselm Strauss 和 Barney Glaser 共同提出[198]。扎根理论强调从原始的经验资料进行深入分析，经过多次编码处理，将其抽象化、标签化，在不断浓缩和归纳过程中建构理论。扎根理论与传统科学范式的区别在于：前者以原始资料为出发点，通过归纳分析得出结论；后者以自我假设为出发点，通过推演验证得出结论。扎根理论认为理论一定要与原始经验资料契合，具有原真性。扎根理论分析过程通常为三大步骤：第一步是收集整理资料，并进行分析；第二步是对资料进行编码，包括开放式编码、轴向式编码和选择性编码；第三步是生成理论，并对理论进行检验[199]。

在本研究中，通过运用扎根理论建构出适合青海湖周边社区的量表框架和测向，同时，在各级编码的过程中深入理解青海湖周边社区居民表达背后的认知和情感，在与被调查者的互动中，剖析梳理交流背后所隐藏的社区真实增权现状。

（一）调研过程

在访谈中，本研究采用了理论抽样方法中的开放性抽样（open sampling），在江西沟乡的元者村、莫热村、大仓村三个村落都选取了不同条件的对象进行抽样访谈。在访谈的过程中，调研人员发现，大仓村、元者村由于区位的劣势，与莫热村相比，在青海湖旅游发展中参与乏力，处于旅游核心区的莫热村更热衷于旅游参与，也得到了更多的旅游利益。

具体而言，本研究的访谈部分主要是从被调查对象中挑选汉语较好、能够达到沟通程度的社区居民，兼顾从事旅游与不从事旅游的人群，汉族、藏族村民均有涉及。由于调研时间与政府执法时间重合（由于环保问题查封当地不合格宾馆），政府人员陪同上级领导各处调查没有时间，所以未能成功采访政府人员。对各个访谈人员均在其同意的情况下录音，并进行了整理和分析，具体访谈人员情况如表 6–1 所示。

表6–1　田野访谈对象情况表

编号	性别	年龄	职业	民族	与旅游的关系	访谈时长（分钟）	文字记录
T1	男	32	厨师	汉	在民办宾馆工作	12	835
T2	女	48	宾馆女主人	汉	参与旅游	18	1215
T3	男	38	开宾馆	藏	参与旅游	22	2459

续表

编号	性别	年龄	职业	民族	与旅游的关系	访谈时长（分钟）	文字记录
T4	男	58	牧民（收租金）	藏	租给开宾馆的人	4	383
T5	男	36	回程司机	藏	参与旅游	26	3264
T6	男	36	放牧种地	汉	不参与旅游	18	1939
T7	男	42	包车司机	藏	参与旅游	27	1030
T8	男	58	藏村原书记，放牧	藏	不参与旅游	11	1030
T9	男	36	搞运输	汉	不参与旅游		
T10	女	28	开宾馆	藏	参与旅游	45	5126
T11	男	33	开宾馆	藏	参与旅游		
T12	男	23	宾馆服务员	汉	实习生		
T13	男	26	牵马	藏	参与旅游	20	986
T14	男	53	超市	汉	半参与旅游	15	867
T15	男	36	餐厅	藏	参与旅游	22	1087
T16	女	56	家庭妇女	藏	参与旅游	10	500
T17	男	58	务农	汉	不参与旅游	5	400
T18	女	37	餐厅	汉	参与旅游	15	1342
T19	男	34	杂货店	藏	半参与旅游	17	1645
T20	男	43	宾馆	藏	参与旅游	20	1786
T21	女	53	服务员	汉	参与旅游	15	1654

资料来源及数据说明：调研人员根据录音整理所得；由于当地不参与旅游的藏族牧民不会讲普通话，与其沟通需要中间翻译传达，参与旅游的藏民用普通话表达真实意思也相对费力，所以在访谈过程中，藏民的访谈时间较短。

（二）编码过程

1. 开放式编码

开放式编码是对原始资料的分解和对比，将其概念化和范畴化。通过概念来诠释原始资料和现象。在此过程中对获取的录音资料进行文字化，在阅读和分析后进行编码。在编码过程中，遵守从下往上概念化的准则，而并非在头脑中预设概念。开放性编码包含三个过程：①初始阶段：将录音中内容进行分割，打散成分散的句子，用通俗语言表达其基本要素，形成初步概念；②分类和整合阶段：按照“契合和相关”的标准将初步概念进行人工分类和整合，形成初步概念群；③范畴化阶段：对初步概念群进行凝练和抽象，从而形成初始范畴。

按照开放编码的一般要求，调研人员从访谈所获得的录音稿中随机采用 17 份（略大于总稿件的 2/3）进行编码分析以及量表结构确定，其余 4 份问卷用于检验理论是否饱和。

本次开放式编码所得到的初始概念均是根据原始访谈记录概括提炼而来，确保抽象出的概念与原始资料保持一致。在整理过程中，发现很多被调查者对同一问题的看法一致，因此部分初始概念多次重复出现。针对此种情况，在进行范畴化列表时，只列出出现频次较高的初始概念。另外，由于篇幅限制，对于每个范畴，节选 2—5 条原始语句及其抽象出的概念。

开放式编码范畴化如表 6–2 所示。

表6–2　开放式编码范畴化

编号	原始语句	初始概念	范畴
T5	上面的政策好，但是村里乡里没有完全（照着）做，有的时候也不知道（乡里）政策怎么出来的，就是通知我们	政策制定过程不透明	对旅游政策的了解程度
T5	啥都村长们说了算呗，他说这里面怎么个政策就是怎么个政策	没有参与权利	
T7	也有点了解，有的时候社里开会会说，会说是怎么发展的	了解一些政策	
T5	不同意强拆呗，强制拆走呗，你不走哪行，你以后啥好政策都没有啊	权力地位不平等	社区居民利益不被尊重
T11	有时候社长会开会的时候通知一声，也不会真的采纳我们的意见	象征性参与	
T5	谁会问你怎么看啊，就是告诉你，要这样做，你要配合，不配合不行	缺乏反馈机制	
T4	我们不让开宾馆，不让经营	参与途径不畅	缺乏参与旅游途径
T3	有意见啊，但是也不知道怎么反映	缺乏意见反馈途径	
T7	不知道青海湖啥规划，我们都是（开）宾馆餐厅（等店的），不懂那个也	缺乏参与规划权利	

续表

编号	原始语句	初始概念	范畴
T3	旅游业现在特别好嘛，对咱们的生活上真的是有很大的帮助	生活比以前好	提高生活水平
T1	现在发展肯定好，你说我们房东，本来是放牧的，现在牧怎么放，他雇人，他有钱了	改变生活方式	提高生活水平
T2	一家人，20 几亩那收成的话就没有啊收成，开宾馆（一年）五六万（元）吧，顾得住	可供支出的钱更多	提高生活水平
T5	稍微勤快一点，就能挣钱了	挣钱渠道变多	获得收入
T13	没文化嘛，去湖边牵个马，好的时候一天也能有好几百（元），一般有一百多（元）吧	获得额外收入	获得收入
T10	哎呀差不多，一年十几万几十万（元）	挣钱稳定且多	获得收入
T10	之前就只能打工出去，现在都在家里搞旅游	肯定旅游经济影响	获得收入
T14	主要收入不是旅游，也就能挣个零花钱	降低旅游经济影响	获得收入
T16	现在（生活）方便，（因为）旅游（发展）商店宾馆都多了，买菜吃饭（有地方）	旅游使商店增多	创造就业机会
T7	有那样的，自己种片油菜，然后拉个牦牛照相，也挺多人去	创造机会参与旅游	创造就业机会
T1	我们房东，本来是放牧的，现在牧怎么放，他雇人，他有钱了，他自己牵着马到湖边去，那个比放牧还要好	增加赚钱渠道	创造就业机会
T9	我跑运输，一年也有六七万元，旅游本钱要的多，政府也不让，我也不太想干	对旅游参与兴趣低	对旅游参与的想法
T11	我们都很愿意参与旅游，有钱（挣），有的就是没有钱（参与）	愿意参与旅游	对旅游参与的想法
T7	愿意接受培训，那咋不接受，想学习参与	对培训的渴望	接受培训意愿
T7	现在没有，基本没有听说过有培训	培训工作缺失	接受培训意愿
T2	那肯定自豪，能不自豪么，感觉特别好	临近青海湖的自豪	为生活在社里自豪
T1	有的生活的好的搬走了，但是大部分都在，愿意在这里，（毕竟）祖祖辈辈都在这里呢	对故土的依恋	为生活在社里自豪
T17	名气（是个）空，门票又没分给我们，没啥好处，路上车还多了，空气（没有之前好）	对生活的负面影响	对生活的影响
T16	以前就在家里干活，现在自己也能挣钱了，感觉自己比之前有用	提升家庭地位	对生活的影响
T7	（旅游的）人多了，好也不好啊，人多了有钱，但是挤、车多、声音（噪声）大	对旅游者看法	对生活的影响

续表

编号	原始语句	初始概念	范畴
T1	村里的人现在也有相互嫉妒的，看谁挣钱多呗，人也没有之前淳朴了觉得	人情关系淡薄	对村民关系的影响
T8	村里的人都还不错，互相帮助的，关系都好	村民关系很好	
T7	有什么事大家一起商量嘛，社长也会开会讲	村里关系平等	
T6	不公平不公平，不公平的多	村里关系不平等	
T10	我们还在自己搞绿化啊，都是在积极配合政府，配合国家，我们也不希望污染环境	对保护环境的态度	实际行动为环保献力
T4	我们会在湖边捡垃圾，不愿意看见那个	在生活中保护湖	
T3	保护好青海湖才有（人来），我们才有（生意），（才）能赚钱	认识到环境保护的重要性	加深对环境保护的认识
T15	之前我们是偷着打鱼，现在知道湟鱼是保护动物，都不打了，都（参与）旅游了	生态环境知识增加	
T3	整改一看，当时那个渗井的下渗的地表挖出来以后，那个真的是污染很严重，就有意识	污染知识增加	
T11	现在发展的还行，很不错，就是自行车道（在现有基础上）修一下	认为旅游发展得不错	对旅游的支持
T5	（离得远）也没办法，但是（可以去湖边）牵马 、油菜（照相）	参与旅游的行为	
T6	想参与啊，没钱	缺乏参与资源	个人能力与资源
T8	要是能参与肯定参与啊，开个宾馆啥的，不会说普通话	缺乏参与技能	
T3	像封的这些他之前没有怎么整改没方案，就突然封了，这点我有点接受不了	认为政府不作为	公共政策
T5	公家的不管，有关系的不管，没关系的管	感到发展中的不公	

2. 主轴编码

主轴编码是对初始范畴的进一步深化，将初始范畴不断对比以及聚类，形成最能体现文本且具有指向性的主要范畴，构建初步范畴和主范畴之间关系。同时将主范畴回归到原始资料中，检验其真实性和现实性。本研究通过进一步分析和归纳，获取了获得收入、创造就业机会、提高生活水平、为生活在社里自豪、想要接受培训、对旅游参与的想法、对旅游政策的了解程度、缺乏参与旅游途径、社区居民利益不被尊重、对村民关系的影响、对生活的影响、对旅游的支持、环境保护意识变化、实际行动为环保献力、个人能力与资源、发展区位、公共政策 17 个副范畴以及“旅游经济增权”“旅游心理增权”“旅游政治增权”“旅游社会增权”“增权的结果”“影响增权的因素”6 个主范畴。

主轴编码范畴化如表 6–3 所示。

表6–3　主轴编码范畴化

开放式编码提取的初步范畴	副范畴	主范畴
挣钱渠道变多	获得收入	旅游经济增权
获得额外收入		
挣钱稳定且多		
肯定旅游经济影响		
降低旅游经济影响		
旅游使商店增多	创造就业机会	
创造机会参与旅游		
增加赚钱渠道		
生活比以前好	提高生活水平	
改变生活方式		
可供支出的钱更多		
临近青海湖的自豪	为生活在社里自豪	旅游心理增权
对故土的依恋		
对培训的渴望	想要接受培训	
培训工作缺失		
对旅游参与兴趣低	对旅游参与的想法	
愿意参与旅游		
政策制定过程不透明	对旅游政策的了解程度	旅游政治增权
没有参与权利		
了解一些政策		
参与途径不畅	缺乏参与旅游途径	
缺乏意见反馈途径		
缺乏参与规划权利		
权力地位不平等	社区居民利益不被尊重	
象征性参与		
缺乏反馈机制		

续表

开放式编码提取的初步范畴	副范畴	主范畴
人情关系淡薄	对村民关系的影响	旅游社会增权
村民关系很好		
村里关系平等		
村里关系不平等		
对生活的负面影响	对生活的影响	
提升家庭地位		
对旅游者看法		
认为旅游发展的不错	对旅游的支持	增权的结果
参与旅游的行为		
认识到环境保护的重要性	环境保护意识变化	
生态环境知识增加		
污染知识增加		
对保护环境的态度	实际行动为环保献力	
在生活中保护湖		
缺乏参与资源	个人能力与资源	影响增权的因素
缺乏参与技能		
没有地理优势	发展区位	
认为政府不作为	公共政策	
感到发展中的不公		

3. 选择性编码

选择性编码是在开放式编码、主轴编码基础上进一步对范畴的深化以及高度凝练，形成核心范畴。核心范畴要具有“提纲挈领”的作用，能够与其他范畴对应起来。本研究进行扎根分析，通过开放式编码、主轴编码、选择性编码得出六大范畴，旅游经济增权、旅游政治增权、旅游社会增权、旅游心理增权、增权的结果、影响增权的因素。其中前四项范畴与 Scheyvens[195] 的社区旅游增权四维框架相契合，由此看来以 Scheyvens 旅游增权框架为基础的量表同样适用于江西沟乡案例地。增权的结果以及影响增权的因素是本研究根据访谈材料发现的维度，下文将对其合理性做出验证。

4. 理论饱和度检验

选取未进行编码的 4 份原始访谈资料验证理论的饱和度。检验结果显示，并没有产生新的范畴和概念，现有的主范畴基本涵盖了青海湖周边社区旅游增权的可能维度，可以停止采样。由此得出结论，青海湖周边社区旅游增权的结构模型实现理论饱和，通过检验。

（三）扎根分析基础上的量表编制

根据上文扎根研究建构出的青海湖地区社区居民旅游增权四维框架以及影响因素和增权结果两个主范畴，参考 Scheyvens 对社区旅游增权四维架构内涵的解释以及陈志永[196]、张彦[197]等学者的问卷内容，结合青海湖周边社区的特殊性，从社区居民个体感知的视角设计问卷。

问卷基于 Scheyvens 的四维增权框架，第一个方面是影响增权内容的因素，被命名为"影响因素"，分别从政策、经济发展、居民自身因素、资源等方面进行调研；第二个方面是增权内容，立足于 Scheyvens 的四维增权框架，问卷从经济、政治、社会、心理等方面进行了调查；第三个部分是增权结果，主要从居民对旅游的态度以及居民对环保的态度两个方面来设置题项，如表 6-4 所示。另外，问卷还收集了被调查者的人口学特征，如性别、年龄、收入等。

表6-4　青海湖周边社区旅游增权调查问卷量表

宏观变量	变量内容	具体测项
影响因素	政策方面	我对村子内现有的各项制度感到满意； 我觉得村子内的政策还是相对公平的； 现在的村里服务我们民众的工作做得还不够； 现在村里政策怎么出来的我们都不知道； 我觉得我们很难影响村子或者社里的决策； 我对乡长或者村子或者社长是谁不太关心； 我觉得村政府或者社里对村子事务有较强的管理能力； 我觉得有必要深入进行村子改革，比如村子或者社长的选举，我们也要参与村子的决策； 我们村里或者社里很多事务总是村长或者社长说了算； 我觉得对村子事务还是少关注为好； 我们和村里或者社里干部之间的关系很好； 我觉得村子里或者社里经常为我们办些实事； 我觉得政策的制定并没有考虑我们的实际情况
	经济发展方面	我觉得我们村子有的人特别富，有的人特别穷，差距特别大； 村子内条件稍微好点的居民都搬出去了； 我觉得现在的生活水平比原来提高了

续表

宏观变量	变量内容	具体测项
影响因素	居民自身因素方面	我有丰厚的资金参与旅游投资； 我有丰富的社会关系（我认识很多人）； 我对村子旅游有着深刻的了解，有自己的想法； 我有特殊的手工技艺和经验能用于旅游经营，比如我会开宾馆； 我愿意通过学习提升我的技能；我不善于跟别人打交道； 我觉得我现在挺好的，不挣那么多钱也行； 我相信我做的决定大部分都是对的； 我对新鲜的事很感兴趣；我做事情总是做不到最后就放弃了； 我觉得我的想法和旅游者的想法很不一样
	资源方面	我觉得旅游者不尊重村子的传统文化； 我觉得我和旅游者在某些问题看法上非常不一样； 从其他地方来的开宾馆或者参加旅游的人占了本来属于我们的资源； 我能和旅游者的关系很好； 很多旅游者来这里让这里的东西变贵了
增权内容	经济方面	旅游为村子带来了持续的经济收益； 发展旅游为村子增加了很多就业机会； 大部分旅游收益都是我们自己的； 村子很多人都能从旅游中赚到钱； 村子居民的生活水平得到了明显的提高
	政治方面	我了解村子旅游发展相关政策； 居民很少有机会和权力参与村子旅游决策； 村里和社里不尊重我们的想法和利益
	社会方面	许多居民为了经济利益相互竞争和嫉妒； 大部分居民都愿意保护青海湖； 旅游导致我们村里很多文化都被破坏了； 村子居民大多诚实可靠
	心理方面	我对发展旅游毫无兴趣； 我觉得在村子里我的许多利益我没有得到； 我很高兴生活在这个村子； 我想系统地学习经营技能
增权结果	环境保护	我愿意配合环保工作，不做有害青海湖的事情； 我愿意在生活中保护环境； 我知道青海湖的环境对我们村子很重要
	对旅游支持度	旅游业为村子带来的好处很多； 我对村子旅游发展的现状持肯定态度； 我支持村子旅游发展

其中，影响因素方面的测向主要是探究居民自身、政策等因素对旅游增权四个

维度的影响；增权内容方面，主要根据扎根分析结果，从经济、政治、心理、社会四方面来衡量青海湖周边社区权利情况；增权结果方面，主要从居民对于旅游的支持度以及对环境保护的意识两方面来衡量增权的效果。

（四）基于扎根分析结果的案例地旅游增权现状探讨

1. 经济增权现状

青海湖旅游极大地促进了当地经济的发展，虽然由于地势及气候原因，青海湖一年的旅游黄金期只有 2—3 个月，但是青海湖旅游对于共和县乃至青海省经济的贡献毋庸置疑。旅游也直接或者间接提高了江西沟乡居民的生活条件。在问卷调查中，“这里居民的生活水平得到了明显的提高”题项选择上，有 50% 的人同意旅游让其生活水平得到了提高。

根据实际走访调查发现，江西沟乡居民在参与旅游发展时，大部分人选择开宾馆、开餐厅，有湖边草场的牧民将自家的房子租出去收取租金，带人抄小道去青海湖以此收取十几、几十元钱不等的报酬。家距离青海湖核心 151 景区稍远一些的居民选择租车给游客、在青海湖湖边造景供拍照、为游客牵马收钱等活动来参与青海湖旅游。以莫热村为例，由于得天独厚的区位优势，村民几乎都开有宾馆、餐厅等，虽然经营状况不同，但普遍收入均大大超过之前务农、放牧的年收入。距离稍微远些的元者村及大仓村，参与旅游人数减少，对参与旅游的人来说，旅游像是一项副业，也提高了家庭收入。在上文扎根分析中，居民提及较为频繁的主要有挣钱渠道变多、获得额外收入、挣钱稳定且多、肯定旅游经济影响、降低旅游经济影响、旅游使商店增多、创造机会参与旅游、增加赚钱渠道、生活比以前好、改变生活方式、可供支出的钱更多这些初始概念，大部分为正面反馈。总体来说，大部分居民均从青海湖旅游发展中得到了经济收益。

根据走访调查发现在参与青海湖旅游之前，社区居民主要收入来源是种地和放牧，靠天吃饭且收入极不稳定，如 T2 所说：“之前种 6 亩地，一年两三千块钱，前两天来了个冰雹嘛，就没有啥了”；T3 讲，“一家人，20 几亩那收成的话就没有啊，最高的收成 5000 斤”；T11 所说，“种地的话，它这个产量的话特别低，像昨天那个下暴雨，很多庄稼都被水冲了，天气旱的时候，就没有水浇。靠天吃饭的，像内地的话一亩地打一千斤，我们这里只能打个二百斤，差别就是这么大”。

在青海湖旅游发展后，社区居民参与旅游，收入情况发生了很大的变化。在“旅游为这里带来了持续的经济收益”题项的选择上，有 51.5% 的被调查者同意此说法。正如 T2 所说，“现在开宾馆，这个今年能有五六万块钱”；T10 表示，“哎呀开宾馆差不多，一年十几万几十万元”；T3 认为，“旅游业现在特别好嘛，对咱们的生活上真的是有很大的帮助”。在“这里很多人都能从旅游中赚到钱”选项上，同意此说法的占比 48.1%，保持中立的有 24.6%，说明居民对于自己在旅游中得到了经济利益的说法大部分是赞同的，T5 在谈到这个事情时认为，“之前就是看天吃饭呗，就是种个地呗，现在旅游来了哈，就不用那个了呗，就不用靠天吃饭了呗，你就稍微勤快一点，就能挣钱了，这边有好多好多钱”。

总体来说，青海湖周边社区居民经济增权情况较为理想，多数居民都认为自己从旅游发展中受益，收入比之前种地、放牧提高了许多，生活质量也随之水涨船高。居民参与旅游方式虽然单一，但是凭借青海湖巨大的游客量，参与旅游的居民还是凭借旅游提高了生活质量。

2. 心理增权现状

凭借青海湖独特的旅游资源，青海湖旅游不断发展壮大。截至 2017 年 10 月中旬，青海湖接待国内外游客达到 320 万人次，与去年同期相比增长 77%；旅游总收入达到 2.86 亿元，与去年同期相比增长 18.8%①。青海湖旅游管理局凭借旅游良好的发展势头，不断创新营销手段，广泛借助活动、广告等手段，微博、微信等平台进行青海湖旅游推广，使得青海湖知名度越来越高，在不少人心中，青海湖已然成为“一生必去的景点之一”。同时青海湖知名度的提升也带动了当地社区居民的自豪感和骄傲感，加强了居民对青海湖的认同感。在“我很高兴生活在这里”选项上，有 50.4% 的被调查者同意此说法，认为“那当然自豪了，那么多人喜欢青海湖，心里高兴（T2）”。

在访谈中，笔者发现，旅游给当地居民带来的不仅仅是单纯对青海湖的自豪感，还有因为扩大眼界之后带来的个人认识上的升华。由于青海湖地势偏远，经济常年落后，当地人之前对于教育并不在意。此次调研中发现，很多青年甚至连小学都没有读完，在访谈中谈起教育这个问题，T5 表示，“孩子们上学，那肯定现在要念书呗，全部要念书呗，上大学呗，让娃娃们有文化呗，没文化了怎么生活了以后。像我们就认识的字少呗，我们那时候在下面一个学校里上学，念了个初中呗，还认识几个字。像我们这边的一个字不认识的多，藏族人，不懂文化的特别多”。

对于青海湖旅游发展的问题，社区居民也并非眼光短浅，一叶障目。当谈到青海湖的环境保护非常重要时，T11 说道，“那肯定的，（搞了旅游之后）实际上

① 青海湖景区管理局网站。

我们是更强的（意识）”；对于这个问题，T3 也发表了自己的看法，“以前我们偷着打鱼的，青海湖，现在大家都改变思路了，都搞点旅游业，因为青海湖来的人多了，多了有的人住不下，就开个宾馆什么的。但是最重要的，首要的，最起码的，根本的，做什么都要第一个做到保护青海湖这一点，其他的再来做。生在这里、长在这里的老百姓都是这样的，你子孙后代还要考虑啊，你不能光为你目前的利益。因为我们根本感觉不到意识不到那些东西，环保意识没有那么强，这样一整改一看（政府封宾馆的行动），当时那个渗井的下渗的地表挖出来以后，那个真的是污染很严重。我们就想做得更好一些，让污水能排到另外的能达标的可以处理的地方去”。

社区居民在旅游中发现了自身的不足，并且想要寻求弥补的办法，可以让自身更好地参与旅游。在调研的过程中，T7 不时地强调自己没有文化，从 17 岁青海湖旅游刚刚起步的时候给游客照相，到现在 34 岁从事旅游运输工作，会的普通话都是在生活中向游客学习的。“你们很有文化，我们没有文化，什么都不会，得向你们学习（T7）。”而在“我想系统的学习经营技能”题项的选择上，有 54.8% 的居民表示，自己很想学习有关旅游的经营技能，T8 说道，“如果政府有培训班，那肯定想去啊，也想参加旅游，不懂得普通话没办法”。

综上可知，青海湖周边居民的心理增权情况尚可。随着青海湖旅游的发展、知名度的提高，周边居民对青海湖的认同感也逐渐加强，内心由衷产生一种自豪感，对旅游发展的认可也催生了居民的生态环境保护意识。此外，青海湖周边的居民普遍渴望参与到当地的旅游发展决策中，并且希望得到政府的相关扶持和帮助，提升自己的旅游经营技能。

3. 政治增权现状

在青海湖旅游发展过程中，政府与社区居民相比，拥有绝对的领导权力和地位，社区居民在旅游发展中扮演着较为被动的角色。如 T5 所说，在征用土地以及配合政府规划的问题上，政府执法相当强势，“你不同意，那强拆呗，强制拆走呗，你不走那行，你以后啥好政策都没有啊，啥政策都没有享受不上啊”，持有不同意见的居民会被以社区疏离的方式威胁从而达成政府拆迁的目的，居民在青海湖旅游发展上并没有发言权，可以选择的只有接受和支持。如 T5 向笔者反映，“那你以为，啥都村长们说了算呗，他说这里面怎么个政策就是怎么个政策”。

在青海湖调研时期，凑巧跟政府查封排污不合格的宾馆时间一致，这个“意外”的事件似乎成了居民“吐槽”政府的一个出口，成为其长久积累的怒火爆发的导火索。青海湖周边居民参与旅游的首选方式即开宾馆，在江西沟乡东西 51 公里的路两旁，聚集的宾馆村落并不少见。其中大部分是个人所开，并没有宾馆资质，也没有合格的排污措施，共和县政府和江西沟乡政府选择在青海湖旺季刚过的时间段查封宾馆，截止到调研人员离开青海时，青海湖周边的宾馆已被查封 90%。有些是以贴封条完全不准营业的形式，有些是以村子为单位断电的形式，有些是以间断性停水的形式。在查封宾馆之前，就有一些牧民依自家草场之便，带游客进入青海湖边，收取十几、几十元不等的报酬，为此政府与居民已有多次矛盾，这次政府查封宾馆的执法方式无疑为当地的官民关系“火上浇油”。

T2 在所有采访对象中，学识最高，思想境界也是佼佼者。他认为政府应当查封不合格宾馆，以此为契机进行青海湖宾馆整顿，从长远来看，有益于青海湖发展和社区居民本身的利益。但就政府执法方式上，T2 说道，“封的这些他之前没有怎么整改，没方案，就突然封了，这点我有点接受不了。因为你应该说是先给我们一个整改的意见，让我们整改，然后你觉得还是不符合，你可以封掉，干什么都可以，我们都是愿意的”；T12 也表示，“他这个提前就没有通知，他不是说四五月份就下了通知，提前让你把这个事做好，然后到时候我们来查。他要这样还好说，突然就贴了封条”；T11 表示，“政府现在是个混乱的状态，他不是说一开始就有规划，就管你。现在是大家发展发展他们管不住了，就突然这样来展现他们权威。上面要求环保他们才来查环保，上面不说他们也从来不管过，更别说支持”。

在“我们很少有机会和权力参与这里旅游决策”题项选择上，同意此说法的占比 41%，明确反对的 6.3%；在“这里管事的人不尊重我们的想法和利益”题项选择上，同意这个说法的占比 38.1%，有 8.2% 的被调查者非常反对。政府在青海湖的旅游发展中，强势的话语权和主导形象给社区居民留下深刻的印象，不少居民认为社区的政策“不公平，不公平的多（T6）”。在政府执法的过程中，居民也认为有失偏颇，如 T4 所说，“我们不让开宾馆，不让经营的话，全部封的话没事嘛，大家都封。青海湖二郎剑景区这样可以接待，我们不让接待，这个不公平。说我们排污不合格，湖上大船的卫生间直接排到青海湖咋没人管，游客往青海湖里扔垃圾，都是我们村民自己去捡，他们（景区）才不管，他们想干啥就干啥。就这样的，我们老百姓就不让盖房子，不让经营，他们二郎剑景区就没事”。对于有些宾馆还在正常营业，有些以断水断电的形式警告，有些直接贴封条的行为，社区居民也心生不满。如 T11 所说，“对，你什么都是政府的，你不让老百姓往前跑，老百姓走的刹不住了，你开始管了。封我们店的时候我们也是支持的，因为也是真的希望越来越好是不是，没关系呗，但是有些封了有些没封，说实话那就不行了啊，最起码享受一个政策对不对。不能一个国家两个政策对不对”；T5 对此也表示，“公家的不管，有关系的不管，没关系的管，老百姓的全部封，有关系的一个不封嘛，这是不公平啊，你能咋办”。

政府的强势执法方式以及政策普及方面的不作为，也使得隔阂在社区居民心中渐渐形成。对政府驱逐牧民私自带人进入青海湖边的行为，T2 表示，“我觉得政府，说这个好像不好意思，政府好像，老百姓挣钱，好像眼红，有那种意味。因为什么呢，他们景区，只有景区进收门票，（别人带人去青海湖边）他心里就有个，好像不平衡，10 块 8 块收了，好像心里特别不平衡。其实那个地是牧民的嘛，牧民的，如果说你国家征用了，让你游客去，那就去嘛，国家给老百姓一分钱都没给。既然人家的地在那里，那从地里进肯定要（门票）的，他们就不让嘛，好像只能花 100（元）从他景区去青海湖一样”。

综上可知，按照部分村民的说法，青海湖有关部门强势的话语地位、粗暴的执法作风、对待社区居民不公平的态度、政策解释方面工作的缺失，使得青海湖周边社区居民在心中筑起与政府对话的高墙；而沟通平台的缺失，也使得政府失去了了解居民心中所想、消解官民误会的机会。如 T2 所说，“很多意见想说啊，不知道找谁反映，反映了也没用”。见微知著，从查封宾馆、禁止私自带人等事件中可以推断，青海湖周边社区居民基本上处于政治去权的状态。

4. 社会增权现状

随着青海湖旅游的发展，旅游接待量逐年提高，青海湖管理局以及青海省政府加大旅游相关投入，完善了旅游配套设施，修整了 G109 国道，限制了大型车辆通行，关停了附近大型工厂，建设了部分自行车道，响应“厕所革命”，提高了景区外厕所建设质量。对于当地社区居民来说，这些举措对于提高其生活质量有一定的促进作用。

在进行调研的过程中，不参与旅游的 T6 新装修了房子。在询问装修价钱时，他表示政府有补助，“他这一个六十个平方，补助 4 万（元）（T6）”。同样不参与旅游的 T9 表示，“旅游肯定带来好处了啊，你比如说发展旅游之前，没有自来水，这路也没有这么好，而且也没有电，现在好”，政府为了发展旅游的举措造成了事实上的居民社会增权。

但是，青海湖的社区增权有其独特性，江西沟以藏民为主，约占总人口的

81%，在具体社[①]里，藏民和汉民由于其享受到的政策不同[②]，对社区感情以及看法也会不同。由于汉藏两族当权者话语权力不同，导致江西沟乡下辖的各村、各社政策倾向性非常明显。在汉民眼中，其处于社区去权状态；在藏民眼中，大部分人对于社区现状都较为满意。以旁观者的角度审视其社区增权，认为其程度应当优于其政治增权，弱于经济增权，依然有较大的提升空间。

三、问卷调查结果基本分析

本研究使用 SPSS 24.0 数据分析软件，对问卷调查统计数据利用信度分析、探索性因子分析、回归分析等方法进行数据分析。信度分析用以测量量表中指标是否能体现被调查项目的某一特征，信度通过 Cronbach Alpha 计算系数衡量。因子分析是指研究从变量群中提取共性因子的统计方法，可在许多变量中找出隐藏的具有代表性的因子，将相同本质的变量归入一个因子，可减少变量的数目，检验变量间关系的假设。回归分析目的在于进一步挖掘变量间的关系，以数据的形式探索自变量和因变量之间的关系。通过信度分析考察数据的可靠性，通过探索性因子分析提取居民增权影响因素的公因子，通过回归分析进一步探求影响因素对增权内容、增权内容对增权结果的影响程度。

（一）案例区样本的人口统计学特征及信度检验

根据样本的人口统计学特征（见表 6-5）可知，本次调查对象性别比例平衡，多处在 25—44 岁的中青年年龄段；受教育程度普遍较低，学历多为初中及以下；分别涉及从事旅游与不从事旅游的群体，收入水平各层次分布均衡，说明调查样本具有代表性。

① 江西沟乡下辖村，一村分十社。

② 藏民有草场，汉民没有；藏民一人可分几百亩地，汉民只有几亩。

表6-5 样本统计特征情况表

人口特征	类别	频数（个）	百分比（%）
性别	男	147	54.9
	女	121	45.1
学历情况	小学及以下	76	28.4
	初中	98	36.5
	高中 / 中专 / 技校	62	23.1
	专科	23	8.6
	本科及以上	9	3.4
年龄	24 岁以下	51	19.0
	25—34 岁	80	29.9
	35—44 岁	84	31.3
	45—55 岁	50	18.7
	55 岁以上	3	1.1
与旅游的关系	从事旅游工作，主要收入就是靠旅游	116	43.3
	从事旅游工作，但主要收入不靠旅游	71	26.5
	不从事旅游	81	30.2
参加旅游后年收入	30 000 元以下	78	29.1
	30 000—40 000 元	52	19.4
	40 000—50 000 元	50	18.7
	50 000 元以上	88	32.8
参加旅游前年收入	20 000 元以下	81	30.2
	20 000—30 000 元	76	28.4
	30 000—40 000 元	60	22.4
	40 000 元以上	51	19.0

对问卷调查数据进行信度检验。根据 Guieford（1965）建议，进行信度判别时，Cronbach’s Alpha 系数值在 0.7—0.8 之间，认为数据信度较好，适合做因子分析；处于 0.8—0.9 之间，认为数据信度非常好，很适合做因子分析。如表 6–6 所示，增

权感知 54 项问题信度值为 0.917，大于建议值 0.7，说明问卷调查结果具有代表性，可以做因子分析。

表6-6　信度分析结果

Cronbach α	基于标准化项的 Cronbach α	项数
0.917	0.916	54

（二）社区居民增权的影响因素公因子抽取

利用获得的调查数据对增权影响因素进行探索性因子分析，提取具有代表性的公因子。首先对三个部分样本数据进行 KMO 和 Barlett 球形检验，KMO 检验值均大于 0.8，$P<0.01$，可开展因子分析。运用主成分分析法，以正交旋转法对数据进行探索性因子提取。分析发现，社区居民旅游增权的影响因素可抽取得到 6 个公共因子，分别命名为个人能力、公共政策、价值观与冲突、社区发展、政府管理、个人性格。6 个公共因子总方差解释率大于 60%，各公因子包含具体测项如表 6–7 所示。

表6-7　江西沟乡社区居民旅游增权的影响因素公因子及具体测项表

因子归属	公因子	具体测项
增权影响因素部分	个人能力	我有丰厚的资金参与旅游投资（Q17）；我有丰富的社会关系（我认识很多人）（Q18）；我对村子旅游有着深刻的了解，有自己的想法（Q19）；我有特殊的手工技艺和经验能用于旅游经营，比如我会开宾馆（Q20）
	公共政策	我对村子内现有的各项制度感到满意（Q01）；我觉得村子内的政策还是相对公平的（Q02）；我觉得政策的制定并没有考虑我们的实际情况（Q09）
	价值观与冲突	我觉得我的想法和旅游者的想法很不一样（Q27）；我觉得旅游者不尊重村子的传统文化（Q28）；我觉得我和旅游者在某些问题看法上非常不一样（Q29）；从其他地方来的开宾馆或者参加旅游的人占了本来属于我们的资源（Q30）；我和旅游者的关系能够很好（Q31）；很多旅游者来这里让这里的东西变贵了（Q32）
	社区发展	我觉得我们村子有的人特别富，有的人特别穷，差距特别大（Q05）；村子内条件稍微好点的居民都搬出去了（Q06）；我觉得现在的生活水平比原来提高了（Q07）；我对乡长或者村子或者社长是谁不太关心（Q11）；我觉得有必要深入进行村子改革，比如村子或者社长的选举，我们也要参与村子的决策（Q13）；我觉得对村子事务还是少关注为好（Q15）；我们和村里或者社里干部之间的关系很好（Q16）
	政府管理	我觉得村子里或者社里经常为我们办些实事（Q08）；我觉得我们很难影响村子或者社里的决策（Q10）；我觉得村政府或者社里对村子事务有较强的管理能力（Q12）；我们村里或者社里很多事务总是村长或者社长说了算（Q14）

续表

因子归属	公因子	具体测项
增权影响因素部分	个人性格	我愿意通过学习提升我的技能（Q21）；我不善于跟别人打交道（Q22）；我觉得我现在挺好的，不挣那么多钱也行（Q23）；我相信我做的决定大部分都是对的（Q24）；我对新鲜的事很感兴趣（Q25）；我做事情总是做不到最后就放弃了（Q26）

四、影响因素对增权内容的影响分析

（一）增权内容与增权影响因素的回归分析

利用回归方程进行增权内容与影响因素的回归分析。根据已有文献研究和现实调查情况，以6项影响因素公因子为自变量，以4维增权内容公因子为因变量，将两者纳入回归方程中，探究其影响程度。数据分析结果见表6-8。

表6-8　增权内容与增权影响因素回归分析

自变量	经济增权		心理增权		政治增权		社会增权	
	标准化估计值	t值	标准化估计值	t值	标准化估计值	t值	标准化估计值	t值
个人能力	0.331	5.001	0.354	7.209	0.375	6.860	0.512	12.227
公共政策	0.215	3.246	0.201	3.523	0.244	3.925	0.012	0.255
价值观与冲突	–0.242	–3.766	–0.174	–3.435	–0.162	–2.393	0.086	1.796
社区发展	0.354	6.275	0.247	4.130	0.203	3.479	0.592	14.031
政府管理	0.153	2.530	0.156	2.314	0.324	5.621	0.122	3.372
个人性格	0.138	2.125	0.341	6.851	0.178	2.845	0.352	9.154
R^2	0.408		0.282		0.323		0.617	
调整后的R^2	0.387		0.256		0.299		0.604	
F值	19.728		11.234		13.664		46.193	

（二）增权内容的影响因素分析

1. 对居民经济增权的影响分析

如表6-8所示，个人能力、公共政策、价值观和利益冲突、社区发展、政府管理、个人性格等6项公因子都对江西沩乡社区居民的经济增权产生影响，按照具体的影响程度排列依次为社区发展（0.354）>个人能力（0.331）>公共政策（0.215）>政府管理（0.153）>个人性格（0.138）>价值观和利益冲突（-0.242），其中价值观和利益冲突对经济增权有负面影响。

社区发展对经济增权的影响最为明显。即社区的各项制度越是完整、有据可循，普通社区居民的参与度就会越高，每个人能公平地参与旅游决策，共享旅游发展信息，则居民的经济效益就会越高，经济增权的效果也会越好。但事实上，江西沟乡的社区民主程度还有待提高，藏民汉民的话语权在人为的倾斜下并不相同，很大程度地影响了居民的经济增权程度。在走访过程中，案例地居民表示对于旅游的决策并无权参与，也没有成熟的渠道可以发表对于政策的建议。

个人能力对经济增权的影响也较明显。究其原因，因为个体原本拥有的资源越多，个人能力越强、思维越活跃，则在马太效应的加持下，在旅游参与中可以获取更多的经济利益。因为参与旅游是需要原始资本的，江西沟乡居民可以投入的资本不外乎资金、房子、草场使用权和知识水平等。其中个人性格也影响经济增权的效果，个人本身属于爱冒险、喜欢尝试新事物的人比保守求稳的人群更容易在旅游参与中获得经济利益。

另外，价值观和利益冲突对经济增权有较强负面影响。即价值观和利益冲突越大，居民的获利空间就越小。在旅游中，旅游者作为独立各异的客体来到青海湖，其对于江西沟乡居民来说，他们是处在不同文化语境中的陌生利益主体，这些利益主体的价值取向和诉求与社区居民都有很大的不同，甚至在青海湖这个共同的情境下，有些利益是对立的。如游客的大量到来压缩了社区居民的生存空间，提高了当地物价，在这样的利益争夺下，会对经济增权产生较强的负面影响。

2. 对居民心理增权的影响分析

对居民心理增权的影响分析表明，如表 6-8 所示，6 项公因子对江西沟乡居民的心理增权都产生影响，按照具体的影响程度排列依次为个人能力（0.354）>个人性格（0.341）>社区发展（0.247）>公共政策（0.201）>政府管理（0.156）>价值观和利益冲突（-0.174），其中价值观和利益冲突对经济增权有负面影响。

从结果可以看出，个人能力对心理增权的影响最为明显。即个人在旅游中可供支配的资源越多，主导性越强，其个人在心理上的掌控感就越强，对心理增权的影响也就越大。个人性格方面，性格勇于拼搏进取、尝试新事物、不怕失败的居民比安于现状的居民要更能融入旅游发展中，在尝试中成长，在成长中更加自信。心理增权体现了居民的主观能动性，是居民参与、响应旅游发展的内在动机。只有激发了居民内心的积极性，外在的激励措施，如政策激励、经济激励、教育扶持等才能发挥推动作用。所以，在江西沟乡具体的旅游增权路径中，政府以及外在的助推者，要因人而异，根据居民的个人能力和性格，借助其自身努力增强个人效能感，以此来进行心理增权。

价值观和利益冲突对心理增权有负面影响，即价值观和利益冲突越大，居民对自身以及旅游的正面评价就越低。如有的受访居民反复强调"我们没有文化，什么都不会做，比不上你们"一样，虽然社区居民对待青海湖有强烈的自豪感，但在与外界的游客碰撞中，部分社区居民因为文化缺乏而产生了自卑感。

3. 对居民政治增权的影响分析

对居民政治增权的影响分析表明，如表 6–8 所示，6 项公因子对社区居民的政治增权都产生影响。按照具体的影响程度排列依次为个人能力（0.375）>政府管理（0.324）>公共政策（0.244）>社区发展（0.203）>个人性格（0.178）>价值观和利益冲突（–0.162），其中价值观和利益冲突对政治增权有负面影响。

数据结果显示，个人能力对政治增权的影响最突出。这说明居民的个人能力越强，占有资源越丰富，就会受到社区的重视，成为社区精英或者"有关系的人"的可能性就越大，与政府谈判的筹码就越足，对社区各个方面的影响力也就越大，积极性也会随之越高。政府管理对政治增权的影响也十分显著，政府对待旅游的政策宽松，政府支持居民参与旅游，居民有渠道表达自己的意见，发出自己的声音，则社区居民的政治增权程度就高。但事实上，江西沟乡政府对待旅游并无明显支持迹象，政府人员对于相关旅游政策讲解也不到位，由于居民自发建设与政府规划不同，导致的冲突事件时有发生。居民意见表达渠道不通畅，政府执法手段过于强硬，这些都影响了江西沟乡居民的政治增权。

4. 对居民社会增权的影响分析

从表 6–8 可以看出，对社会增权产生影响的因素包括个人能力、社区发展、政府管理、个人性格共 4 项公因子，按照具体的影响程度排列依次为社区发展（0.592）>个人能力（0.512）>个人性格（0.352）>政府管理（0.122）。

具体而言，社区发展越完善，制度越民主，生活在同一社区的居民凝聚力就越强，社区认同感也越高。青海湖为了发展旅游，高标准修建了京拉线，完善了通往各村的道路，接通了每家每户的自来水，使参与旅游与不参与旅游的人共享旅游发展成果，所以江西沟乡社区增权效果较好。

五、增权内容对增权结果的影响分析

经济、心理、社会、政治等方面的居民增权内容，将直接影响社区居民对青海湖可持续旅游发展的支持度，主要包括居民对当地旅游发展的态度和对地方生态环境的保护意愿。以 4 项增权内容公因子为自变量，以居民对可持续旅游的支持度为因变量，将两者纳入回归方程中，探究其影响程度。数据分析结果见表 6-9。

表6-9 增权内容与可持续旅游支持度的回归分析

自变量	因变量	
	居民对可持续旅游的支持度	
	标准化估计值	t值
经济增权	0.526	8.896
心理增权	0.415	6.377
政治增权	0.071	1.339
社会增权	0.503	8.202
R^2	0.685	
调整后的 R^2	0.680	
F 值	65.134	

据表 6-9 所示，江西沟乡居民的经济增权、心理增权、社会增权，对于居民对当地可持续旅游发展的支持度影响比较显著。从影响强度上看，经济增权最强，社会增权强于心理增权，政治增权对于居民对旅游的支持度和环保意识无明显影响。

经济增权影响程度最强，说明经济上的利益驱动是决定居民对旅游发展支持度的重要因素。相比较心理、社会和政治增权，人们对于经济增权的感知更为直接和强烈。生活水平的变化具体可感，人们在旅游中得到了更高的收入，提高了生活水平，旅游支持度也增高。青海湖旅游在一定程度上依赖于青海湖的自然环境，对旅游支持须对青海湖加强保护，在旅游中居民实现了经济上增长，因而也有较高的意愿保护和反哺青海湖生态环境。

社会增权对居民旅游支持度与环保意识影响较明显。社会增权前减旅游发展中的负面影响，尽可能增强社区凝聚力，完善社区基础设施，提高青海湖旅游的发展和个人的经济收入，使得当地居民在“青海湖居民”这一标签上更加有凝聚力。社区生活条件的改善与经济增长一样具体可见，道路比过去更加完善，自来水取代了肩挑水，旅游发展使得当地居民生活更加便利。为了维持现状，居民也会支持旅游的发展，保护青海湖生态环境。

心理增权对旅游支持度与环保意识也较明显。一方面，旅游发展使居民生活水平提高，对生活的掌控感反过来影响其心理世界，使居民变得更为多识、自信，这些正向的心理影响都会驱使居民支持旅游发展、保护青海湖；另一方面，对青海湖的“心理依赖”是青海湖周边居民固有的心理情感，青海湖伴随社区原住民成长，在社区居民心里，青海湖不仅是旅游资源，也是其安身立命的资本，更是其心中的“圣湖”。对于原住民来说，生于斯、长于斯，保护青海湖就像保护家人一样自然。

六、基于增权理论的青海湖周边社区旅游增权路径

（一）旅游增权的受体、主体

盘活区域经济活力，提高社区居民生活水平，这是发展旅游的重要目的之一。假若居民长久处于“去权”状态之中，就无法从旅游发展中获益。本研究同意左冰所言，“增权是目的地获得可持续发展的重要前提，旅游增权这一新兴理论的提出必将对未来发展中国家的旅游实践产生深刻的影响”[200]。即旅游要可持续发展，就必须让社区居民参与进来，将社区居民的潜在优势转化为具体可感的旅游参与能力，所以进行旅游增权就显得非常重要。

但是，在进行具体的增权路径分析之前，还需要解决几个问题。在增权问题的解决中，谁是增权的受体，是要向谁授予权力？谁又是增权的主体，由谁来向受体增权？定义清楚了这些前提，才能够具体讨论如何增权，以及增权的具体路径是什么。

1. 旅游增权的受体

Scheyvens 认为，旅游增权的受体应当是整个旅游目的地社区，是一个大的概念[195]。但是我国学者左冰在引入增权理论的同时，明确反对了这种看法，认为这是一种“典型的‘方法论集体主义’观点”。同时，左冰认为，旅游增权的重点在于个人增权，增加个体的自我效能感。她表示：“唯有在每个个体都平等拥有并且认识到自己拥有受到保护的可争取自己利益的权利，而且每个个体都有行动的能力来捍卫个人权利以后，才可能对所有的强制性权力或一切排他性权力都施以严格的限制”。[200]

旅游增权必须聚焦于发展居民个人的权力感和自我效能感[200]。在青海湖周边

社区内，每个个体都用实践改变自己与青海湖、与游客之间的关系，他们的主观能动性是完善青海湖旅游发展的力量之一。同时每个个体发展情况不同、文化程度不同，思想观念不同，增权不可一刀切，只有“个人权利”得到了满足，增加了个体的自信心，提高了其自我效能感，个体才能更加积极主动地投入到旅游发展之中，主动学习有关旅游经营的技能，补充环境保护方面的知识，利于青海湖旅游可持续发展。

2. 旅游增权的主体

权力被认为是“人与人之间的一种特殊影响力，是一些人对另一些人造成他所希望和预定影响的能力，或者是一个人或许多人的行为使另一个人或其他许多人的行为发生改变的一种关系”[201]。由于权力是人与人之间的一种关系，学界便对旅游增权的主体到底应该是谁产生了争论。

部分学者认为，增权的主体不应该假手他人，主体与受体一样，都是社区目的地中的居民，即居民“自我增权”，从而最小化外界的干涉。但是这种观点忽视了需要增权人群的具体情况，往往被增权的对象缺少相应的知识储备、资源占有、远瞻能力等，缺乏事实上的“自我增权”能力，这种鼓吹弱化外来力量的论调会让这些需要增权的人群陷入更大的“去权”中。

另外一部分学者认为，增权的主体不应当是社区居民，应当是学者、专家、政府等知识精英和权力力量，社区居民只要扮演好执行者的角色就够了。这种观点一出现，就招致增权学界的批评，也许提出者是想要借助更有力量的机构来为居民谋划好蓝图，更有效率地实现增权工作，但是不免有些“精英主义”。首先，这种论点支持者并没有真正理解“增权”的意义，假如将强大的权力拱手让人，那与增权正是背道而驰。如 Rose 和 Black 所讲，让其他容易获取资源的人掌握增权过程，那么增权过程也就变成了去权过程[202]。

本研究认为，联系青海湖实际来讲，增权的主体应当是多元的。Sofield 曾提道:“仅仅依靠社区自身的能力无法实现真正的增权，增权需要政府长期的支持和授权。”[203]青海湖周边社区居民的力量相对于政府来讲是单薄的，社区中的个体因为知识储备少、见识少、占有资源稀薄等原因，并不具备自我增权的基础，他们需要外界专家、学者尤其是政府的帮助。但是这些帮助不是喧宾夺主的帮助，外界给予居民的力量更多的是一种“辅助”，传授以知识，教授以技能，等到社区居民有能力进行自我增权的时候，外界力量应当主动退出增权这个舞台。但是，掌握权力的人不会轻易放弃权力，这时候就需要政府建设更加健全的制度环境来保障居民的权力，以保障居民的利益不会被其他机构和个人所侵占。在本研究的叙述中，增权主体是多元的，主要是指当地政府。

（二）青海湖周边社区旅游增权现阶段存在问题

1. 社区居民参与范围小，参与层次低

据调查所知，江西沟乡居民在旅游企业中多从事一些体力劳动，要求低、工资低，缺少技术含量，如宾馆、餐厅等同质性较强的行业。总体来看，江西沟乡居民多处于旅游发展金字塔的底端，参与层次较低，参与范围较小。由于缺少教育培训，当地村民无法与外来文化素质较高的求职者比肩，进而在旅游规划开发中被边缘化，无法发出自己的声音。

在实地走访的过程中，绝大部分居民首选参与旅游方式即为开宾馆、开餐厅。如 T6 所说，“那肯定想参与旅游啊，开个宾馆，没有钱去弄”。T8 为藏村原村书记，不会说普通话，在问到想不想参与旅游的时候，他回答道，“政府如果让的话肯定想参与”；在问到具体想做什么的时候，被调查者说道，“肯定是开宾馆，开宾馆吧，比较好看着”。

事实上，尽管青海湖游客数量近些年来逐步攀升，但是对于 2—3 个月的旅游黄金季来说，青海湖的旅游接待设施还是呈现出供过于求的状态。居民参与旅游缺乏前瞻性与全局性，对于旅游参与认识浅薄，有条件参与旅游的居民一股脑上马宾馆项目，只是因为看到周围人都在开宾馆或是早期开宾馆的人群挣到了钱。

那些没有充足资金且文化程度相对低的人群，则有些“被动”地选择含金量低的参与方式，如湖边为游客牵马、人造景致旁边骑牦牛照相、带领游客抄近道到青海湖边、为游客开车等方式，整体来说，居民参与旅游方式单一，无全局意识，无规划。

2. 居民处于政治去权状态

青海湖居民政治增权程度低，与政府沟通不顺畅，在旅游发展中基本没有话语权，这些情况都极大地影响现阶段居民的旅游参与。在问卷发放与访谈过程中，不少居民都表达出想要参与旅游的意愿，同时也表达了同一个担忧，如 T8 所说，“想是想，那得看政府让不让啊”；谈到政府支持旅游与否时，T11 表示，“别说支持了，别拦着就很不错了”。在“我想系统地学习经营技能”题项的选择上，想要系统地学习旅游技能的被调查者占比 54.8%，但同时，几乎所有被调查者都表示，政府并没有组织过任何的旅游技能培训班，社里也没有组织过，参与旅游全靠社区精英摸索，后进入者采取跟随者战略模仿。政府在居民旅游参与方面的不作为也是造成社区居民参与旅游方式单一的重要原因。

3. 社区居民整体素质普遍较低，参与能力不足

由于历史原因，江西沟乡居民文化程度整体偏低。文化程度低直接影响了其消化吸收新事物的能力。在调查中发现，江西沟乡地理位置偏远，受外界影响较小，再加上经济相对落后，社区居民的思想仍然处于一种相对原始的状态，这成为其参与旅游开发的重要障碍。知识的贫瘠导致江西沟乡的居民既缺乏旅游经营的技能，也缺乏旅游发展的理念。在走访以及访谈过程中，笔者发现，不少居民因为文化程度低只能从事湖边牵马、带游客走捷径等低技术量、与人交流少的工作，挣到一些钱之后也没有过多的存储或投资意识。T5 谈到他们时说道，“要不然他们能干吗呢？开车？不识字，连驾照都考不了，也没有培训，他们只能去牵马，挣多少是多少”。不少藏民不识字、不会说普通话，虽然很想参与旅游，但是找不到自己的定位，只能继续种地、放牧。此外，江西沟乡的居民多为农民出身，受农民社会地位以及认知局限性的影响，在旅游发展过程中社区居民对自身的地位和作用缺乏正确的理解，多听从领导命令，缺少民主意识。虽然现在大部分居民都参与旅游，但是参与旅游的方式单一、程度浅、没有布局和长远规划，这和当地居民文化程度低有莫大关系。

（三）青海湖地区周边社区的旅游增权路径

近年来，学者根据实地调研的结果提出了很多增权模式，如雨崩村“村民自治轮流”模式、贵州朗德苗寨模式、济南历史街区增权模式，但这些增权模式都只是针对某一特定的目的地提出的，其普适性有待验证。因此，在研究青海湖旅游增权路径时需要因地制宜，充分考虑江西沟乡的具体情况。就青海湖旅游而言，增权有其特殊性，江西沟 70% 以上是藏族同胞，有着不同的宗教信仰、历史习俗，不能单纯套用现有的增权模式。

本研究将以 Scheyvens 四维增权框架为立足点，从经济增权、社会增权、心理增权、政治增权四个方面来详细探讨居民增权的具体路径。

1. 经济增权

经济增权是对于社区居民最为重要也是其感知最为明显的方面。青海湖江西沟乡目前经济增权情况较好，参与旅游的大部分居民都获得了比种地、放牧更为可观的经济利益，提高了生活质量。但不能回避的是，江西沟乡居民由于缺乏指导、文化程度不深等原因，参与旅游方式单一，参与程度不深，旅游参与存在很大问题。

（1）拓展旅游项目，加深居民参与程度

现阶段，由于自身条件的差异以及参与旅游时间的差异，青海湖周边社区居民

在旅游发展过程中的参与程度产生了明显的差异。有的居民依靠良好的地势或者经营头脑从旅游中获得了较为可观的收益，但也有不少居民因为距离景区较远、缺少旅游经营的技能和理念、旅游资源匮乏等原因无法深度参与到青海湖旅游发展之中。在这种情况下，采取措施增加居民参与机会，提高居民经济增权感知非常重要。

目前，青海湖现有的旅游项目单一，主要以湖作为旅游吸引物，对于藏族文化几乎没有开发。进入景区后，仅有静态造型、造型马车载人服务、观赏建筑、热气球等，主体娱乐项目为观光船及快艇，湖上脚踏船为辅助。在景区内，没有见到大型的实景演出安排，也没有任何可以体现藏民族风情的工作人员，这些实为景区的遗憾，同时也是进行社区经济增权的窗口。景区可以考虑丰富旅游项目，使景区更具有吸引力的同时增加当地社区居民参与旅游的机会。譬如设置景区内牵马环湖项目、组织原住民进行藏风情演出、设置藏民小吃一条街、藏民祭海表演常态化等，在增加景区内涵的同时，使得社区居民深度参与旅游发展，切实增加经济收益，实现经济增权。

（2）界定不同群体，针对进行帮扶

在进行经济增权时，我们首先要承认的是，在同一个社区，因为个体差异、资源占有量等原因，参与旅游的程度也是不一样的，因为有不同群体的存在，增权措施就要更加细分。莫热村因为天然的地理优势，参与旅游程度较深，几乎家家户户都开有宾馆或是餐厅，经济增权感知程度较高。但是大仓村及元者村因为距离较远，社区居民参与旅游程度相对较低。政府可以组织对莫热村进行经营宾馆、开设餐厅等方面的培训；对于大仓村、元者村的居民来说，更重要的是要引导他们因地制宜，开发一些有特色的体验式项目，而非一窝蜂上马宾馆、餐厅。

2. 心理增权

青海湖旅游发展提高了当地社区居民的心理自豪感，也在一定程度上增加了居民参与旅游的积极性，提高了保护青海湖的意识。但是由于文化水平有限，社区居民的参与始终停留在低层次。对于部分居民来说，他们并不认为自己有能力参与旅游发展，“我们这里的人都没有文化（T7）”；只是由于经济吸引才被动参与旅游。所以，要通过教育增权提高居民对旅游发展的认识和参与能力，树立发展旅游的自信心。

（1）加大教育增权力度，进行“造血式”帮扶

青海湖周边居民由于文化程度、教育水平以及普通话掌握程度等现实限制因素，在旅游参与中无法完全掌握主动权，甚至由于力量对比太过悬殊，居民成为旅

游参与中的弱势群体，无法与开发商及政府分庭抗礼，取得平等对话权。在调研过程中，案例区居民基本上学历都处于初中及以下，知识的缺乏直接阻断了居民其他发展道路，“给他们提供信息有助于使他们能够去做某事，但这不是增权”[204]，只有进行教育增权，转变思想，提高自身素质和技能，才能让居民从根本上扭转现在的被动局面。所以，政府应当注重教育增权，加强藏区的教育工作。

针对适龄受教育儿童，增加教育投入，完善幼儿园、小学、中学等教育配置，普及12年义务教育及普通话讲授，从根本重视教育增权；针对当地社区居民，政府应当组织培训班，加强进行职业技术教育和成人继续教育。一方面进行知识性培训，如普通话教学、当地历史文化总结，参与旅游经营需要的一些知识，有关环境保护的基本认识等，通过知识传授增加当地社区居民的自信心、自豪感，提高其环境保护意识；另一方面进行技能培训，包括宾馆经营、餐厅经营、服务技能、与人沟通的能力等，把人才培养与旅游实践相结合，打造一批多层次、多样化、适应当地旅游发展的相关人才，实现当地社区居民的心理增权。

（2）普及青海湖历史民俗，增强居民自豪感

心理增权更多来自社区居民对当地社区的认同感和自豪感。文化向来在民族、国家中扮演着精神纽带的作用，具有强大的凝聚力，极易引起社区居民的共鸣。青海湖不仅有着天然优质的自然旅游资源，而且拥有深厚独特的历史民俗文化。其独具特色的藏族文化吸引了众多旅游者前来体验，进一步加深了当地居民的自豪感和骄傲感。基层政府应当编修青海湖历史、民俗，并向社区居民普及，增强其社区凝聚力以及对青海湖的主人翁意识，培养居民的共有价值，从而提高其心理增权程度，健康健全居民精神世界。

3. 政治增权

（1）创建诉求平台，增加表达渠道

在青海湖旅游发展中，社区居民处于弱势地位，居民参与旅游更多的是自发行为，而非政府鼓励经营。在调研的过程中，被采访者数次表达“政府好像不太愿意我们参与旅游，不愿意我们富起来，好像害怕我们抢他们什么似的（T2）”，“有想法但是不知道跟谁说，也不知道怎么才能让他们知道（T3）”。可以看出，不顺畅的表达渠道阻断了政府与居民之间的沟通。由此可见，居民参与政治增权离不开组织的建设和制度的规范[205]。在这种情况下，政府应当设立居民专门的表达通道，明确居民表达权利，在现有的行政制度下可以设置专门的职能部门或是职能人员，完善组织架构；建立网上反馈平台，制定相关的规章制度，加强监督和管理，完善

现有的反馈渠道和监督渠道；鼓励非政府组织的发展，发挥民间团体、专业协会的作用，集中各方力量，共同促进居民的增权发展。

（2）完善法律建设，加强制度增权

在我国，基层民主的发展是一个由程序民主向价值民主的过程，首先要进行制度建设，保证居民能够在一个相对公平的制度环境中诉说自己的利益，进而激发居民的民主意识和民主观念，并引发新一轮的民主思考和制度建设[206]。通过心理、经济以及社会增权只是客观上增加了社区居民的群体力量，但是并不能改变居民作为弱势群体的现实。对于政府和湖管局来说，居民长久处在权力的下风，这种不平等的权力状态才是居民无法深度参与旅游的根本原因。制度增权这一概念最先由国内学者王宁提出，他认为“必须要有一套正式的制度来保障社区居民的权益”[202]，即运用国家政治制度为个人权利和社区增权的合法性提供保障。左冰认为，旅游发展领域制度构建是社区居民增权的重要保障，因此，必须重视制度建设[200]，用制度保障居民参与旅游发展的权利。

没有法律就没有自由，当地政府以及湖管局应当建立完善相关的规章制度，创建诉求平台，沟通政府与居民，了解社区居民的真实想法，形成良性互动的政府执政作风。

（3）改变执法方式，促进官民和谐

政府执法方式是政府执法权力的表现形态，体现了参与执法过程的各类主体的相互关系，政府执法方式变革就是修正政府执法过程中参与者的相互关系[207]。在青海湖政府与居民的政治互动中，政府执法方式强硬粗暴，在实践中虽然能够取得较好的实践结果，但从长久来看，政府与居民隔阂会越来越深。改变政府执法方式，有利于居民正常主张权力，利于其他参与主体监督执法过程，提高其他参与者的地位，减少执法相对人的反向作用，促进官民和谐，利于青海湖旅游可持续的发展。

4. 社会增权

（1）完善社区基础设施，共享旅游发展成果

旅游发展会对社区的社会组织结构和社会形态产生正面或负面的影响，而成功的社会增权则是要尽可能消减旅游发展过程中对社区各方面的消极影响，最终实现社区凝聚力增强、居民内部不平衡减弱、社区基础设施与服务设施完善，整个社区向和谐稳定的方向演进[208]。完善社区基础设施，让社区居民切实感觉到旅游发展的成果在社区中的体现，是进行社会增权的重要一步。

江西沟乡纵横 51 公里，地广人稀，除了环湖路符合国家标准外，入村道路并

不方便，下雨过后非常泥泞，且由于地势原因，入村及村之间往来都需要车辆代步；另外，在151景区风情小镇搬迁之后，镇上的居民要面临白天没有水的窘境，甚至孕妇都要上山挑水才能满足日常基本需要。针对这种情况，政府和湖管局应为社区居民完善道路交通、环卫水电、通信网络等基础设施建设，村子间设立免费的摆渡车，为当地社区居民提供良好的生活环境，使其感受到旅游为社区带来的积极影响。

（2）加强社区精英示范，共同奔向富裕之路

社区精英是指那些在某方面拥有比一般成员更多的优势资源，并利用资源取得了成功，为社区做出了贡献，从而使他们具有了某种权威，能够对其他成员乃至社区结构产生影响的社区成员[208]。社区是由居民组成的，每个人的行为都会影响到周围人的决策，在参与青海湖旅游的过程中，有些人凭借自身的能力和占有的资源在旅游中获得了可观的利益，依靠旅游走上了致富之路，渐渐成为有号召力的社区精英。这些成功的实例对身边的居民产生了激励效果，鼓励、吸引社区居民纷纷模仿其行为参与旅游。这些社会精英不仅自身取得了成功，也对社区其他成员起到了示范作用，促进更多的社区居民参与到青海湖旅游发展过程中来。所以，在社会增权的过程中，要重视社区精英的作用，利用其巨大的感召力，带领社区居民从旅游中获取经济利益，提高社区增权程度。

七、研究结论与展望

（一）研究结论

①通过访谈及问卷调查发现，近年来生态旅游发展后，江西沟乡居民经济利益提升感知显著，经济增权状况良好；旅游发展增加了当地居民的自信心，激发了其自豪感，心理增权情况较好；在社会增权方面，社区居民认为旅游发展带动其基础设施提升，生活环境质量提高，社会增权情况较好；而在政治增权方面，江西沟乡社区居民基本处于去权状态。

②通过探索性因子分析发现，影响青海湖江西沟乡社区居民旅游发展增权的因素可抽取为个人能力、公共政策、价值观和利益冲突、社区发展、政府管理、个人性格等6项公因子。通过以6项公因子因素为自变量、4维增权内容为因变量进行回归分析发现，6项公因子对社区居民的经济增权、心理增权、政治增权都产生较强影响，个人能力、社区发展、政府管理、个人性格对社会增权有较强影响。

③江西沟乡居民在经济、心理、社会、政治等方面的增权内容，直接影响居民对

地方旅游发展的支持、对生态环境的保护意识等可持续旅游发展的支持度。回归分析发现，经济增权的影响最强，社会增权强于心理增权，政治增权对其影响不明显。

（二）讨论与展望

探究旅游社区居民增权的影响因素具有重要价值。本研究对江西沟乡社区居民增权的影响分析显示，个人因素、政府政策、社区发展对案例地居民增权各方面均产生较强影响，是最核心的影响要素，这与之前的相关研究结论基本一致。如郭华[209]，翁时秀、彭华[210]等研究都表明，个人能力和对权力的认识、社区发展以及地方政府管理等因素对旅游社区居民增权会产生较强影响。

进一步探究影响社区居民对旅游发展和生态环保支持度的因素时发现，社区居民作为生态旅游地的重要利益群体，其增权利益的实现对当地旅游产业发展和生态环境保护起着至关重要的作用。向宝惠、曾瑜晢[211]通过研究也认为，对于生态旅游地社区旅游增权不再是居民单纯地从生态旅游开发中获取经济利益，而是通过参与生态旅游发展，深刻意识到生态资源及自然环境的价值，从而自觉采取措施减少自身及他人行为对环境造成的负面影响。

旅游社区居民增权研究可进一步在以下方面深化：对同一案例地在长时间维度上进行跟踪，从不同的发展阶段对居民增权状况、增权认知和意愿进行序列式研究，将有助于揭示社区居民对旅游发展的真实感知和心理响应；将增权受体的家庭情况、生计方式、参与意愿、离核心景区远近不同参与机会不同等进一步细化，就可以对不同群体的增权方式做更深入的讨论并设计更有针对性的对策方案；正如不少学者所提出的[212–213]，当地制度结构对于旅游社区居民增权具有显著影响，对社区资源产权结构的影响及其如何进一步优化，对于旅游发展中社区居民增权具有重要的理论和现实研究意义。

第四部分

制度建设研究

第七章　市场化生态补偿制度构建

一、市场化生态补偿机制的理论分析

（一）市场化生态补偿机制

生态补偿研究最常引用的是经济学家庇古（Pigou）的外部性理论[214]，针对生态系统对社会提供服务的正外部性，其解决方案是政府通过征税后对生态产权所有者进行补贴从而实现效应的内部化。长期以来，关于自然生态资源公共品的界定及其利用的效应外部性认识，决定了在资源环境保护领域被“庇古税”政策所支配，与之相伴的是政府对生态补偿等领域的主导。

产权经济学的兴起以驳斥外部性理论开始，科斯（Coase）在1960年发表的《社会成本问题》一文中[215]，以牛与麦对土地这一“公共品”的争夺为例，证明了通过产权（所有、用益与转让）的清楚界定可以将资源使用的外部效应内部化，从而消灭“公共品”；其中的困难是对有些物品界定与执行产权的“交易费用”高于界定后的收益，导致这一过程无法实现。事实上，“公共品”是经济学中的抽象表达概念，社会中并无绝对的公物品或私物品，公私之线在于由交易费用大小所决定的产权界定绝对清楚与毫无界定之间。对具有不同属性的覆被类型及其利用的多种生态环境效应，以简单的公共物品和外部性进行界定与现实不符。

科斯的分析对生态服务内部化的生态补偿提供了启示。“生态外部性”的形成，是由于部分生态服务物化程度低、时空变化流动性强，界定及执行产权的交易成本高于其收益结果，从而导致生态服务的共享。因此，生态补偿实质是在社会发展进程中，随着技术的发展、社会支付意愿的增强以及产权制度的成熟和完善，生态产权市场价值实现的交易费用逐渐降低，进而将市场触角未及的生态系统服务纳入市场之手调控与配置的过程。如在既定的区域生态系统中，耕地等农业生态系统的物产服务功能，由于农副产品的有形、固定、产权易于保护并可自由交易，其经济价值已经通过市场实现补偿，具有价格信号引导的物产服务生产受社会需求指引，从而形成激励高效的反馈体系，在市场自由流通和信息完备的情况下，权利主体的个人边际效益与社会边际效益一致，因此不具有公共属性；不同的是，对于区域生态系统的气候调节、水土保持与景观美化等非物质性生态功能，由于其服务的无形、动态以及产权难于保护，不具有直接进行市场交易的条件，因此具有一定的公共性，但随着交通通信日益发展、生态交易成本逐渐降低，生态旅游等市场化补偿方式已逐渐发展起来。

由于资金来源的强制性、行为的命令控制性、受益者补偿的间接性以及超长的过程链难以监督，基于政府行为的公共性补偿易造成责权利不对等、补偿定价体系不合理、资金管理不到位以及使用效率低等负面效应。随着生态意识的普及，生态交易成本降低，人们的支付意愿也逐渐增强，市场化的生态补偿方式逐渐受到重视，成为以政府为主的生态补偿方式的有效补充。相对而言，由于提供补偿主体的多元化、基于平等自愿的等价性与直接性，市场化补偿能够形成更高效相容的制度体系，使资源环境要素的价格真正反映它们的稀缺程度，为产权所有者的生态保育行为提供激励，进而持续提供生态服务。

（二）市场化生态补偿制度体系

1. 基于交易费用的生态效应划分

对于生态服务公共品和外部性的简单认定模糊了区域与类型差异，由于生态系统类型的不同以及接近市场的远近，不同生态系统为社会提供的主要服务功能及其经济价值具有一定差异。因此，生态补偿方式的确定首先应对生态系统及其服务功能类型进行划分，以生态服务的自然属性和市场属性差异对其交易成本进行区分，才能建立相应的生态补偿机制（见表 7–1）。

表7–1　不同覆被类型的生态服务交易费用与补偿机制

生态系统类型层次	主要生态服务功能	交易费用	利益主体、补偿途径与标准
自然保护区、遗产地、限制和禁止发展生态功能区等主要提供非物质性服务的生态类型	气候气体、水与养分循环调节、干扰调节、水土保持、生境保育等非物产价值；少部分产出功能和信息功能	生态服务物化程度低，并与水、气等自然要素流伴生，界定产权的信息、执行和交易费用非常高	一国范围内，生态服务受益者（补偿支付者）为全国公民，生态服务生产者（补偿接受者）为区域内居民；国家公共补偿为主，部分结合市场补偿；以生态服务价值计算结果结合公众听证为平均标准，根据区域特点调节标准、根据生态产权（土地所有）多寡调整分配标准

续表

生态系统类型层次	主要生态服务功能	交易费用	利益主体、补偿途径与标准
耕地、经济林地、畜牧用草地、渔业生产水域等主要提供物产服务的农业生态系统	食物、原材料、纤维等物质产品；部分调节、支持和景观欣赏功能	大部分与社会其他物质商品一样，物理属性固定，界定产权的信息、执行和交易费用较低	主要为农副产品的生产者和购买者；市场补偿为主，部分结合地区公共补偿；主要按照市场流通中农副产品市价标准进行补偿，在上一栏公共补偿逐渐实现后，可根据经济发达程度分地区逐步推进非物质性生态服务补偿
提供具有高效用价值服务的特殊生态系统	景观欣赏、艺术文娱、精神洗礼和崇拜功能	需要消费者接近体验或以媒体形式传播，界定和实现产权收益的交易费用相对较低	生态服务受益者（补偿支付者）主要为生态旅游者及图、画、影视等媒介产品购买者，生态服务生产者（补偿接受者）为投资商和区域内居民；主要依靠市场交易补偿；主要按交易价格补偿

具体而言，对于自然保护区等主要提供非物质性服务的地区，区域生态系统服务功能具有较强的公共性，因而易导致滥用和退化；对农地来说，除物质产品之外的部分生态服务具有公共性与补偿不足的现象；而对于部分具有体验、审美等高效用价值的生态系统，以生态旅游等方式基本已补偿其服务价值。根据生态系统利用的社会效用分为三个层次，并据其主要生态服务属性分析交易费用高低和市场化补偿的难易，为合理高效的生态补偿政策组合提供了科学基础。

2. 市场化的生态补偿制度体系

生态系统的物产服务价值已由市场交易进行补偿，并且，随着生态资源的日渐稀缺、社会生态消费意识的觉醒以及现代交通通信的发展，部分非物质性生态服务价值补偿的市场也已逐渐形成；而在必须由政府主导的补偿中，如何在补偿的过程链中引入更多的市场化方式，从而建立起多层次、多样化的生态补偿制度体系也应进一步探讨。基于此，以表 7-1 的分类体系为基础，表 7-2 中对生态补偿的市场化方式进行了总结。

表7-2　不同生态类型和生态服务功能的市场化补偿方式

生态系统类型	主要生态服务	市场补偿方式的深化	补偿方式的运作
保护区、遗产地等生态系统	非物质服务	产权交易市场 建设招标与经营托管 NGO与生态基金 生态券或生态彩票 生态价值捆绑销售 生态意识宣传 ……	对水资源、碳转移等可核定的服务以主体谈判的产权交易实现； 生态工程进行建设招标；日常经营管理委托企业； 由政府组织、大众参与听证评估和管理监督； 由民间和国际组织以募捐、基金等形式参与； 以低于一般利息发行生态券或发行生态彩票； 以影像、书籍等媒体或少部分物质产品附带实现无形价值； 加强生态科普，提高社会生态支付意愿
农业生态系统	物产服务 非物质服务	产品市场深化发展 农副产品生态认证 （参考第一栏）	全面取消农副产品价格管制、发展农业交易市场； 实行绿色、环保认证，提高非物质性生态服务附加值
特殊生态系统	高效用价值的信息与体验服务	门票收入 生态产品销售 餐宿、交通等服务 ……	产权界定与市场化经营；生态旅游景区、公园、场馆等门票销售收入； 以媒体传播或生态产品外销附带实现无形价值； 以旅游消费带动区域整体发展，实现生态价值

在表7-2中同样将生态系统按照价值补偿的市场化难易划分为三个层次，并遵循三个主要原则：对于生态系统的物产服务功能，大力发展现有产品市场并全面取消交易管制，从而实现其产出价值；对于同时具有产品产出功能和非物质性服务功能的生态服务，尽可能以实物产品形式捆绑补偿其无形价值；而对于主要提供非物质性服务的生态系统，则在补偿资金来源上以募捐、权证、彩票和基金等形式实现多元化，在支出上引进企业进行市场化运作并组织社会监督。

（三）市场化生态补偿机制的优越性

1. 传统生态补偿

从目前中国生态补偿实践来看，政府补偿机制仍是开展生态补偿最主要的形式。如早期的三北防护林、退耕还林还草、京津风沙源治理工程、天然林保护工程等项目，可以看作国家层面最早期的生态补偿实践。直至今天，政府补偿依旧是生态补偿的主要承担者。政府补偿是以国家为主导，以政府为实施补偿的主体，以农牧民为补偿对象，以区域和谐为目标，以中央财政转移支付为手段的补偿方式，通过非市场途径实现的生态系统补偿。

政府生态补偿，一方面因为其强制性与稳定性的国家行政权力，在这种补偿模式下的补偿行为比较容易推动和实施，同时能够较合理地对生态服务者给予一定的补偿，比较容易协调各方利益相关者的利益关系，进而产生的机会成本比较低。然而由于补偿实施过程中环节错综复杂，涉及的利益相关者众多，可能会产生由于信息不对称及补偿费用的预估不准确，导致实践中实际支付的生态补偿费用过高；同时，由于政府补偿本身存在的行政机制问题，会出现办事效率低，效果不明显，补偿过程中可能存在短期寻租以及贪污腐败等恶劣行为，使得这一模式在实践中的运行成本异常高昂，补偿力度不均，补偿资源分配出现不合理等众多问题。基于此，我们可以总结得出政府补偿形式有以下利弊。

（1）政府补偿的优势

第一，及时制定法律规范，适时出台系列政策。生态补偿机制是一种经济调节手段。然而市场经济行为属于追求利益经济活动，市场经济行为主体的行为特征主要受经济利益的调控。生态环境立法是一项能够有效推进生态补偿的重要措施。因此，政府要建立将完备的法律、强有力的行政力量和经济政策相结合的综合调节手段。

第二，综合补偿实力强大，更快落实补偿行为。政府运用公共财政收入为生态产品及生态旅游服务支付报酬，是目前世界上应用最广泛的一种生态补偿模式。据相关数据显示，世界上最大的生态建设工程——退耕还林还草工程，自 1999 年试点开始，2001 年全面启动以来，目前在我国近 30 个省市自治区以及新疆生产建设兵团多个县展开，至 2017 年中央财政累计用于退耕还林项目工程的补偿资金达 4500 多亿元。其他的工程例如京津源风沙治理、三北防护林工程、三江源保护工程等全国性的重大生态工程所需的资金基本上全都是由中央政府通过财政转移支付和设立专项基金的形式筹集。可以明显看出，中央提供的资金扶持是这些生态工程实施和最终取得成效的关键原因。

第三，充分协调利益相关者利益关系。由于生态补偿涉及的利益主体众多，包括生态环境部门、当地生态区域、单位和居民。为了高效率地平衡各利益相关者之间的关系，除了政府出面协调，几乎不存在其他组织能代表如此广泛的利益群体。生态补偿过程又是一个持久而又浩大的项目工程，涉及的对象不仅包括公共的环境资源，而且还有广大的利益群众，仅仅依靠个人或者相关经济组织无法取得妥善平衡。政府作为人们需求的代理人和公共权力主体，在自然生态环境治理过程中有着至关重要的作用，并且在补偿过程中能避免无所谓的摩擦。

（2）政府补偿的缺陷

第一，中央财政专项拨款，补偿资金来源单一。从历年我国生态补偿实践来看，政府的生态补偿资金基本来源于政策税收、特殊基金项目以及财政专项拨款，这是一种强制性、无偿性的生态补偿手段。而且，我国对生态建设的投入强度已远远超过了世界的平均水平。因此，当下以及未来的生态补偿行为，仅仅依靠国家财政支出难以长久持续。何况我国县级、市级甚至是省级的财政转移支付制度都存在着拖沓不透明等问题，转移支付不能及时到位的现象时有发生，在一定程度上生态建设资金难以得到保障，不利于生态建设的发展。

第二，资源无法准确定价，补偿力度欠缺公平。换个角度来看，生态补偿实际上属于生态链条上各个环节之间的利益再分配，对自然资源和生态环境价值评估的准确性直接影响生态补偿的效果及公平性。政府补偿模式下的定价是政府在有限理性下做出的判断，通常来说政府对生态资源的定价均偏低。按照威廉姆森提出的机会主义观点，机会主义是一种狡诈的自私自利的行为倾向，并且一般发生在以下两种情况：一是信息不对称；二是“小数目”条件。政府给予生态补偿时，由于政府掌握着行政资源的主动权和控制权，它拥有生态补偿的直接定价权力，而且政府相对于众多的自然生态环境供给者（景区管理部门、居民等），政府又是唯一的生态补偿者，属于绝对的“小数目”。因此，在政府补偿过程中，补偿不及时、不到位等机会主义经常发生。这种结果反而会更加刺激人们对有限的资源过度消费，导致更大面积的生态环境破坏。

第三，权责利不对等，有违“谁受益、谁补偿”原则。政府补偿难以体现生态补偿各主体的权、责、利的统一。理论上来说，生态补偿的主体一定也是生态受益的主体。然而在现实的补偿实践中，事实并非如此。政府作为补偿主体，其所提供的资金来源很大一部分是财政专项拨款或是生态税费，理论上全体人民应该是生态系统的受益者。然而事实上只有少部分人才是直接受益者，造成的结果是全体人民为部分受益者买单。国家补偿生态环境的损失，无异于利用全体人民缴纳的税收作为补偿资金，如此演变成了全体人民对这种破坏生态环境行为的负责，显然有违环境责任原则。另外，政府补偿中权责不一致外，行政体制本身的性质决定了补偿效果的低效性、机会主义短期寻租的可能性以及政府预算优先考虑的补偿领域，这些都将影响政府补偿的实际效果。

2. 市场化生态补偿

政府面对复杂的生态补偿也会出现以上若干问题，因而需要构建市场化生态补偿机制。市场补偿是市场交易主体利用经济手段参与环境市场产权交易，从而自发参与生态环境改善活动的总称。如同市场经济规则一样，市场补偿主体可以是市场交易中的任何人，可以是生态环境的提供者（如生态系统、生态区居民），也可以是生态环境的获益者（如游客、政府等），不同的是政府在市场补偿活动中的地位与其他交易者相同，没有了强制性和命令性的权利，因此无法对其他主体施加命令。较以中央财政转移支付为主要渠道的政府补偿形式而言，市场化补偿是生态服务获益者对供给者的直接补偿，直接按照市场化补偿原则，生态供给者与生态获益者之间实现了“无缝对接”，市场交易中的各利益主体通过市场买卖行为获得其需求并同时承担相应的义务，最终实现各自的利益诉求。市场补偿是以市场经济为原则，以市场价格为基础，由市场上利益相关方自愿决定是否需要补偿，能够接受的补偿数额和补偿方式。与政府补偿相比，市场补偿可以充分利用市场灵敏的反应优势，捕获有价值的市场信息，市场主体完全依据市场信息做出决定，并迅速调整自己的市场行为，因而这种决策是比较理性的。市场化生态补偿的优势如下所示。

第一，低成本高效率，激发保护者积极性。与政府补偿不同，市场化的生态补偿完全按照市场的变化快速做出相应的反应和调整，同时省去了中间信息传递和转化成本。市场补偿通过供需影响价格，进而由价格涨跌刺激供需变化，有利于提高资金和资源有效利用率，降低交易费用。市场化生态补偿还能扩展融资渠道，盘活经济流量。因对生态环境保护而失去了经济发展机会的人们，抑或是因为对生态系统的积极保护而付出资源成本的人们，在对他们进行生态补偿同时，还能激发生态保护者的积极性，从而进一步保护生态环境。市场化生态补偿能更妥善地处理供需矛盾，达到相关主体利益平衡；同时，市场化补偿还能充分尊重市场主体的需求与利益，充分实现供需双方的平等地位关系。

第二，有利于生态系统资源合理配置。科斯定理明确地阐释了资源配置效率、交易费用和产权制度的内在联系。当利益主体财产权是明确的，而且市场交易成本很小甚至为零时，不管在交易之初财产权属于谁，市场都将出现均衡结果并且是极其有效率的，并最终实现资源配置的帕雷托最优。因此，在生态补偿过程中，明晰界定生态系统资源产权，市场中生态资产产权能够得到自由流动，同时尽量控制交易成本（如谈判成本、信息成本、制度结构变化成本、监督成本等），生态环境系统资源就能得到合理的配置。这与完全依靠政府补偿的方式相比，市场化补偿能更有效地发挥资源作用，实现生态系统资源价值。

第三，是一种“造血式”补偿手段。纵观国内外生态补偿实践可以发现，在补偿模式的选择上，以金钱和实物等形式直接发放的生态补偿属于输血式生态补偿，它是无法从根本上解决生态系统存在的生态补偿权矛盾、系统自我保护和后期建设投入上的原始积累等先天缺陷。在传统的输血式生态补偿模式下，特别是对于生态脆弱的欠发达地区而言，其生态系统保护和建设工程的深度、广度以及力度完全取决于外部输血量的多少，缺乏生态系统自我保护和建设的内生原动力和支撑力，如若外部“输血”停止，生态环境自我保护和建设工作将无法继续。市场化生态补偿由直接的政府资金补偿转变为间接的市场发展补偿，由政府型的“输血式”补偿转变为市场型的“造血式”补偿，从单一渠道的资金补偿转变为市场补偿、产业补偿、政策补偿以及对口协作等多种补偿方式，有利于生态环境的可持续发展。

3. 市场化补偿的优越性

通过对基于市场化生态补偿模式与政府型生态补偿模式的比较，我们可以发现政府补偿形式单一、资金来源狭窄，市场化生态补偿作为一种“造血式”的生态补偿方式，可以有效拓宽生态补偿资金来源，并且能提供生态系统保护和建设的内生原动力和支撑力。市场化生态补偿完全依据市场经济原则，是补偿主体和补偿对象之间发生的产权交易关系，避免了权责利的脱节，实现了生态补偿各主体的权、责、利的统一。生态补偿具体形式和额度由生态补偿主体间相互谈判协商，并最终统一得出来的结果，避免了机会主义的发生，一定程度上实现了补偿主体双方甚至多方的公平。

二、国外市场化生态补偿方式与启示

（一）国外市场化生态补偿主要方式

国外的生态补偿充分利用市场机制和多渠道的融资体系，目前形成了生态旅游、生态投标、生态保护企业股权融资等多种市场化补偿方式。

1. 生态旅游

生态旅游是具有保护自然环境和维护当地人民生活双重责任的旅游活动。对于具有较高价值景观与娱乐文化服务的生态系统，生态旅游是景观服务的主要潜在收益方，也是景观服务的提供方。生态旅游业外延很广，关联带动性很强，不仅能直接提高自然保护地就业率，还能带动相关产业的发展，是一种重要的市场化生态补偿途径。例如：美国纽约州的 Adirondack 公园位于山区，面积 250 万公顷，大部分地区为森林。大约 48% 的土地归纽约州所有，其余的土地是私人所有。1894 年以来，该地被划为“森林自然保护地”，按照保护区管理规定，园内必须维持原始荒芜状态，任何的资源交易、砍伐、采矿或开发活动均被禁止，Adirondack 公园成为密西西比河东岸最大的荒地。园内大约有 13 万常住居民，居民均住在私人所有的土地上，私人土地使用权也受到 Adirondack 公园管理机构发布的管治措施的限制，这对于保护国有恒荒土地免受相邻私有土地过度开发影响起到了积极作用。园内私人土地所有者虽然没有得到直接的补偿，但是 Adirondack 公园管理机构促进了园区的生态旅游，开办了两个游客翻译中心，游客翻译中心使得 Adirondack 公园生态系统的特点得到了彰显，也介绍了徒步旅行路径、原始湖泊、攀岩机会等消息。生态旅游的开展对私人土地所有者的土地产生了增值效应，这是一种间接补偿。

2. 生态投标

生态投标是指在生态补偿实施的过程中引入投标竞争机制，项目申请者出价投标，指明实施生态补偿项目的土地范围与类型，及采用的土地利用方式，提出生产者期望得到的支付水平等，项目实施者通过投标竞争的方式选择成本低且效益高的土地进行补偿。澳大利亚维多利亚州在 2001—2003 年试点实施灌木林保护项目（BushTender Pilots），采用投标协议方式提供生态补偿以鼓励保护天然植被和生物多样性。私有土地主先向政府部门表达参与的意愿并提交生态保护投标。政府官员对农场及其土地进行考察，收集相关的生态数据，并且采用生物多样性效益指数（Biodiversity Benefits Index）对土地进行评分。所有的标书通过其单位成本的生物多样性效益进行排序，政府部门根据财政预算从高到低挑选标书纳入项目。该项目大大节省了保护成本，对于等量的生态效益，采用固定标准补偿方式的成本大约是该投标方式的 7 倍。除了该项目外，澳大利亚还有 EcoTender 等项目也采取了相似的投标机制对生态服务进行补偿。

3. 生态保护企业股权融资

生态企业在经营中涉及生态环境服务，例如生物多样性保护、生态景观保护、林业碳汇等，这些企业往往因为生态保护活动投资大、回报期长、利润低等而陷入财务困境。国际环保组织通过建立一系列的基金向这些企业提供风险投资贷款，帮助其完成保护生态的目标。并且这些贷款可以转化成公司的股权，由基金长期持有。例如，由自然保育协会（TNC）与美洲发展银行（IDB）的多边投资基金 1998 年共同成立的生态企业创投基金（The Eco-En-terprises Fund），拥有 1000 万美元资本额，提供创投资本与技术支持给拉丁美洲企业的环境保护计划。它的主要目标是振兴中小规模企业的成长，倡导地球最具生态重要性地区的生物保育活动，鼓励具有社会和环境责任企业的发展，使生物多样性保护产生效益，提升拉美和加勒比海地区无利润低环境组织发展的可持续性。投资领域包括农业、林业、非经济林产品、自然观光业。该基金包括两部分，其中 650 万美元风险基金投资于各发展阶段的企业；另外350万美元技术援助基金提供商业咨询服务来帮助新的成功风险项目。此外，也有生态保护私营企业采取公开上市的办法在股市获取融资进行生态保护。如澳大利亚的家园保护区（Earth Sanctuaries）上市公司，它主要从事购买土地为本土植物恢复栖息地，把上市募集资本与保护偏远地区的自然资源结合起来，使那些想要挽救濒危动物的人们不用捐款，而是通过购买股票的方式达到相同的目的。

4. 生态彩票

应用生态彩票机制获得资金，可以看作“微笑纳税”，即在全国发行生态建设彩票。其原理类似于现有的体育彩票和福利彩票，融到的资金是彩票发行收入扣除支付中奖者的奖金和发行成本后的结余部分，其主要用于支持生态建设和保护。2011年，在马耳他彩票经营许可管理局的批准下，斯特林·沃特福德控股公司面向英国公众发行世界上第一款低碳环保彩票。这种彩票将以降低温室气体排放、帮助解决气候变化问题为目标。彩票销售所得，除了用于支付奖金和彩票本身的运营宣传之外，其余全部用于投资各类经过严格挑选的降碳减排项目。目前，已有土耳其佐鲁风力发电厂、印度高韦里水电站，以及巴西和危地马拉的绿色能源社区项目等成为低碳彩票的投资目标。同时修复植被、植树造林也将成为彩票金投资的发展方向。

5. 土地信托与保护性地役权交易

土地信托是由土地所有权人（委托人）为有效利用土地，提高不动产的开发与经营效率，而将土地信托予受托人，由受托人利用其专业规划与管理，将开发经营的利润作为信托收益分配金交付给受益人。美国的土地信托基金发展较早，土地信托基金保护的土地包括农田、森林、草地和空地。根据土地信托联盟（Land Trust Alliance）的统计，全美现在大约有1200个私有的非营利性土地信托组织。这些组织有的是地区性组织，有些在国际范围内运作。土地信托主要通过两种方式保护土地：一种是购买土地或接受捐赠土地自己进行保护或委托政府保护；另一种是购买土地地役权，与土地所有者签订保护地役权合同（Conservation Easement），提供资金补偿损失，帮助开展土地生态保护，限制破坏生态的各种开发活动等。

6. 环境信用额度交易

环境信用额度交易是建立在法律规定和总量控制基础上的一种补偿方式。根据自然资源和用户实际情况确定不同用户的使用限量标准和义务配额，超过限额或无法完成义务配额的用户，须通过市场购买相应的信用额度。按照产品类型分，生态服务信用额度包括生物多样性信用额度、碳信用额度、盐度信用额度等。澳大利亚新南威尔士州实施的生物多样性银行和抵消计划是典型的生物多样性信用额度交易。根据澳大利亚环境规划与评价法的规定，一些开发项目需要进行生物多样性影响评价，并且要对项目实施过程中造成的生物多样性损失进行抵消。该计划的目的是利用生物多样性信用额度交易市场来帮助开发项目补偿所造成的生物多样性损失。首先，该计划采用生物多样性银行评价方法对开发项目进行评价，确定项目对生物多样性的影响大小和抵消其影响所需要的生物多样性信用额度种类和数量。然后，开发项目可以通过在市场上购买相应种类和数量的信用额度来补偿所造成的生物多样性损失。与此同时，进行恢复和保护自然植被等活动的土地所有者，可以向该计划申请评价和核算所产生的各种生物多样性信用额度。

7. 生态产品认证

生态产品认证是由独立第三方机构依照生态环境可持续经营与保护的标准对相关生态产品的生产、销售等环节进行验证，认可后发放认证标志。在市场上，对相关环境服务具有支付意愿的消费者通过选择购买具有标签的产品（其价格一般高于没有标签的同类产品），实质上向产品生产者支付了额外的生态服务费用，实现了生态服务补偿。欧盟在 1992 年出台了生态标签系统，初衷是希望把各类产品中在生态保护领域的优秀者选出，予以肯定和鼓励，从而逐渐推动欧盟各类消费品的生产商进一步加强生态保护，使产品从设计、生产、销售到使用，直至最后处理的整个生命周期内都不会对生态环境带来危害。生态标签同时提示消费者，该产品是欧盟认可的并鼓励消费者购买的“绿色产品”，符合欧盟规定的环保标准。如果生产商希望获得欧盟生态标签，必须向欧盟各成员国指定的管理机构提出申请，完成规定的测试程序并提交规定的环保性能测试数据，如自然资源与能源节省情况、三废排放情况、废物和噪声排放情况等，证明产品达到了生态标签的授予标准。欧盟积极通过各种途径向消费者推荐获得欧盟生态标签的产品和生产商，使之获得消费者的注意及知名度。目前，欧盟市场上通过生态认证的“贴花纺织品”的价格比普通纺织品要高出 20%—30%，但绝大部分欧盟消费者仍愿意购买前者。

8. 绿色投资基金

绿色投资基金是指在证券市场上仅以或部分以企业的环境绩效为考核标准筛选投资对象进行投资的基金。它是在社会责任投资的基础上发展起来的，不仅以获得经济收益为主要目的，且追求生态、经济的协调发展。由世界保护联盟（IUCN）与世界银行国际财务合作组织（IFC）共同成立的绿色倡议基金（The Kijani Initiative），目的在于鼓励本地与外来投资于有机农业、生态旅游、永续森林、非木制产品药用植物与永续渔业等产业的发展。基金规模 3000 万美元，为期 10 年，将支持非洲农村地区生物多样性的商业投资。基金投资2000万美元20多个中小型企业，主要集中在农业和旅游业。波兰的Eco-fund绿色投资基金，通过分期付款、低息、直接注资等方式，支持该国化肥厂氮氧化物的减排、大型生物电热厂的建设、循环经济等，推动了该国的生态创新。

（二）国外生态补偿市场化的启示与借鉴

1. 降低交易成本

降低交易成本是实现生态补偿市场化的前提。交易成本的降低主要是通过两种方式来实现的。第一，将生态服务开发成能够参与市场交易的商品。将森林所提供的固碳服务、水文服务、保护生物多样性服务和生态景观服务成功转化为可以交换的商品，这样就减少了交易过程的不确定性。第二，通过第三方组织连接买方市场和卖方市场。第三方组织可以是中介组织或社区组织，能够有效地将买方和卖方组织起来，减少中间的沟通成本，同时可以利用自身的专业知识对利益相关者进行培训、提供咨询服务，有效地降低交易成本。

2. 完善相关法律法规

不论是哪种生态服务的市场交易类型，都需要法律制度作为保障。通过相关的法律法规对生态补偿利益相关者的行为进行鼓励或约束，对生态补偿的方式、生态补偿的标准进行明确规定，使生态补偿在实施的过程中能够有法可依。因此，我国生态补偿制度市场化的建立必须进一步完善相关的法律法规，在系统梳理现有法律法规的基础上，重新修订相关法律法规，明确相关利益主体的权利和义务，确定生态补偿的范围、标准、方式等内容。

3. 合理确定补偿标准和付费形式

合理的补偿标准和付费形式能够保障生态补偿实施的持续性和有效性。在市场化补偿机制的运作下，作为理性经济人，生态补偿项目的参与者只有在生态补偿的标准能够完全承担或超出他们进行生态环境保护所付出的机会成本和交易成本时才会参与进来。在付费形式上，除了现金支付这种比较普遍的形式外，国外在生态补偿过程中还设有多种支付手段来进行配合，如物质补偿、技能培训、绿色产品销售通道、教育补偿等。授之以鱼不如授之以渔，这样有利于推动生态补偿地区生产方式的改变，实现产业转型。

4. 注重对项目的监督管理

注重对项目的监督管理能够提高生态补偿的效率和效果。对项目实施的监督和监测要包括以下两方面的内容。第一，要监督生态服务购买者的付费以及生态补偿资金的使用情况，以保证补偿费用能够及时送达受偿者，保障补偿项目的稳定开展。第二，要积极监测生态受偿者进行生态保护的活动效果，由第三方专业机构定期对生态保护效益和损失进行及时评估，督促受偿者在享受补偿的同时要积极履行相应的责任。这有助于提高生态服务交易市场的规范性，确保项目的持续实施。

5. 重视政府的指导监督作用

市场化的生态补偿机制并不意味着政府与市场是完全对立的。在生态补偿市场化的环境中，政府在产权界定、制度完善、市场培育、维护公平竞争的市场秩序、监管市场交易过程等方面发挥着极其重要的作用。政府和市场两者是相互联系、相互作用的关系。政府的指导、监督是保证市场机制充分发挥效力的重要手段。所以，在生态补偿市场化机制的运行过程中，处理好市场和政府的关系具有重要意义。

三、我国市场化生态补偿制度建设

（一）现行制度对生态补偿市场化的约束

1. 资源环境产权制度的约束

环境资源产权是否清晰明了是生态服务能否进行市场交易的前提条件，关系到生态补偿市场化机制能否稳定持续的运作。我国目前混乱的环境资源产权制度严重制约着生态补偿市场化机制的构建。在我国，社会主义公有制的经济性质决定了环境资源产权也是公有制制度，即自然资源是归国家和集体所有，个人和其他组织不能拥有自然资源的所有权。这一制度规定表面上看起来，我国的环境资源产权是明晰的，所有权归国家和集体所有。但是在这种制度安排下，意味着我国的自然资源是公共物品，是属于社会共有的财产，任何一个人都可以享有和使用，而不需要对此进行付费，人们意识不到生态系统所具有的价值。而当环境遭到破坏时，因为找不到具体的所有权主体，所以没有办法要求对生态环境的破坏进行补偿。也正是因为这种产权制度安排，才会造成我国在经济发展的过程中对资源的过度开发和使用，致使森林大面积的砍伐、草地沙化、水土流失严重、矿产资源枯竭，从而带来沙尘暴、洪水泛滥等一系列的生态灾难。因为国家是资源的所有者，政府是国家的代表，同时对资源进行管理，这就意味着政府既是国家行政管理者，也是资源的经营者，兼有运动员和裁判的双重身份，导致环境资源的所有权、行政权和经营权的混淆。

2. 法律制度的约束

我国现行法律中没有针对生态法律的专项法律法规，涉及生态补偿的相关法律法规主要有《环境保护法》《森林法》《水土保持法》《野生动物保护法》《自然保护区条例》《矿产资源补偿费征收管理规定》等。现有的这些法律法规对于生态补偿的相关规定都是原则性的说明，而对生态补偿的具体实施都没有相关规定。这就导致在生态补偿的实施过程中没有相关的法律可依。现有的法律体系对于生态补偿市场化机制的约束主要体现在以下几个方面。一是没有明确界定生态补偿的利益相关者。生态补偿的实质是运用经济手段对生态补偿的利益相关者进行协调，如果不能明确界定利益相关者，则不能确定生态补偿中的补偿者和受偿者，也无法明确对其所要承担的责任和享有的权利进行界定，这会导致在生态补偿实施的过程中因为权责不明而出现互相推诿责任的现象。二是缺乏对生态补偿标准和方式的规定。科学的生态补偿标准是实施生态补偿市场化的重要前提，我国现行的补偿标准是“一刀切”的模式，而和生态补偿相关的法律规范中对于如何因地制宜地制定生态补偿标准是空白的，同时生态补偿方式的多样化也没有在法律法规中体现。三是生态补偿管理办法的缺失。在生态补偿的实践中，生态补偿的管理往往不规范，对于生态补偿资金的使用情况以及生态项目的实施效果缺乏有效的监督。由于缺乏强有力的监督管理，导致有关部门对国家投入的生态补偿建设资金侵蚀，侵害受偿者的利益，降低生态补偿项目实施的效率。

（二）现行制度的改进

1. 资源环境产权制度的改进

由于自然资源所具有的公共性和外部性大小的不同，对其进行产权界定的难易程度也各不相同，因此应该基于自然资源的种类和特点来对其进行产权界定，从而形成有效的、多样化的环境资源产权制度。具体的改进方法如表 7–3 所示。

表7–3 环境资源产权制度改进方法

资源类型	资源特点	改进方法
非生物可再生自然资源（主要包括土地和水）	这类资源具有可以恢复和循环使用的特点。只要人类活动遵循生态规律的要求，它们就能成为人类永远利用的自然财富。这类资源构成了人类生存的基本条件，也是一切生物如森林、草原、鱼类、野生动植物得以繁衍生息的基础	在一般情况下不需要变更其国家所有和集体所有的性质，而对一些非紧缺型土地，如沙荒地、荒山等，国家可以在规定其目标用途（如造林）后把其所有权拍卖，以激励企业和农户的长期投资，避免这些土地的生态状况继续恶化

续表

资源类型	资源特点	改进方法
生物性可再生自然资源（主要包括各种动物、植物、微生物及其周围环境组成的各种生态系统，如森林、草原、鱼类、野生动植物等）	这类资源具有循环再生能力。只要人类合理利用，生物性可再生自然资源即可周而复始地生长，为人类永续利用。从和人类生活的关系看，它们可以满足不同主体的不同需求，表现出较强的竞争性特点	国家可以以法律形式确认草原、森林、鱼类、野生动植物等生物性可再生自然资源归属于不同的主体所有
不可再生自然资源（包括铁、煤、石油等各种金属和非金属矿物在内的矿产资源）	具有鲜明的耗竭特性	中国法律明确规定矿产资源的所有权一律归属国家。面对中国人均矿产资源日益贫乏、耗竭速度加快的严峻形势，对多数矿产资源继续坚持国家所有，但对一些非紧缺而没有规模开发效应的小矿山，如小煤矿、小锑矿、小稀土矿等，国家可通过拍卖方式把其所有权出售给企业或其他经济组织，以克服矿产资源因“无主”而形成小矿山开采遍地开花、乱挖乱采的状况；同时引入竞争和价格机制，改变目前矿产资源“无价”以致粗放开发和浪费使用的现状

对于非生物的可再生资源，如大气、淡水和紧缺的耕地等，对国家的经济有很重要的影响，同时产权界定很困难，应该继续以国家或集体所有的形式存在，以防止在所有权私化的情况下出现垄断或者外部性经济失效。在国家统一管理的前提下将产权的权能分解成资源的许可证权、经营权、特许权、开发权等，然后将这些产权分配给不同的市场主体。对于一些非紧缺型的土地，如荒地、荒山等，可以将部分的所有权通过拍卖或其他方式私有化，形成不同的产权主体，鼓励社会企业和个人积极参与生态保护。对于生物性的可再生资源，如森林、草原等，这些资源具有明显的排他性和竞争性，产权界定比较清晰，在平衡公共利益和相关使用者利益的前提下，可以将部分生态资源的所有权私有化，产权的主体可以是地方政府，也可以是企业或个人。对于不可再生的自然资源，包括黄金、铁等金属矿产资源和天然气、石油这些非金属矿产资源，主体上应该坚持所有权为国家所有；对于一般性的、储藏比较丰富的矿产资源，可以考虑将使用权和经营权分离，让经营权自主进入市场，发挥市场机制的作用。

2. 法律制度的改进

针对现行的法律体系，建议从以下三方面进行改进。

第一，进一步完善现有自然资源法律中对生态补偿的相关规定。因为生态补偿在我国的实践历程较短，所以和自然资源保护的相关法律中有关生态补偿的内容规定并不是很多，像《环境保护法》《森林法》《水土保持法》《草原法》《野生动物保护法》等这些自然资源法涉及生态补偿的都是一些原则性的规定。应该进一步具体和完善上述法律法规关于生态补偿的内容，提高生态补偿的所占比重，以体现其重要性，同时使之具有可操作性和科学性。

第二，加快《生态补偿实施条例》的出台。通过国家行政法规的形式将生态补偿机制正式确定下来，对生态补偿的利益相关主体、生态补偿的范围、生态补偿的形式、生态补偿的标准和原则等做出详细的规定。在条例实施的过程中再进一步进行修改完善，以此为基础，出台专门的《生态补偿法》。

第三，完善地方生态环境法律法规。我国幅员辽阔，南北跨度很大，各地区的自然地理条件、经济发展水平和所面临的环境问题各不相同，这些差异会导致生态补偿的能力、补偿的标准和手段、补偿的效应会有很大的不同。统一的法律规定并不能够有效解决地区的差异性，因此，各地方立法机关应该根据所在地区的实际情况，在遵守国家宪法和法律的前提下，借鉴国内外已有的立法经验，制定适合本地区的地方性生态环境法律法规。

（三）建立监督和反馈机制

监督和反馈机制能够有效保障生态补偿市场化机制的有效运行管理，保障生态补偿在执行的各个环节落实到位，进一步提高生态补偿的实施效果。一直以来，由于受到传统文化的影响，中国公众参与监督反馈的程度都不高。为了真正调动公众参与生态补偿的积极性，实现其反馈与监督的作用，建议从以下三方面进行完善。

第一，要加强宣传教育，提高公众的参与意识。在我国，由于生态补偿实践历程比较短，很多公众对于生态补偿的具体含义并不了解，所以，有必要通过网络媒体、社会组织等各种渠道来加强生态补偿的科普教育，在日常生活中引导公众关注生态保护和生态补偿，提高公众的参与意识。

第二，要信息公开，保障公众的知情权。知情权是公众参与监督反馈机制的基础。在生态补偿实施的过程中，相关部门应该建立起一套信息公开系统，通过多种媒介定期发布有关生态补偿的信息，这些信息应该包含生态补偿的执行机构、生态补偿资金的来源、生态补偿资金的使用情况、生态补偿的实施效果等全方位的信息，让公众可以及时、全面地了解生态补偿的相关信息，以更好地进行监督。

第三，要畅通反馈渠道。在生态补偿实施的过程中，通过采取公示、听证等方式，听取公众意见。除了热线电话、信访这些传统的方式外，还应该积极运用新媒体，灵活地采取微信、微博等新手段，创新公众反馈方式。

附　录

附录 A　京郊旅游生态补偿研究游客调查问卷

尊敬的先生 / 女士，您好！我们是一项国家社会科学基金的研究人员，此次问卷调查目的是想了解京郊生态旅游发展现状及相关情况。因此，我们想对这些情况做个调查，作为科学研究的基础和以后制定政策的参考。本调查为匿名填写，而且我们保证您所提供的情况绝不会向外泄露。非常感谢您的合作！

一、基本信息

1. 您的性别

A. 男　　B. 女

2. 您的年龄

A. 25 岁以下　　B. 25—34 岁　　C. 35—44 岁

D. 45—54 岁　　E. 55 岁以上

3. 您的学历

A. 小学及以下　　B. 初中　　C. 高中 / 中专 / 技校

D. 大学专科　　E. 大学本科　　F. 硕士及以上

4. 您个人的月均收入是多少？（包括所有收入，如工资、奖金或补贴等）

A. 无收入　　B. 1000 元以下　　C. 1001—3000 元

D. 3001—5000 元　　E. 5001—8000 元　　F. 8001—10 000 元

G. 10 001 元以上

5. 吸引您前来旅游的主要因素是什么？

A. 自然山水　　B. 乡土民俗　　C. 农家餐饮

D. 户外休闲　　E. 生态教育　　F. 其他

二、旅游消费

1. 您此次出行在餐饮上的人均支出大约为多少？
A. 50元以下　B. 50—100元　C. 101—150元　D. 150元以上
2. 您此次出行在住宿上的人均支出大约为多少？
A. 50元以下　B. 50—100元　C. 101—150元　D. 150元以上
E. 不住宿
3. 您此次出行在交通上的人均支出大约为多少？
A. 50元以下　B. 50—100元　C. 101—150元　D. 150元以上
4. 您此次出行在门票支出上人均花费了多少？
A. 50元以下　B. 50—100元　C. 101—150元　D. 150元以上
E. 没有门票
5. 您此次出行人均花费了多少钱购买当地农产品？
A. 100元以下　B. 101—300元　C. 301—500元　D. 500元以上
6. 您此次出行在游玩娱乐上（门票支出除外）的人均支出大约为多少？
A. 100元以下　B. 101—300元　C. 301—500元　D. 500元以上
7. 您此次出行人均总共花费了多少？
A. 100元以下　B. 101—300元　C. 301—500元　D. 500元以上

三、生态认知

1. 您在日常生活中对生态环境的关注程度？
A. 非常关注　B. 关注　C. 一般
D. 不关注　E. 完全不关注
2. 您对该地区整体生态环境是否满意？
A. 非常满意　B. 满意　C. 一般
D. 不满意　E. 非常不满意
3. 您觉得对该地区生态环境进行保护是否重要？
A. 非常重要　B. 重要　C. 一般
D. 不重要　E. 非常不重要
4. 您觉得该地区生态环境好坏对您来此出游的影响大吗？

A. 非常大　B. 一般大　C. 没感觉
D. 不大　E. 完全没影响

5. 您是否愿意为改进当地生态环境做贡献？
A. 非常愿意　B. 愿意　C. 一般
D. 不愿意　E. 非常不愿意

6. 您对该地旅游接待服务质量满意度如何？
A. 非常满意　B. 满意　C. 一般
D. 不满意　E. 非常不满意

7. 若您对该地旅游服务质量不太满意，问题主要表现在哪？

____

8. 您对该地旅游设施满意度如何？
A. 非常满意　B. 满意　C. 一般
D. 不满意　E. 非常不满意

9. 若您对该地旅游设施不太满意，问题主要表现在哪儿？

____

四、生态补偿意愿

1. 您此次出行人均预期消费是多少？
A. 100 元以下　B. 101—300 元　C. 301—500 元　D. 500 元以上

2. 若当地景区为改善该生态景观和环境而提高门票价格，您愿意额外支付多少？
A. 10% 以下　B. 10%—30%　C. 30%—50%　D. 50% 以上

3. 若当地居民使用天然绿色食材，在餐饮支出上您愿意额外支付多少？
A. 10% 以下　B. 10%—30%　C. 30%—50%　D. 50% 以上

4. 若当地在住宿设施上使用节能环保型产品，在住宿上您愿意额外支付多少？
A. 10% 以下　B. 10%—30%　C. 30%—50%　D. 50% 以上

5. 若当地使用电车、天然气车等相对绿色能源交通，您愿意额外支付多少？
A. 10% 以下　B. 10%—30%　C. 30%—50%　D. 50% 以上

6. 若当地居民生产天然绿色农副产品，在农产品购买上您愿意额外支付多少？
A. 10% 以下　B. 10%—30%　C. 30%—50%　D. 50% 以上

7. 影响您为当地生态环境做出额外支付的主要因素有哪些？（最多选两项）
A. 个人对当地的喜欢程度　B. 当地居民的友好程度

C. 是否认证为著名的生态旅游区　　D. 生态补偿组织方式

E. 其他

8. 针对未来生态保护，您更倾向于由谁来组织？（最多选两项）

A. 政府机构　　B. 基金会等其他社会组织　　C. 旅游服务商

D. 本人亲身参与　　E. 其他

再次谢谢您的参与！

附录 B　京郊旅游生态补偿研究居民调查问卷

尊敬的先生 / 女士，您好！我们是一项国家社会科学基金的研究人员，此次问卷调查目的是想了解京郊生态旅游发展现状及相关情况。因此，我们想对这些情况做个调查，作为科学研究的基础和以后制定政策的参考。本调查为匿名填写，而且我们保证您所提供的情况绝不会向外泄露。非常感谢您的合作！

一、基本信息

1. 您的性别

A. 男　　B. 女

2. 您的年龄

A. 25 岁以下　　B. 25—34 岁　　C. 35—44 岁

D. 45—54 岁　　E. 55 岁以上

3. 您的学历

A. 小学及以下　　B. 初中　　C. 高中 / 中专 / 技校

D. 大学专科　　E. 大学本科　　F. 硕士及以上

4. 您家庭人口数量？

________人

5. 您家庭年收入？

________万元

6. 您家庭收入主要来源是？

A. 在家务农　　B. 外出打工　　C. 从事该地旅游服务业　　D. 其他

7. 您家庭总收入中以下各占几成？

务农收入：打工收入：旅游接待收入 =____ ：____ ：____

二、生态认知

1. 您在日常生活中对生态环境的关注程度？

A. 非常关注　B. 关注　C. 一般　D. 不关注　E. 完全不关注

2. 您对本地整体生态环境是否满意？

A. 非常满意　B. 满意　C. 一般　D. 不满意　E. 非常不满意

3. 您觉得对本地的生态环境进行保护是否重要？

A. 非常重要　B. 重要　C. 一般　D. 不重要　E. 非常不重要

4. 您觉得本地的生态环境与您个人生活的关系密切吗？

A. 非常密切　B. 密切　C. 一般　D. 不密切　E. 非常不密切

5. 您是否愿意为改进本地生态环境做贡献？

A. 非常愿意　B. 愿意　C. 一般　D. 不愿意　E. 非常不愿意

6. 在旅游接待过程中您觉得自己服务质量如何？

A. 非常好　B. 好　C. 一般　D. 不好　E. 非常不好

7. 为提升您自己的服务质量，您将从哪些方面进一步改进和完善？

____

8. 您觉得本地的旅游设施条件如何？

A. 非常好　B. 好　C. 一般　D. 不好　E. 非常不好

9. 为提升本地的服务设施，您认为应从哪些方面进一步改进和完善？

____

三、受偿意愿

1. 您会积极支持本地生态旅游业的发展吗？

A. 全力支持　B. 适当支持　C. 不知道

D. 不关我事　E. 完全反对

2. 您觉得您参与从事本地旅游服务的机会大吗？

A. 很大　B. 应该还行　C. 不知道

D. 不是很大　E. 没有

3. 本地发展生态旅游，您最想从事哪一种工作？

A. 餐饮业　　B. 住宿业　　C. 交通运输
D. 景区服务与管理　　E. 农副产品销售
F. 提供娱乐休闲（如漂流、钓鱼、攀岩等）

4. 您每年至少希望获得多少补偿，您才会从事旅游行业并保护建设生态环境？

A. 3000 元　　B. 3000—6000 元　　C. 6000—10 000 元
D. 10 000—15 000 元　　E. 15 000—25 000 元　　F. 25 000—50 000 元
G. 50 000 元以上

5. 影响您为该地生态环境做出积极贡献的主要因素有哪些？（最多选三项）

A. 家乡生态环境对生活影响程度　　B. 对家乡的归属感
C. 家乡生态旅游发展前景　　D. 能否获得生态旅游认证
E. 获得经济补偿力度　　F. 生态补偿组织方式

6. 针对未来生态保护，您更倾向于由谁来组织？（最多选三项）

A. 政府机构　　B. 基金会等其他社会组织　　C. 旅游服务商
D. 本人亲身参与　　E. 其他

四、感知的生态补偿效应

在市场化生态补偿实施后，您认为会对以下这些方面产生什么程度的影响？（“5”增加很多；“4”会增加但程度一般；“3”没变化；2“会减少但程度一般”；“1”减少很多。）

方面	5	4	3	2	1
环境保护的愿望					
居民参与生态旅游积极性					
对生态环境保护的关注度					
外出打工的愿意					
外出打工人数					
务农人数					
旅游接待人数					
家庭总收入					
旅游收入变化					
打工收入变化					

续表

方面	5	4	3	2	1
自然环境变化					
生活环境变化					

再次谢谢您的参与！

附录C 青海湖旅游生态补偿与居民生计提升研究游客调查问卷

尊敬的先生 / 女士，您好！我们是一项国家社会科学基金的研究人员，此次问卷调查目的是想了解青海湖生态旅游发展现状及相关情况。因此，我们想对这些情况做个调查，作为科学研究的基础和以后制定政策的参考。本调查为匿名填写，而且我们保证您所提供的情况绝不会向外泄露。非常感谢您的合作！

一、基本信息

1. 您的性别

A. 男　　B. 女

2. 您的年龄

A. 25 岁以下　　B. 25—34 岁　　C. 35—44 岁

D. 45—54 岁　　E. 55 岁以上

3. 您的学历

A. 小学及以下　　B. 初中　　C. 高中 / 中专 / 技校

D. 大学专科　　E. 大学本科　　F. 硕士及以上

4. 您个人的月均收入是多少？（包括所有收入，如工资、奖金或补贴等）

A. 无收入　　B. 1000 元以下　　C. 1001—3000 元

D. 3001—5000 元　　E. 5001—8000 元　　F. 8001—10 000 元

G. 10 000 元以上

5. 您的职业是？

A. 公务员 B. 企事业单位人员 C. 专业人员 / 技术人员 / 教师
D. 工人 E. 农民 F. 学生
G. 自由职业者 H. 其他

6. 吸引你前来旅游的主要因素是？
A. 自然山水 B. 乡土民俗 C. 农家餐饮
D. 户外休闲 E. 生态教育 F. 其他

二、生态认知

1. 您在日常生活中对生态环境的关注程度？
A. 非常关注 B. 关注 C. 一般 D. 不关注 E. 完全不关注

2. 您认为与个人生活的关系？
A. 息息相关 B. 有影响，但关系不大 C. 没有关系

3. 您认为该地区生态环境的好坏？
A. 非常好 B. 好 C. 一般 D. 不好 E. 非常不好

4. 您是否接受过生态补偿？
A. 接受过 B. 没有 C. 不清楚

5. 您认为该地区生态补偿的必要性？
A. 非常有必要 B. 必要 C. 一般 D. 不必要 E. 非常不必要

7. 您是否愿意为改进当地生态环境做贡献？
A. 非常愿意 B. 愿意 C. 一般 D. 不愿意 E. 非常不愿意

8. 您对该地旅游接待服务质量满意度如何？
A. 非常满意 B. 满意 C. 一般 D. 不满意 E. 非常不满意

9. 若您对该地旅游服务质量不太满意，问题主要表现在哪儿？

____

10. 您对该地旅游设施满意度如何？
A. 非常满意 B. 满意 C. 一般 D. 不满意 E. 非常不满意

11. 若您对该地旅游设施不太满意，问题主要表现在哪儿？

____

三、生态补偿意愿

1. 您此次出行人均预期消费是多少？

A. 100 元以下　　B. 101—300 元

C. 301—500 元　　D. 500 元以上

2. 若当地景区为改善该生态景观和环境而旅游服务价格，您愿意在哪方面进行额外支付?

A. 门票支出　　B. 餐饮支出　　C. 住宿支出

D. 交通支出　　F. 旅游商品　　E. 其他

3. 若当地景区为改善该生态景观和环境而提高旅游服务价格，您愿意额外支付多少?

A. 10% 以下　　B. 10%—30%

C. 30%—50%　　D. 50% 以上

4. 影响您为当地生态环境做出额外支付的主要因素有哪些?（最多选两项）

A. 个人对当地的喜欢程度　　B. 当地居民的友好程度

C. 是否认证为著名的生态旅游区　　D. 生态补偿组织方式

E. 其他

5. 针对未来生态保护，您更倾向于由谁来组织?（最多选两项）

A. 政府机构　　B. 基金会等其他社会组织　　C. 旅游服务商

D. 本人亲身参与　　E. 其他

再次谢谢您的参与!

附录 D　青海湖旅游生态补偿与居民生计提升研究居民调查问卷

尊敬的先生 / 女士，您好！我们是一项国家社会科学基金的研究人员，此次问卷调查目的是想了解青海湖生态旅游发展现状及相关情况。因此，我们想对这些情况做个调查，作为科学研究的基础和以后制定政策的参考。本调查为匿名填写，而且我们保证您所提供的情况绝不会向外泄露。非常感谢您的合作!

一、基本信息

1. 您的性别

A. 男　　B. 女

2. 您的年龄

A. 25 岁以下　　B. 25—34 岁　　C. 35—44 岁

D. 45—54 岁　　E. 55 岁以上

3. 您的学历

A. 小学及以下　　B. 初中　　C. 高中 / 中专 / 技校

D. 大学专科　　E. 大学本科　　F. 硕士及以上

4. 您家庭人口数量?

______ 人

5. 您目前或者曾经从事过旅游服务业吗?

A. 是　　B. 否

6. 您目前或曾经从事旅游行业的时间多久?

A. 1 年以下　　B 1—3 年　　C. 3—5 年　　D. 5 年以上

7. 您在当地从事哪种旅游服务?

A. 旅游接待　　B. 旅游兜售　　C. 旅游行政　　D. 其他

8. 您家中从事旅游行业的人口与总人口比例?

从事旅游行业的人数：家庭总人数 =____ ： ____

二、生计资本

1. 青海湖生态旅游发展之前，您家的耕地及草场总面积?（包括自留地、承包土地、租用及转包其他农户的面积）

A. 0 亩　　B. 0—20 亩　　C. 20—50 亩

D. 50—100 亩　　E. 100 亩以上

2. 青海湖生态旅游发展之后（目前），您家的耕地及草场总面积?（包括自留地、承包土地、租用及转包其他农户的面积）

A. 0 亩　　B. 0—20 亩　　C. 20—50 亩

D. 50—100 亩　　E. 100 亩以上

3. 青海湖生态旅游发展之前，您家的牲口数量?

A. 50 头以下　　B. 50—100 头　　C. 100—200 头

D. 200—300 头　　E. 300 头以上

4. 青海湖生态旅游发展之后（目前），您家的牲口数量？

A. 50 头以下　　B. 50—100 头　　C. 100—200 头

D. 200—300 头　　E. 300 头以上

5. 青海湖生态旅游发展之前，您家庭纯收入？

________万元

6. 青海湖生态旅游发展之后（目前），您家庭纯收入？

________万元

7. 青海湖生态旅游发展之前，您家的宅基地面积是多少？（房屋及其庭院地面面积）

A. 50 平方米以下　　B. 50—100 平方米　　C. 100—200 平方米

D. 200—300 平方米　　E. 300 平方米以上

8. 青海湖生态旅游发展之后（目前），您家的宅基地面积是多少？（房屋及其庭院地面面积）

A. 50 平方米以下　　B. 50—100 平方米　　C. 100—200 平方米

D. 200—300 平方米　　E. 300 平方米以上

9. 青海湖生态旅游发展之前，您家拥有的住房套数？

A. 0 套　　B. 1 套　　C. 2 套

D. 3 套　　E. 4 套及以上

10. 青海湖生态旅游发展之后（目前），您家拥有的住房套数？

A. 0 套　　B. 1 套　　C. 2 套

D. 3 套　　E. 4 套及以上

11. 青海湖生态旅游发展之前，您家饮用水的来源是？

A. 河水或湖水　　B. 井水　　C. 自来水　　D. 纯净水

12. 青海湖生态旅游发展之后（目前），您家饮用水的来源是？

A. 河水或湖水　　B. 井水　　C. 自来水　　D. 纯净水

13. 生态旅游发展前，您的家庭拥有下列消费品及生活设施的数量。（在□中标出）

电视机	冰箱	空调	洗衣机	摩托车/电动车	电话/手机	照相机	热水器	电脑	汽车
□	□	□	□	□	□	□	□	□	□

14. 生态旅游发展后，您的家庭拥有下列消费品及生活设施的数量。（在□中标出）

电视机	冰箱	空调	洗衣机	摩托车/电动车	电话/手机	照相机	热水器	电脑	汽车
□	□	□	□	□	□	□	□	□	□

15. 青海湖生态旅游发展前，您家庭使用的主要能源是？

A. 柴草、沼泽、煤炭　　B. 天然气、电

16. 青海湖生态旅游发展后，您家庭使用的主要能源是？

A. 柴草、沼泽、煤炭　　B. 天然气、电

17. 青海湖生态旅游发展之前，您家庭人均健康水平？

A. 非常好　　B. 良好　　C. 一般

D. 不太好　　E. 特别差

18. 青海湖生态旅游发展之后（目前），您家庭人均健康水平？

A. 非常好　　B. 良好　　C. 一般

D. 不太好　　E. 特别差

19. 青海湖生态旅游发展之前，您家庭收入主要来源是？

A. 在家种地　　B. 放牧　　C. 外出打工

D. 从事旅游业收入　　E. 其他

20. 青海湖生态发展之后（目前），您家庭收入主要来源是？

A. 在家种地　　B. 放牧　　C. 外出打工

D. 从事旅游业收入　　E. 其他

21. 青海湖生态旅游发展之前，您家庭资金可支持的户数（指遇到资金困难可以借钱的家庭户数）是？

A. 1—3 户　　B. 3—5 户　　C. 5—8 户　　D. 8 户以上

22. 青海湖生态旅游发展之后，您家庭资金可支持的户数（指遇到资金困难可以借钱的家庭户数）是？

A. 1—3 户　　B. 3—5 户　　C. 5—8 户　　D. 8 户以上

23. 青海湖生态旅游发展之前，您每月的月均电话消费金额？

A. 50 元以下　　B. 50—100 元　　C. 100—200 元　　D. 200 元以上

24. 青海湖生态旅游发展之后（目前），您每月的月均电话消费金额？

A. 50 元以下　　B. 50—100 元　　C. 100—200 元　　D. 200 元以上

25. 青海湖生态旅游发展之前，您家庭成员中是否有乡村干部或企业老板？

A. 是　　　　　　B. 否

26. 青海湖生态旅游发展之后（目前），您家庭成员中是否有乡村干部或企业老板？

A. 是　　　　　　B. 否

27. 您家庭劳动力的数量与总人口的比例？

（16—59 岁人口占比）____ ：____

三、感知的生态旅游影响

在青海湖生态旅游发展后，您认为会对以下这些方面产生什么程度的影响？（“5”影响非常大；“4”影响比较大；“3”影响一般；2“不太有影响”；“1”完全没有影响。）

旅游影响指标	5	4	3	2	1
1. 旅游对当地的经济带动效益					
2. 旅游开发后物价上涨很快					
3. 旅游开发减少了种植的收入					
4. 旅游开发减少了放牧的收入					
5. 旅游开发使得付出了额外的成本					
6. 旅游开发改变了原有的农业经济结构					
7. 旅游改善了当地的生活质量和生产水平					
8. 旅游开发对当地卫生环境有很好的改善					
9. 旅游改善了当地教育条件及教育水平					
10. 旅游改善了当地道路交通状况					
11. 旅游发展增强了当地的幸福					
12. 旅游开发后转行从事了旅游的相关工作					
13. 旅游影响了生活环境					
14. 旅游使当地不文明行为增多					
15. 游客的进入使生态环境压力变大					
16. 旅游开发使空气和水质变差了					
17. 旅游占用了交通、土地资源，旅游开发使交通拥挤，使部分耕地、草场转变成生态用地					

四、感知的生态补偿效应

在青海湖生态补偿实施后，您是否会同意以下这些方面。（“5” 非常同意；“4” 比较同意；“3” 一般；“2” 比较不同意；“1” 完全不同意。）

生态补偿感知	5	4	3	2	1
1. 旅游发展应该给予一定补偿					
2. 希望获取资金上的补偿					
3. 希望从门票中按比例获得提取					
4. 希望参与旅游工作获得收入					
5. 认为自己已经得到了一定的生态补偿					
6. 希望社区发展与旅游业形成一体化产业链					
7. 希望建立市场化生态补偿机制					
8. 希望景区和政府给予更多的人文关怀					
9. 希望开展知识培训提高服务知识					
10. 希望给弱势群体更多的关注					
11. 希望获得更多的发言权，强调社区公平					
12. 希望组织社区团体代表社区利益争取权益					
13. 希望政府和景区通过捐助实物补偿					
14. 希望政府和景区对当地的水电、交通等提供扶持					
15. 对污染行为实行惩罚，保护行为实行奖励					
16. 应提供资金和技术改善当地卫生清洁					
17. 对青海湖水质定期进行清理					
18. 政府和景区应该维护青海湖的生物多样性					
19. 希望得到税收优惠和资金补助的方式从事农家乐等获得补偿					
20. 景区和政府需要积极履行社会责任，通过组建基金等方式回馈社会和环境					

再次谢谢您的参与！

附录 E　青海湖生态旅游社区增权调查问卷

青海省 ______ 乡 ______ 村 ______ 社增权情况调查

——仅供论文写作用

北京第二外国语学院　　　　旅游科学学院

1. 您的性别

A. 男性　　　　　　B. 女性

2. 您家里从事旅游工作吗，比如开宾馆、拉游客、帮忙进景区等?

A. 从事旅游工作，比如开宾馆、拉游客等，主要收入就是靠旅游

B. 从事旅游工作，比如开宾馆、拉游客等，但是主要收入不是靠旅游

C. 不从事旅游工作

3. 您的年龄

A. 24 岁以下　　　　B. 25—34 岁　　　　C. 35—44 岁

D. 45—54 岁　　　　E. 55 岁以上

4. 您的年收入

A. 30 000 元以下　　　　B. 30 000—40 000 元

C. 40 000—50 000 元　　　　D. 50 000 元以上

5. 参与旅游之前您的年收入

A. 20 000 元以下　　　　B. 20 000—30 000 元

C. 30 000—40 000 元　　　　D. 40 000 元以上

6. 增权情况

您对以下说法是否同意?“完全不同意”是指完全不符合现实情况;“完全同意”是完全符合现实情况;“不同意”与“同意”是指说法在现实中存在，但不是普遍的情况;“一般”是指不好判断，在现实情况中，说法中的情况存在很多，但不是完全都是这样的。

您觉得是哪个，就在哪个选项下打“√”。

选项	完全不同意	不同意	一般	同意	完全同意
我对村子内现有的各项制度感到满意					
我觉得村子内的政策还是相对公平的					
现在的村里服务我们民众的工作做得还不够					
现在村里政策怎么出来的我们都不知道					
我觉得我们村子有的人特别富，有的人特别穷，差距特别大					
村子内条件稍微好点的居民都搬出去了					
我觉得现在的生活水平比原来提高了					
我觉得村子里或者社里经常为我们办些实事					
我觉得政策的制定并没有考虑我们的实际情况					
我觉得我们很难影响村子或者社里的决策					
我对乡长或者村子或者社长是谁不太关心					
我觉得村政府或者社里对村子事务有较强的管理能力					
我觉得有必要深入进行村子改革，比如村子或者社长的选举，我们也要参与村子的决策					
我们村里或者社里很多事务总是村长或者社长说了算					
我觉得对村子事务还是少关注为好					
我们和村里或者社里干部之间的关系很好					
我有丰厚的资金参与旅游投资					
我有丰富的社会关系（我认识很多人）					
我对村子旅游有着深刻的了解，有自己的想法					
我有特殊的手工技艺和经验能用于旅游经营，比如我会开宾馆					
我愿意通过学习提升我的技能					
我不善于跟别人打交道					
我觉得我现在挺好的，不挣那么多钱也行					
我相信我做的决定大部分都是对的					

续表

选项	完全不同意	不同意	一般	同意	完全同意
我对新鲜的事很感兴趣					
我做事情总是做不到最后就放弃了					
我觉得我的想法和旅游者的想法很不一样					
我觉得旅游者不尊重村子的传统文化					
我觉得我和旅游者在某些问题看法上非常不一样					
从其他地方来的开宾馆或者参加旅游的人占了本来属于我们的资源					
我能和旅游者的关系很好					
很多旅游者来这里让这里的东西变贵了					
旅游为村子带来了持续的经济收益					
发展旅游为村子增加了很多就业机会					
大部分旅游收益都是我们自己的					
村子很多人都能从旅游中赚到钱					
村子居民的生活水平得到了明显的提高					
我对发展旅游毫无兴趣					
我觉得在村子里我的许多利益我没有得到					
我很高兴生活在这个村子					
我想系统地学习经营技能					
我了解村子旅游发展相关政策					
居民很少有机会和权利参与村子旅游决策					
村里和社里不尊重我们的想法和利益					
许多居民为了经济利益相互竞争和嫉妒					
大部分居民都愿意保护青海湖					
旅游导致我们村里很多文化都被破坏了					
村子居民大多诚实可靠					
我愿意配合环保工作，不做有害青海湖的事情					
我愿意在生活中保护环境					

续表

选项	完全不同意	不同意	一般	同意	完全同意
我知道青海湖的环境对我们村子很重要					
旅游业为村子带来的好处很多					
我对村子旅游发展的现状持肯定态度					
我支持村子旅游发展					

再次谢谢您的参与！

参考文献

[1]田里，李常林.生态旅游［M］.天津：南开大学出版社，2004.

[2]李文华，李芬，李世东，等.森林生态效益补偿的研究现状与展望［J］.自然资源学报，2006，21（5）：677-687.

[3]厉以宁，章铮.环境经济学［M］.北京：中国计划出版社，1995.

[4]李金昌.资源核算论［M］.北京：海洋出版社，1991.

[5]李金昌，姜文来，靳乐山，等.生态价值论［M］.重庆：重庆大学出版社，1999.

[6]环境科学大辞典编委会.环境科学大辞典［M］.北京：中国环境科学出版社，1991.

[7]杨光梅，闵庆文，李文华.我国生态补偿研究中的科学问题［J］.生态学报，2007，27（10）：4289-4300.

[8]孙新章，谢高地，张其仔，等.中国生态补偿的实践及其政策取向［J］.资源科学，2006，28（4）：25-30.

[9]庄国泰，高鹏，王学军.中国生态环境补偿费的理论与实践［J］.中国环境科学，1995，15（6）：413-418.

[10]李鹏，杨桂华. 云南香格里拉旅游线路产品生态足迹［J］. 生态学报，2007，27（7）：2954-2963.

[11]Hunter C. Sustainable tourism and the touristic ecological footprint［J］. Environment，Development and Sustainability，2002（4）：7-20.

[12]章锦河，张捷.旅游生态足迹模型及黄山市实证分析［J］.地理学报，2004，59（5）：763-771.

[13]王保利，李永宏.基于旅游生态足迹模型的西安旅游可持续发展评估［J］.生态学报，2007，27（11）：4777-4784.

[14]毛显强，钟瑜，张胜 . 生态补偿的理论探讨 [J] . 中国人口 · 资源与环境，2002，12（4）：38–41.

[15]Pagiola S，Bishop J，Landell–Mills N. Selling forest environmental services ：market–based mechanisms for conservation and development [J] . Ecological Economic，2003，26（3）：496–498 .

[16]Wunder S. Payments for Environmental Services ：Some Nuts and Bolts [J] . CIFOR Occasional Paper，2005 ：42.

[17]Engel S，Pagiola S，Wunder S. Designing payments for environmental services in theory and practice ：an overview of the issues [J] . Ecological Economics，2008（4）：663–674.

[18]Foellmi R，Zweimuller J. Structural Change，Engelís consumption cycles and Kaldor's facts of economic growth [J]. Journal of Monetary Economics,2008,55（7）：1317–1328.

[19]Pagiola S，Arcenas A，Platais G. Can payments for environmental services help reduce poverty ？ An exploration of the issues and evidence to date from Latin America [J] . World Development，2005，33（2）：237–253.

[20]Wunder S. Payments for environmental services and the poor ：concepts and preliminary evidence [J] . Environment & Development Economics，2008（3）：279–297.

[21]俞海，任勇 . 中国生态补偿：概念、问题类型与政策路径选择 [J] . 中国软科学，2008，6 ：7–15.

[22]王丰年 . 论生态补偿的原则和机制 [J] . 自然辩证法研究，2006，22（1）：31–35.

[23]洪尚群，马丕京，郭慧光 . 生态补偿制度的探索 [J] . 环境科学与技术，2001（5）：40–43.

[24]王金南，逯元堂，曹东 . 环境经济学：中国的进展与展望 [J] . 中国地质大学学报（社会科学版），2006，6（3）：7–10.

[25]万军，张惠远，王金南，等 . 中国生态补偿政策评估与框架初探 [J] . 环境科学研究，2005 ：1–8.

[26]任勇 . 我国生态补偿机制建立的七大问题 [J] . 环境经济，2008（8）：28–36.

[27]曹明德．对建立我国生态补偿制度的思考［J］．法学，2004（3）：40-43.

[28]杜群．生态补偿的法律关系及其发展现状和问题［J］. 现代法学,2005(3)：186-191.

[29]李爱年,刘旭芳．对我国生态补偿的立法构想［J］. 生态环境,2006,15(1)：196-197.

[30]钱水苗，王怀章．论流域生态补偿的制度构建——从社会公正的视角［J］．中国地质大学学报（社会科学版），2005（5）：80-84.

[31]潘华，周小凤．长江流域横向生态补偿准市场化路径——基于国土治理与产权视角［J］．生态经济，2018，34（9）：179-184.

[32]胡仪元．西部生态支柱产业的制度构建［J］．环境保护，2005（13）：58-60+64.

[33]侯元兆，王琦．中国森林资源核算研究［J］．世界林业研究，1995（3）：51-56.

[34]郎奎建，李长胜，殷有，等．林业生态工程 10 种森林生态效益计量理论和方法［J］．东北林业大学学报，2000，28（1）：1-7.

[35]李丽娟．构建我国森林旅游生态补偿机制初探［J］．西北林学院学报，2012，27（2）：238-241.

[36]樊淑娟．基于外部性理论的我国森林生态效益补偿研究［J］．管理现代化，2014（2）：108-110.

[37]王少军，张志，赵温霞．塔里木河流域的景观生态系统与特征［J］．干旱区资源与环境，2002，16（4）：59-63.

[38]张陆彪,郑海霞．流域生态服务市场的研究进展与形成机制［J］. 环境保护，2004（12）：38-43.

[39]靳乐山，李小云，左停．生态环境服务付费的国际经验及其对中国的启示［J］．生态经济，2007（12）：156-158+163.

[40]徐大伟，刘春燕，常亮．流域生态补偿意愿的 WTP 与 WTA 差异性研究：基于辽河中游地区居民的 CVM 调查［J］．自然资源学报，2013，28（3）：402-409.

[41]张金良，李焕芳，候凌宇．全球环境基金资助陕西自然保护区的项目实施情况［J］．林业与社会，2000（3）：24.

[42]吴晓青，陀正阳，杨春明，等．我国保护区生态补偿机制的探讨［J］．国

土资源科技管理，2002（2）：18–21.

［43］欧阳志云，王效科，苗鸿，等．我国自然保护区管理体制所面临的问题与对策探讨［J］．科技导报，2002（1）：49–52；

［44］余久华，吴丽芳．我国自然保护区管理存在的问题与对策建议［J］．生态学杂志，2003，22（4）：111–115.

［45］郑睿．浅议西双版纳热带雨林保护中的生态补偿机制［J］．云南环境科学，2005，24：65–67.

［46］甄霖，闵庆文，李文华，等．海南省自然保护区生态补偿机制初探［J］．资源科学，2006，28（6）：10–19.

［47］曹明德．矿产资源生态补偿法律制度之探究［J］．法商研究，2007（2）：17–24.

［48］孔凡斌．建立我国矿产资源生态补偿机制研究［J］．当代财经，2010（2）：22–28.

［49］唐俐．南海海洋生态补偿法律问题探析［J］．法学杂志，2010（1）：29–32.

［50］张继伟，杨志峰，汤军健，等．基于环境风险的海洋生态补偿标准研究［J］．海洋环境科学，2010，29（5）：751–757.

［51］郑伟，徐元，石洪华，等．海洋生态补偿理论及技术体系初步构建［J］．海洋环境科学，2011，30（6）：877–880.

［52］何勇．岷江上游森林生态服务补偿市场化机制研究［D］．四川农业大学，2009.

［53］孔凡斌．生态补偿机制国际研究进展及中国政策选择［J］．中国地质大学学报（社会科学版），2010，10（2）：1–5+11.

［54］Bienabe E，Hearne R R. Public preferences for biodiversity conservation and scenic beauty with in a framework of environmental services payments［J］. Forest Policy and Economics，2006（9）：335–348.

［55］Moran D，McVittie A，Allcroft D J，et al. Quantifying public preferences for a gri–environmental Policy in Scotland：a comparison of methods［J］. Ecological Economics，2007，63（1）：42–53.

［56］Francisco H A. Environmental service payments：experience，constraints and potential in Philippiness［EB/OL］. http：//www.worldagroforestrycentre.org/sea，

2003.

[57]Daniel P M，Patsy D. Case studies of markets and innovative financial mechanism for water services from forests. Forest Trend website. http：//www.forest-trends.org/indext. htm，2001.

[58]葛颜祥，吴菲菲，王蓓蓓，等 . 流域生态补偿：政府补偿与市场补偿比较与选择［ J ］. 山东农业大学学报（社会科学版），2007（4）：48-53+125-126.

[59]李环 . 论生态补偿的市场机制［ A ］. 中国法学会环境资源法学研究会 . 资源节约型、环境友好型社会建设与环境资源法的热点问题研究——2006 年全国环境资源法学研讨会论文集（四）［ C ］. 中国法学会环境资源法学研究会，2006：4.

[60]王清军，蔡守秋 . 生态补偿机制的法律研究［ J ］. 南京社会科学，2006（7）：73-80.

[61]张巍巍 . 完善中国森林生态效益补偿途径的研究［ D ］. 南京林业大学，2006.

[62]王双 . 京津冀蒙跨区域生态补偿市场化机制初探［ J ］. 经济界，2014（5）：55-57.

[63]刘学，王思彤 . 黑龙江省森林生态补偿市场化机制初探［ J ］. 宁夏农林科技，2011，52（4）：15+70.

[64]Gregory R，Brown T. C. Why the WTA-WTP disparity matters［ J ］. Ecological Economics，1999，28（3）：323-335.

[65]Schiappacasse I，Nahuelhual L，Vásquez F，et al. Assessing the benefits and costs of dryland forest restoration in central Chile［ J ］. Journal of Environmental Management，2012（97）：38-45.

[66]Kling. A dynamic explanation of the willingness to pay and willingness to accept disparity［ J ］. Economic Inquiry，2013，51（1）：909-921.

[67]Boon T E，Broch S W，Meilby H. How financial compensation changes forest owners' willingness to set aside productive forest areas for nature conservation in Denmark［ J ］. Scandinavian Journal of Forest Research，2010，25（6）：564-573.

[68]Spash C L，Urama K，Burton R，et al. Motives behind willingness to pay for improving biodiversity in a water ecosystem：Economics，ethics and social psychology［ J ］. Ecological Economics，2009，68（4）：955-964.

[69]Veronesi M，Chawla F，Maurer M，et al. Climate change and the willingness

to pay to reduce ecological and health risks from wastewater flooding in urban centers and the environment [J] . Ecological Economics，2014（98）：1–10.

[70]Abdul–Muhmin A G. Explaining consumers' willingness to be environmentally friendly [J] . International Journal of Consumer Studies，2007，31（3）：237–247.

[71]Lee W S，Graefe A R. Hwang D. Willingness to Pay for an Ecological Park Experience [J] . Asia Pacific Journal of Tourism Research，2013，18（3）：288–302.

[72]Lindhjem H，M，Y. Forest owners' willingness to accept compensation for voluntary conservation：A contingent valuation approach [J] . Journal of Forest Economics，2012，18（4）：290–302.

[73]Sauer U，F A. Willingness to pay，attitudes and fundamental values：On the cognitive context of public preferences for diversity in agricultural landscapes [J] . Ecological Economics，2010，70（1）：1–9.

[74]Park T，CreelLM . Michael Confidence Intervals for Evaluating Benefits Estimates from Dichotomous Choice Contingent Valuation Studies [J] . Land Economics，1991，61（7）：64.

[75]Hoevenagel R，Van der Linden J W. Effects of different descriptions of the ecological good on willingness to pay values [J] . Ecological Economics，1993，7（3）：223.

[76]李芬，甄霖，黄河清，等 . 鄱阳湖区农户生态补偿意愿影响因素实证研究 [J] . 资源科学，2010，32（5）：824–830.

[77]苏芳，尚海洋，聂华林 . 农户参与生态补偿行为意愿影响因素分析 [J] . 中国人口 · 资源与环境，2011，4：119–125.

[78]李超显，彭福清，陈鹤 . 流域生态补偿支付意愿的影响因素分析：以湘江流域长沙段为例 [J] . 经济地理，2012，21（4）：130–135.

[79]巩芳，王芳，长青，等 . 内蒙古草原生态补偿意愿的实证研究 [J]. 经济地理，2011，31（1）：144–148.

[80]韩鹏，黄河清，甄霖，等 . 基于农户意愿的脆弱生态区生态补偿模式研究：以鄱阳湖区为例 [J] . 自然资源学报，2012，27（4）：625–642.

[81]蔡银莺，张安录 . 基于农户受偿意愿的农田生态补偿额度测算：以武汉市的调查为实证 [J] . 自然资源学报，2011，26（2）：177–189.

[82]范芳玉 . 基于生态服务价值及支付意愿的生态补偿标准研究 [D] . 山东农

业大学，2013.

[83]张翼飞，陈红敏，李瑾 . 应用意愿价值评估法，科学制订生态补偿标准 [J] . 生态经济，2007（9）：28–31.

[84]马爱慧，张安录 . 选择实验法视角的耕地生态补偿意愿实证研究：基于湖北武汉市问卷调查 [J] . 资源科学，2013，35（10）：2061–2066.

[85]施翠仙，郭先华，祖艳群，等 . 基于 CVM 意愿调查的洱海流域上游农业生态补偿研究 [J] . 农业环境科学学报，2014，33（4）：730–736.

[86]Fennell D. A content analysis of ecotourism definitions [J] . Current Is–sues in Tourism，2001（4）：403–421.

[87]Blamey R，Braithwaite V. A social values segmentation of the po–tential ecotourism market [J] . Journal of Sustainable Tourism，1997（5）：29–45.

[88]Blamey R. Principles of ecotourism [C] . In D. Weaver（Ed.），Encyclo–pedia of ecotourism [M] . Wallingford，UK ：CAB International，2001 ：5–22.

[89]Parker S，Khare A. Understanding success factors for ensuring sustainability in ecotourism development in southern Africa [J] . Journal of Ecotourism，2005（4）：32–46.

[90]Hawkins D. A protected areas ecotourism competitive cluster approach to catalyse biodiversity conservation and economic growth in Bulgaria [J] . Journal of Sustainable Tourism，2004（12）：219–244.

[91]Silva G，McDill M. Barriers to ecotourism supplier success ：A comparison of agency and business perspectives [J] . Journal of Sustain–able Tourism，2004（12）：289–305.

[92]Dickey A，Higham J. A spatial analysis of commercial ecotourism businesses in New Zealand ：A c 1999 benchmarking exercise using GIS [J] . Tourism Geographies，2005（7）：373–388.

[93]Blamey R. Ecotourism ：The search for an operational definition [J] . Journal of Sustainable Tourism，1997，5（2）：109–130.

[94]Weaver D B，Lawton L J. Twenty years on ：The state of contemporary ecotourism research [J] . Tourism Management，2007，28（5）：1168–1179.

[95]Sharpley R. Ecotourism ：A consumption perspective [J] . Journal of Ecotourism，2005，5（1）：7–22.

[96]Lai P，Shafer S. Marketing ecotourism through the Internet：An e–valuation of selected ecolodges in Latin America and the Caribbean [J] . Journal of Ecotourism，2005（4）：143–160.

[97]Weaver D. Comprehensive and minimalist dimensions of ecotourism [J] . Annals of Tourism Research，2005（32）：439–455.

[98]Herath G. Research methodologies for planning ecotourism and nature conservation [J] . Tourism Economics，2002，（8）：77–101.

[99]Gossling S. Ecotourism：A means to safeguard biodiversity and ecosystem functions [J] . Ecological Economics，1999，29：303–320.

[100]Wight P. Ecotourists：Not a homogeneous market segment[C]. In D.Weaver（Ed.)，ncyclopedia of ecotourism [M] . Wallingford，UK：CAB International，2001：37–62.

[101]Hvenegaard G，Dearden P. Ecotourism versus tourism in a Thai National Park [J] . Annals of Tourism Research，1998（25）：700–720.

[102]Eagles P，Cascagnette J. Canadian ecotourists：Who are they ？ [J] . Tourism Recreation Research，1995（20）：22–28.

[103]Wight P. North American ecotourists：Market profile and trip charac–teristics [J] . Journal of Travel Research，1996（34）：2–10.

[104]Rawles C，Parsons E. Environmental motivation of whale watching tourists in Scotland [J] . Tourism in Marine Environments，2004（1）：129–132.

[105]Weaver D，Lawton L. Overnight ecotourist market segmentation in the Gold Coast hinterland of Australia [J] . Journal of Travel Research，2002（40）：270–280.

[106]陈忠晓，彭 建 . 生态旅游的内涵辨析 [J] . 桂林旅游高等专科学校学报，2001，12（1）：54 – 58.

[107]杨永德，陆 军 . 生态旅游概念及其内涵新诠释 [J] . 桂林旅游高等专科学校学报，2004，15（6）：68 – 72.

[108]王家骏 . 关于“生态旅游”概念的探讨 [J] . 地理学与国土研究，2002，18（1）：103 – 106.

[109]刘 英，刘敦荣，韦海洲 . 生态旅游的科学概念与应用 [J] . 桂林旅游高等专科学校学报，2004，15（6）：73 – 76.

[110]卢小丽，武春友，Holly Donohoe. 生态旅游概念识别及其比较研究：对

中外 40 个生态旅游概念的定量分析［J］. 旅游学刊，2006，21（2）：56－61.

［111］周笑源. 生态旅游内涵再论：兼与郭舒先生商榷［J］. 旅游学刊，2003，18（1）：64－67.

［112］刘砺. 生态旅游及其内涵的分析与探讨［J］. 特区经济，2006，（4）：209－211.

［113］吴楚材. 论生态旅游资源的开发与建设［J］. 社会科学家，2000，15（4）：7－13.

［114］王建军，李朝阳，田明中. 生态旅游资源分类与评价体系构建［J］. 地理研究，2006，25（3）：507－516.

［115］袁书琪. 试论生态旅游资源的特征、类型和评价体系［J］. 生态学杂志，2003，23（2）：109－113.

［116］王力峰，王志文，张翠娟. 生态旅游资源分类体系研究［J］. 西北林学院学报，2005，21（6）：196－199.

［117］段文霞，肖猛，李光跃，等. 生态旅游中的环境污染问题及防治对策研究［J］. 四川环境，2004，23（1）：34－37.

［118］孙道玮，俞穆清，陈田，等. 生态旅游环境承载力研究：以净月潭国家森林公园为例［J］. 东北师范大学学报（自然科学版），2002，34（1）：66－71.

［119］李慧欣. 生态旅游承载量与旅游区经济发展［J］. 前沿，2004（5）：70－74.

［120］张荣京，邢福武. 生态旅游对生态环境影响评价［J］. 江西林业科技，2004（6）：40－44.

［121］连玉銮，石应平. 关于小众型生态旅游及其适应性的思考［J］. 社会科学研究，2005（3）：189－193.

［122］叶文，薛熙明. 生态旅游本土化问题研究［J］. 中国人口·资源与环境，2005，15（6）：55－61.

［123］李长荣. 法制和管理建设与生态旅游的可持续发展［J］. 湖南农业大学学报（社会科学版），2004，5（1）：20－22.

［124］彭俊瑜，陈煜. 生态旅游问题的经济与法律分析［J］. 江西农业大学学报（社会科学版），2005，4（2）：144－146.

［125］王伟，乔兴旺. 中国生态旅游法律保障初步研究［J］. 重庆邮电学院学报（社会科学版），2005（6）：905－909.

[126]刘睿文．南太湖地区生态旅游的法律保障［J］．湖州职业技术学院学报，2004（1）：41－44.

[127]宋 瑞．关于建立我国生态旅游认证制度的思考［J］．桂林旅游高等专科学校学报，2004，15（1）：56－61.

[128]钟林生，郑群明，石 强．中国实施生态旅游认证的机遇与挑战［J］．中国人口·资源与环境，2005，15（2）：112－116.

[129]程兴火，周玲强．基于游客视角的生态旅游认证支付意愿实证分析［J］．旅游学刊，2006，21（5）：12－16.

[130]黄继华．我国生态旅游认证的构想及其实施对策［J］．昆明大学学报，2006（A01）：66－70.

[131]黄祖辉，程兴火，周玲强．生态旅游区认证等级综合评价［J］．南京林业大学学报（人文社会科学版），2006，6（1）：70－75.

[132]诸葛仁．绿色环球 21：规范生态旅游的国际标准［J］．旅游科学，2005（1）：63－67.

[133]郭美荐．加强生态旅游政府管制的经济学思考：以内部性为视角［J］．江西社会科学，2007（2）：147－149.

[134]郭 舒，曹 宁．生态旅游管理初步研究［J］．北京第二外国语学院学报，2002（6）：89－93.

[135]马晓京．民族生态旅游：保护性开发民族旅游的有效模式［J］．人文地理，2003，18（3）：56－59.

[136]杨桂华．民族生态旅游接待村多维价值的研究：以香格里拉霞给村为例［J］．旅游学刊，2003，18（4）：76－79.

[137]张建萍．生态旅游与当地居民利益：肯尼亚生态旅游成功经验分析［J］．旅游学刊，2003，18（1）：60－63.

[138]何艺玲．如何发展社区生态旅游：泰国 Huay Hee 村社区生态旅游（CBET）的经验［J］．旅游学刊，2002，17（6）：57－60.

[139]Cole D N. Environmental impacts of outdoor recreation in wildlands［A］. In：Manfredo M J，Vaske J J，Bruyere B L，et al. Society and Natural Resources：A Summary of Knowledge［M］. Jefferson：Modern Litho，2004：107–116.

[140]赵红红．苏州旅游环境容量问题初探［J］．城市规划，1983（5）：46–53.

[141]WCED. Our Common Future [M] . Oxford : Oxford University Press, 1987.

[142]Edward Inskeep. 旅游环境计划 [J] . 地理译报，1989（3）：26–29.

[143]Nelson J. G，et al. Tourism and sustainable Development : Monitoring, planning，managing [M] . University of waterloo，1993.

[144]保继刚 . 颐和园旅游环境容量研究 [J] . 中国环境科学，1987，7（2）：32–38.

[145]崔凤军 . 论旅游环境承载力：持续发展旅游发展的判据之一 [J] . 经济地理，1995，15（1）：105–109.

[146]胡炳清 . 旅游环境容量计算方法 [J] . 环境科学研究，1995，8（3）：20–24.

[147]Wall G，Wright C. The Environment Impact of out Recreation [M] . Ontario : University of Waterloo，1977.

[148]Matheson A, Wall G. Tourism : economic, physical and social impacts [M] . Longman，1982.

[149]Edington J M，Edington M A. Ecology，Recreation and tourism [R] . The University of Cambridge，1986.

[150]Stonich C S. Political Ecology of Tourism [J] . Annals of Tourism Research, 1998，25（1）：25–24.

[151]Oake T. Tourism and modernity in China [M] . New York : Routledge, 1998.

[152]Stanley N. Being Ourselves to you : The Global Display of Cultures [M] . London : Middlesex University Press，1998.

[153]Brown F. Tourism Reassessed : Bligh or blessing [J] . Tourism Reassessed Blight or Blessing，1998，22（4）：424–426.

[154]王资荣，郝小波 . 张家界国家森林公园环境质量变化及其对策研究 [J] . 中国环境科学，1988，8（4）：23–30.

[155]宋力夫，杨冠雄，郭来喜 . 京津地区旅游环境的演变 [J] . 环境科学学报，1985，5（3）：255–265.

[156]陆林 . 旅游的区域环境效应研究：安徽黄山市实证分析 [J]. 中国环境学，1996，16（6）：418–420.

［157］汪嘉熙．苏州园林风景旅游价值及其环境保护对策研究［J］．环境科学，1986，（4）：85-90，105.

［158］周延亭．略论我国的旅游环境保护［J］．旅游论坛，1986，3：29-35.

［159］江海声，王骏，刘振河．旅游对南湾猕猴种群增长的影响［J］．兽类学报，1994，14（3）：166-171.

［160］刘汉洪，彭旺元．衡山“旅游公害”及其防治对策［J］．旅游学刊，1991，6（1）：35-38.

［161］王文华，王淑琴，徐维并，等．北京昆明湖底泥中有机物的表征［J］．环境科学学报，1995，（4）：178-185.

［162］蒋文举，朱联锡，李静，等．旅游对峨眉山生态环境的影响及保护对策［J］．环境科学，1996，17（3）：4953.

［163］蒋高明，黄银晓．旅游和城市化对避暑山庄土壤、植物的影响［J］．环境科学，1990，11（1）：35-39.

［164］张一群，杨桂华．对旅游生态补偿内涵的思考［J］．生态学杂志，2012，31（2）：477-482.

［165］章锦河，张捷，梁玥琳，等．九寨沟旅游生态足迹与生态补偿分析［J］．自然资报，2005，20（5）：735-744.

［166］张理英，薛跃规．生态旅游开发中生态补偿机制初探：阳朔龙颈河案例研究［J］．桂林旅游高等专科学校学报，2007，18（2）：231-234.

［167］马勇，胡孝平．神农架旅游生态补偿实施系统构建［J］．人文地理，2010（6）：120-124.

［168］张冰．长白山自然保护区旅游生态补偿支付意愿及受偿意愿的研究［D］．东北林业大学，2013.

［169］文红，李建华．森林旅游生态补偿的理论思考［J］．湖南林业科技，2007，34（6）：73-75+82.

［170］郑敏，张伟．山地旅游资源生态补偿机制构建［J］．安徽农业科学，2008，36（11）：4629-4630+4659.

［171］杨桂华，张一群．自然遗产地旅游开发造血式生态补偿研究［J］．旅游学刊，2012，27（5）：8-9.

［172］蒋姮．自然保护地参与式生态补偿机制研究［D］．中国政法大学，2008.

［173］Mayrand K，Paquin M. Payments for environmental services：A survey and assessment of current schemes [R] . Montreal : Unisféra, International Center (for the Commission for Environmental Cooperation of North America), 2004.

[174]Iftikhar U A, Kallesoe M, Duraiappah A, et al. Exploring the inter-linkages among and between Compensation and Rewards for Ecosystem Services(CRES) and humanwell-being [J] . World Agroforestry Centre, 2007 (36): 26–29.

[175]赵同谦，欧阳志云，邓华．中国森林生态系统服务价值功能及其价值评价 [J] . 自然资源学报，2004，19（4）：480–491.

[176]余新晓，秦勇胜，陈丽华，等．北京山地森林生态系统服务功能及其价值初步研究 [J] . 生态学报，2002，(2)：783–786.

[177]韦惠兰，葛磊．自然保护区生态补偿问题研究 [J] . 生态保护，2008（1）：43–45.

[178]李小云，靳乐山，左停，等．生态补偿机制：市场与政府的作用 [M]. 北京：社会科学文献出版社，2007.

[179]郝文杰．政府的淡出与市场的深入：从排污权交易谈起 [J] . 经济导刊，2002（7）：59–60 .

[180]胡振琪．采煤沉陷地的土地资源管理与复垦 [M] . 北京：煤炭工业出版社，1996.

[181]黄锡生．矿产资源生态补偿制度探究 [J] . 现代法学，2006（6）：43–44.

[182]顾广明，白中科．我国煤炭开发生态补偿现状、问题与对策 [J] . 能源环境保护，2006，20（6）：1–4，8.

[183]程琳琳，胡振琪，宋蕾．我国矿产资源开发的生态补偿机制与政策 [J] . 中国矿业，2007，16（4）：11–13，18.

[184]陈利强．资源枯竭型城市建立生态补偿机制探析：以辽宁阜新矿区为例 [J] . 新西部，2008（12）：7–8.

[185]国家林业局发展计划和资金管理司．天然林保护和退耕还林还草工程管理手册 [S] . 北京：中国林业出版社，2001.71–100.

[186]王新艳．北京市居民对京津风沙源治理工程环境价值的支付意愿研究 [D] . 北京：中国农业大学，2005.

[187]张翼飞，刘宇辉．城市景观河流生态修复的产出研究及有效性可靠性检验：基于上海城市内河水质改善价值评估的实证分析 [J] . 中国地质大学学报，

2007，7（2）：39–44.

［188］郑海霞．关于流域生态补偿机制与模式研究［J］．云南师范大学学报，2010，42（5）：54–60.

［189］陈琳，欧阳志云，段晓男，等．中国野生动物资源保护的经济价值评估：以北京市居民的支付意愿研究为例［J］．资源科学，2006，28（4）：131–137.

［190］［美］加里·S. 贝克尔．人类行为的经济分析［M］. 上海：上海三联书店，1993．

［191］刘建林，张浩明，朱记伟．基于混合策略 Nash 均衡的商洛水源地补偿研究［J］．人民黄河，2011，33（09）：38–40.

［192］Sharp K. Measuring Destitution：Integrating Qualitative and Quantitative Approaches in the Analysis of Survey Data［Z］. IDS working paper，2003：217–2343.

［193］史俊宏，赵立娟．迁移与未迁移牧户生计状况比较分析：基于内蒙古牧区牧户的调研［J］．农业经济问题，2012（9）：104–112.

［194］杨主泉，张志明，王丽娜．社区居民对旅游生态补偿的感知研究：以阳朔县为例［J］．湖北农业科学，2015，54（23）：6062–6069.

［195］Scheyvens R. Ecotourism and the empowerment of local communities［J］. Tourism Management，1999，20（2）：245–249.

［196］陈志永，杨桂华，等．少数民族村寨社区居民对旅游增权感知的空间分异研究：以贵州西江千户苗寨为例［J］．热带地理，2011，31（2）：216–222.

［197］张彦．社区旅游增权研究：基于山东三个历史街区的探讨［D］．山东大学，2012.

［198］Lennon J，Foley M. Dark Tourism：The Attraction of Death and Disaster［M］. London：Continuum，2000.

［199］Lennon J J，Wight A C. Selective interpretation and eclectic human heritage in Lithuania［J］. Journal of Tourism Management，2007，28（2）：519–529.

［200］左冰，保继刚．从“社区参与”走向“社区增权”：西方“旅游增权”理论研究述评［J］．旅游学刊，2008，4（23）：58–63.

［201］林崇德，姜璐，等．中国成人教育百科全书［M］．海口：南海出版公司，1994.

［202］王宁．消费者增权还是消费者去权：中国城市宏观消费模式转型的重新

审视［J］. 中山大学学报，2006，6（46）：100–106.

［203］Sofield T H B. Empowerment for Sustainable Tourism Development［M］. Berlin：Pergamon，2003：251–264.

［204］Mcgregor，S. Sustainable consumer empowerment through critical consumer education：a typology of consumer education approaches［J］. International Journal of Consumer Studies，2005，29（5）：437–447.

［205］李嘉莹. 民族地区社区参与旅游增权研究：以天山大峡谷景区为例［D］. 新疆大学，2017.

［206］李化. 中国基层民主发展报告（2000—2001）［M］. 北京：东方出版社，2002.

［207］肖金明. 论政府执法方式及其变革［J］. 行政法学研究，2004，（4）.

［208］项辉，周俊麟. 乡村精英格局的历史演变及现状："土地制度 – 国家控制力"因素之分析［J］. 浙江省委党校学报，2001（5）：90–94.

［209］郭华. 增权理论视角下的乡村旅游社区发展：以江西婺源李坑村为例［J］. 农村经济，2012，（03）：47–51.

［210］翁时秀，彭华. 旅游发展初级阶段弱权利意识型古村落社区增权研究：以浙江省楠溪江芙蓉村为例［J］. 旅游学刊，2011，26（7）：53–59.

［211］向宝惠，曾瑜皙. 三江源国家公园体制试点区生态旅游系统构建与运行机制探讨［J］. 资源科学，2017，39（1）：50–60.

［212］左冰，保继刚. 制度增权：社区参与旅游发展之土地权利变革［J］. 旅游学刊，2012，27（02）：23–31.

［213］王华，郑艳芬. 遗产地农村社区参与旅游发展的制度嵌入性：丹霞山瑶塘村与断石村比较研究［J］. 地理研究，2016，35（6）：1164–1176.

［214］庇古. 福利经济学［M］. 北京：商务印出版社，2003.

［215］Coase R H. The problem of social cost［J］. Journal of Law and Economics，1960，2（1）：1–44.